人天生就是政治動物

政治哲學緒論

Jonathan Wolff
喬納森・沃夫——著　鄭楷立——譯

AN INTRODUCTION TO POLITICAL PHILOSOPHY

目次

獻給伊萊恩和馬克斯

第四版序言

寫作此書的想法可以回溯到一九七〇年代。我曾經閱讀過一本小說，其中一位人物閱讀了一本批判性的政治哲學史，而那時的我想自己一定很樂意讀完這樣一本書。但是我從來沒有找到適合的書籍，所以當最終我有機會的時候，就決定自己寫一些類似的東西。身為哲學家而非思想史學家的訓練和本能，讓我更自然地想寫一本以問題為基礎，而非以理論為基礎的文本。因此，確切來說，本書並非當初我想要閱讀的那本書。儘管如此，這本書仍為許多學生找到一條進入政治哲學的道路。當我遇到有人告訴我說，這本書是他們最初接觸到的政治哲學書籍之一，以及它激勵了他們進一步學習的時候，我總是感到欣慰。這正是這本書的全部重點。

之前的版本有著令人愉快的節奏：一九九六年版、二〇〇六年版、二〇一六年版，然而我打破了這種模式，提前幾年就推出了第四版。時間似乎過得很快，不只是在政治和世界事件之中，也在重新省思在日漸茁壯的政治哲學趨勢上，我們要如何研究政治哲學、該研究誰，以及該研究什麼的問題。正如我之前說過的，如果我重新寫作這本書的話，我相信它會非常不一樣。但同樣地，我也不認為把這本書拆開並重新來過是正確的做法。這裡所討論的議題仍然是該學科的核心議題，列舉的思想家們仍然受到學生和他們老師的仔細研讀。但是，這個主題已經擴大，並且除了在一些地方對於文體稍做修飾，並進行更新和脈絡化之外，我還在幾個章節中增添一些新的部分，用來記錄該主題正在變化的樣態。最後一章——在第三版中以其當前形式引入的章節——早已討論了政治哲學中許多新的發展，在這個版本將其中一些發展移到前面的章節之中。據此，在第二章中，我新增了一個章節〈社會契約之激進批判〉，其中我介紹了女性主義的、以種族為基礎的，以及以身心障礙為基礎的批判，這些批判對於在政治哲學傳統中長期使用社會契約論之方式進行基本預設的批判。在第三章中，我在許多地方擴展了對於當代和創新民主模式的討論，包括但不限於一個名為〈民主的新模式〉新的小章節。在第四章中，關於言論自由之限制在一個新章節裡延伸討論，這因此導致了相關素材的一些小更動。最後，第五章新增了〈不義、分配與壓迫〉的章節，探究追尋正義的「非理想」途徑，特別是艾莉斯·瑪莉恩·楊（Iris Marion Young）的作品。

在進行這個版本的過程中，我受到許多人的幫助，其中最值得一提的是牛津出版社的Sarah Iles（再次）和Anna Galasinska，以及為上一版提供建議的審查人：David V. Axelsen、Matilda Carter、Ian Godfrey Finlayson、Rasmus Karlsson、Egbert Klautke、Michael Kyriacou、Floris Mansvelt、Ben Turner，以及Pete Woodcock。我還要感謝Kasey Robinson，她作為牛津出版社的敏

感性讀者（sensitivities reader）提出許多有用的建議，還有Saranya Mani和Rachel Addison，他們安全地引導手稿至最終階段。

此外，我從Zara Bain、Ian Christie、Peter Colville、Stephen Hudson、Trygve Lavik和Criag Nelson那邊收到非常受用的想法。我非常感激所有的修改建議，即便是那些我無法納入最終手稿的建議。一如既往，我必須感謝Elaine Collins，感謝她批判但極具建設性的眼光，以及不遺餘力的支持。

第三版序言

在本書修訂版的序言中，我寫道：「在首次出版的十年後，大多數尚未過時的書籍將至少迎來一次春季大掃除。」好吧，又一個十年過去了，這次需要的似乎不只是一次春季大掃除，還需要更新進一步的讀物。我對前五章進行了簡單的編輯：修改了一些在我看來模稜兩可或是有點笨拙的措辭，也更新了一些案例，將提到「這世紀」的地方改成「上世紀」，並根據多年來收到的建議做了一些小補充或釐清。我也使用較新的版本來取代參考文獻中已經絕版的主要文本，就盧梭而言，儘管令人遺憾的是比較沒那麼詩意，這也意味著我使用較新的譯本。然而，最重要的修訂是對於最後一章的修改。之前稱為〈個人主義、正義、女性主義〉，現在則稱為〈人人享正義，處處有正義？〉（特意加上一個問號，這是該章節其中一位審查人所給的愉快建議）。自第一版問世以來的二十年間，許多議題已經從政治哲學的邊緣轉移到了中心：種族正義、性取向、身心障礙、多元文化主義、全球正義、移民和氣候變遷。有關性別正義的議題並未消失，因此先前有關該議題的討論仍有相當部分保留下來，但是它現在被置於眾多討論議題之一的背景之中。

其代價是，對於自由的個人主義的批判比起早期版本少了許多，儘管有極少數關於該主題的素材被移至第四章有關社群主義的討論中，而第六章中也保留了一小節。因此，第六章的構想是扼要地介紹那些日益占據當代政治哲學家的時間與注意力的問題，而這些問題都是一些當今世界所面臨的最迫切的問題，這點絕非巧合。

在準備第三版給出版社的過程中，我從五位審查人的報告中受益良多，既包括他們希望看到該書如何進行修改，以及他們對於最後一章草稿的回應。我要感謝Mark Garnett、James Hampshire、David McNaughton、Raino Sverre Malnes和Christian Schemmel的鼎力協助。

Elaine Collins她對於草稿的精闢評論一如既往地讓我擺脫困境，而我也要記下對牛津出版社中Sarah Iles和Fiona Barry的感激之意，謝謝她們目視這本書平安地完成印刷。但最重要的是，我要感謝老師、學生和其他讀者們，他們似乎和二十年前的前輩們一樣對這本書感到興趣。

修訂版序言

在首次出版的十年後，大多數尚未過時的書籍將至少迎來一次春季大掃除。重新閱讀此書，我發現仍有許多有待修改之處。不過，經過一番掙扎後，我還是決定不做重大修改，好讓這本書大致上維持原貌，讓熟悉原版的讀者們也能認得出來。在首次出版時，這本書似乎滿足了人們對於入門教科書的需求，該書展示了偉大政治哲學家的著作如何闡明當今仍主導當代政治哲學的許多問題。它受到世界各地不同程度的老師和學生，甚至是「一般讀者」的歡迎。雖然如果我現在重新開始的話，肯定會以不同的方式處理，但我不希望冒著摧毀任何使之有用的風險，因此我抗拒了做出改變的誘惑。然而，〈進一步的閱讀指南〉已經徹底過時了。自一九九六年以來，出現了各種值得收錄的有用出版品，並進行相應地更新。

對正文進行一些輕微的更動和修改，但只有一處是重要的。在出版後不久，我的同事 Bob Heinaman 指出我有點誤讀了柏拉圖的「航海」類比，不過他好心地向我保證，這不會影響論點。這點現在已經被修正了，我向 Bob 表達我的謝意，並向任何基於這個錯誤解讀來撰寫或評論文章的人致歉。

第一版序言

我寫作此書的目的，是讓讀者了解政治哲學的核心問題，以及在政治哲學的歷史中，為了解決這些問題曾做過哪些最令人感興趣的嘗試。為此，我透過一系列相互關連的問題來探討這個學科，翻遍政治哲學的寶庫來尋求答案和方法。與其試圖為當代論辯提供一種系統性說明，或是一種徹底的學術史，我經常橫跨數個世紀（有時是數千年）在最重要的主題上探討最發人深省的著作——至少我是這麼認為的。

有些人會不同意我對核心問題的選擇，或是我對這些問題之間關係的看法，以及不同意我對於該認真對待之思想家的選擇。這不是壞事。我最不想做的事，就是呈現一個完結或是已經完成之主題的假象，甚至是一個可以全面圖解的主題。太多入門書籍給人的印象是，這個研究領域是一成不變的教條，而理解便成了按圖索驥。我盡力避免這類過度簡化的方式。

本書的寫法是每一章都會發展前一章推導出的主題，但我也希望任何一章都可以當作獨立的單元來閱讀，作為一個特定議題的導論。讀者通常會感受到他們實際上有一種道德義務從任何一本書的開頭開始，並逐頁閱讀（我的祖母常說，阿道夫・希特勒〔Adolf Hilter〕看書總是先閱讀一本書的最後一頁）。就這本書來說，讀者在此受邀遵循他或她自身的興趣來進行閱讀。

本書的許多文本資料都曾在倫敦大學學院（University College London）和伯貝克學院（Birkbeck College）的課堂中講授過，也曾對參加倫敦校際講座學程的學生們講述過。作為回報，我收到許多有益的批評。實際上，為了寫作這本小書，我蒐集到不勝枚舉的幫助與建議。以下是曾與我討論書中部分內容，或是對於全部或部分草稿（在某些情況下，對許多版本）進行評論的人們，他們是：Paul Ashwin、Richard Bellamy、Alan Carter、Elaine Collins、Issi Cotton、Virginia Cox、Tim Crane、Brad Hooker、Alya Khan、Dudley Knowles、Annabelle Lever、Veronique Muñoz Dardé、Mike Martin、Lucy O'Brien、Sarah Richmond、Mike Rosen、Mike Saward、Mario Scannella、Raj Sehgal、John Skorupski、Philip Smelt、Bob Stern和Nigel Warburton。我非常感激他們所有人。

導論

我們並不會說，一個對政治不感興趣的人是專心於自身事務的人；我們會說，他根本不應該待在這裡。

〈伯里克利葬禮演說〉，收錄於修昔底德（Thucydides），《伯羅奔尼撒戰爭》（[431 B.C.], London: Penguin, 1973），第147頁

據說在政治哲學（political philosophy）中只存在兩個問題：「誰得到了什麼？」以及「誰說的？」這種說法雖然不完全正確，卻十分接近於一個有用的起點。其中第一個問題是關於物質產品及權利（rights）與自由（liberties）的分配，第二個問題則關乎另一種物品的分配：政治權力（political power）。英國哲學家約翰・洛克（John Locke, 1632-1704）將政治權力定義為「制定帶有死刑處罰的法律權利，並因此也包含所有較輕的懲罰」（洛克，《政府論二講》，彼得・拉斯萊

特〔Peter Laslett〕編輯〔[1689]，學生版，劍橋：劍橋大學出版社，1988，第三節，第268頁〕〕。這可能比我們所需的更進一步，但我們卻可以看到重點。政治權力包括命令他人的權利，以及在他人不服從時對其施加懲罰的權利。那麼，誰應該擁有這種權力呢？

一旦我們思索這些問題時，便會浮現困惑。有沒有任何好的理由得以讓一個人比起另一個人應該擁有更多的財產（property）？對於我的自由是否存在任何得以證成的限制嗎？政治權力與經濟成就之間的關係應該要是什麼才對？在某些國家裡，除非他們已經很富有了，否則很少人能獲得政治權力。在其他國家，那些取得政治權力的人很快就發現他們變得富有。但是，擁有財富與享有政治權力之間是否應該存在任何關聯呢？

政治權力本身就夠令人費解了。某個對我擁有正當政治權力的人，有權利強迫我做各種事情。但是，別人又該如何證明他擁有這類權利的主張？由別人來告訴我該怎麼做聽起來很離譜；更糟糕的是，他們認為如果我不聽話，他們就有資格懲罰我。然而，這當然也有另一面。或許我也應該考慮到其他人可能會如何行事——他們會讓我的生活變得多不愉快——如果他們不受限於法律和懲罰威脅的話。也許，政治權力的存在仍有其道理。我們似乎可以同時認同無政府主義者對個人自主性（autonomy）的訴求，以及威權主義者對於國家權力的主張。

那麼，政治哲學家的任務之一就是決定自主與權威（authority）之間的正確平衡，或是換句話說，決定政治權力的適當程度與分配。這個說法彰顯了政治哲學的特色為何。政治哲學是一門

規範性（*normative*）的學科，意味著它試圖建立規範（規則或是理想標準）。我們可以將規範性研究與**描述性**（*descriptive*）研究進行對比。描述性研究試圖找出事情是怎麼發生的，而規範性研究則是嘗試發現事物應該如何：什麼是對的、公正的，或道德上是正確的。政治（Politics）既可以從描述性來研究，也可以從規範性來著手研究。

典型來說，政治科學家、社會學家和歷史學家會進行描述性政治研究。所以，舉例來說，有些政治科學家會詢問一個特定社會中物品的**實際**分配問題。在美國誰掌握了財富？在歐盟裡誰掌握了權力？像我們所有人一樣，政治哲學家有充分的理由對於這些問題的答案感到興趣，但是他或她最關心的是其他地方：**什麼樣的規則或原則應該規範著我們該如何一起生活的問題，包括了財產、權力、權利和自由的分配？**政治哲學家不會問說：「財產是如何分配的？」而是問說：「什麼才會是一種公正或公平的財產分配方式？」不會問：「人們擁有什麼樣的權利與自由？」而是：「人們**應當**享有什麼樣的權利與自由？」什麼樣的理想標準或規範應當規範社會中的事物分配方式？

不過，在規範性研究與描述性研究之間的劃分並不如表面上看起來那般明確。再思考一下「誰掌握了財富？」的問題。我們為什麼會對這個描述性問題感興趣呢？我們之所以有感興趣，主要是因為財富分配與關於**正義**的規範性問題有關。（比較一下另一個問題：「誰握有繩子？」握有繩子的不平等鮮少會引起政治興趣。）

此外，關於人類行為的問題似乎經常橫跨描述性／規範性的劃分。舉例來說，一位試圖解釋為什麼人們普遍來說都會遵守法律的社會學家，很有可能在某些時候訴諸事實：即許多人相信他們**應當**遵守法律。同理，關於人類行為的事實性（factual）問題也與規範性議題切身相關。例如，在缺乏人類行為和動機的知識的情況下，提出一個正義社會的理論就毫無意義；或是，例如，有些正義理論（theories of justice）可能會對人類的利他主義（altruism）能力（或缺乏該項能力）做出不切實際的假設。簡而言之，研究事情是如何發生的，有助於解釋事物可能是如何發生的，而研究事物可能是如何發生的，對於評估事情應該如何發生來說是不可或缺的。

但是我們要如何回答，事物應該如何安排的這個問題呢？我們大致上知道如何回答純粹的描述性問題：我們去看一看就知道。這並不是說政治科學或歷史學很容易，因為其中往往涉及非常細微且縝密的工作，而且一位學者的詮釋很有可能受到另一位學者的質疑。但原則上，我們確實認為我們知道該怎麼做，即便我們經常無法找到我們所尋求的資訊。但是，我們要如何找出事情應該如何的答案呢？我們能去哪裡找答案？

令人不安的事實是，這裡沒有簡單的答案。儘管如此，許多的哲學家都持續嘗試解決這些規範性的政治問題，而他們有著不少心得能夠分享。我們將透過這本書來檢視一些最重要的貢獻，將發現大致上哲學家對政治的推理方式，就像他們對其他哲學議題的推理方式一樣。他們進行區分、審視命題是否自相矛盾，或是檢視兩個或更多的命題是否在邏輯上是一致的，並試圖證明，令人驚訝的命題可以從更加淺顯的論點中推導而出。簡而言之，他們提出論證。

而哲學家們是用道理來爭論政治的。不同於許多其他的哲學領域，在政治哲學裡不存在逃避的空間（hiding-place）。在哲學裡，不可知論（agnosticism）（依據弗里德里希・恩格斯〔Friedrich Engels, 1820-1895〕的說法：「英國人把他們的無知翻譯成希臘文，並稱之為不可知論。」）往往是一種值得尊敬的立場。也許我在人類是否擁有自由意志（free will）的問題上找不到一個令人滿意的立場，所以我不發表任何看法。在一個更廣泛的脈絡裡，這幾乎無關緊要。但是在政治哲學裡，不可知論是自我挫敗的。如果一個社會在解決自由意志的問題上沒有官方政策，這也許無傷大雅，但是在每個社會裡都有人（或沒人）掌握政治權力，而財產也以某種方式來進行分配。當然，任何個人對社會決策的影響力可能都是微乎其微的。但是我們都擁有某種潛在的發言權，即使不是透過投票，也可以透過辯論和討論的方式來表達我們的觀點，無論是在公開場合或是透過「地下」途徑。不論他們喜歡與否，那些不願參與的人們將會發現他們的政治決定是由他人代勞的。什麼都不說、什麼都不做，實際上就是為現狀背書，不論這個現狀有多麼令人反感。

在本書的過程中，我們提出並討論了政治哲學的主要問題，檢視從古希臘到現今的一些最有影響力的答案。每一章都針對一個特定的問題或爭議，而一個渾然天成的起點就是政治權力，擁有指揮命令的權利。為什麼有些人有權利去制定法律來規範其他人的行為呢？好吧，假設沒有人擁有這種權利，生活會變成什麼樣子？這是在第一章中要探討的問題：在沒有政府的「自然狀態」（state of nature）中會發生什麼事？生活會變得難以忍受嗎？還是說它會是一種對於現況的改善？

假設我們開始接受在政府統治下的生活比起在自然狀態下的生活更好，這是否意味著我們有道德義務遵守國家的法令？還是有其他方式可以證明國家的正當性？這是政治義務（political obligation）的問題，我們將在第二章中討論。

假設我們有了一個國家，又該如何組織它呢？它應該是民主的嗎？當我們說國家是民主的，這究竟意味著什麼意思？有沒有任何合理的依據說明寧願讓人民來進行統治，也不要讓專家來統治：也許是一位仁慈的獨裁者？這些都是在第三章中要探討的問題。

國家應該擁有多少權力呢？或者，從另一個角度來看，公民應該享有多少自由呢？第四章要討論的理論是，為了避免「多數暴政」，只要我們不傷害其他人，就應該賦予我們隨心所欲的自由。

如果公民們要享有自由，這是否應該包括以他們認為適合的方式，獲取並處置財產的自由？還是說，是否應該以自由或正義之名，對經濟活動施加合理的限制？這是第五章的主題：分配正義（distributive justice）。

本書的五個主要章節帶領我們探討人們長期以來關心的主題：自然狀態、國家、民主（democracy）、自由和財產。最後一章簡要回顧了最近幾十年來開始受到更多關注的問題，諸如性別（gender）、種族（race）、身心障礙（disability）、性取向（sexual orientation）、移民（immigration）、全球正義（global justice）和代間正義（justice to future generations）等議題。至此，以兩千五百年的後見之明，我們或許擁有某種答案能夠回答在這篇〈導論〉中所提出的，但尚未得到滿意答覆的一個問題——我們該怎麼研究政治哲學？在這個主題上，就像在這裡討論的所有主題一樣，我的目的不是要把一個觀點強加於你；反之，我希望能呈現一些文本資料去幫助你形成自己的觀點。當然，也有可能在讀完這本書之後，還是像以前一樣不確定。但是，我們絕不該低估從懵懂無知到一知半解之間所取得的進展。

第一章
自然狀態

引言

「我本來以為是一夥英國男孩——你們都是英國人，對吧？——本不應該鬧得這樣不可收拾——我是說——」

「開頭還不錯，」拉夫爾說道，「可後來——」

他停頓了一會。

「起先我們待在一塊——」

警官幫忙點了頭。

「我知道，你們相處得挺不錯，像《珊瑚島》裡寫得那樣。」

威廉．高汀（William Golding），《蒼蠅王》
（Harmondsworth: Penguin, 1954），第 192 頁

勞勃．麥可．巴蘭坦（Robert Michael Ballantyne）的《珊瑚島》（1858）是一個關於三個英國男孩流落荒島的故事。他們憑藉著勇氣、智慧與合作，擊退了海盜和當地的野蠻人，在南洋享受著田園生活。威廉．高汀筆下的人物也發現他們自己置身在一個富饒的珊瑚島，但很快就陷入爭

執，繼而陷入絕望的部落戰爭。巴蘭坦和高汀在講述他們的故事時，提出了對立的畫面來回答我們的第一個問題：在一個「自然的」狀態下，生活在一個沒有政府的世界會是什麼樣子？

為什麼要問這個問題？它與政治哲學的關聯性為何？我們把生活在一個政治制度（political institution）林立的世界視為理所當然：中央政府、地方政府、警察、法院，這些制度分配並管轄政治權力。人們被指派擔任職位，並且主張有權命令我們以各種方式行事。如果我們不服從並遭受逮捕，我們將受到懲罰。部分來說，我們每個人的生活都是由他人的決定所構成和控制的。在我們的生活中這種程度的干預似乎是無法忍受的，但有什麼替代方案？

一個自然思考國家的起始點是問說：沒有國家的話，事情會變得怎麼樣？要理解為什麼我們擁有某樣東西，考慮它不見了的情況通常是個好策略。當然，我們很難只是為了找出沒有國家的生活會是什麼樣子就廢除國家，所以我們在實踐中能做得最好的事情就是進行一場思想實驗（thought experiment）。我們想像一個「自然狀態」：一個國家不存在，沒有人擁有政治權力的情境。然後，我們決定在這些條件下生活會是什麼樣子。透過這種方式，我們就能對沒有國家的生活得出一個看法，希望這個看法將幫助我們理解為什麼我們擁有一個國家。也許我們將會理解國家是如何證成的：假設國家的存在是合理的，以及它應該採取什麼形式。

曾有過沒有國家的自然狀態嗎？許多哲學家似乎不願意致力於探討這個主題。例如，瑞士法國哲學家讓・雅克・盧梭（Jean Jacques Rousseau, 1712-1778）認為，從自然狀態過渡到「市民社會」

（civil society）（一個由正式國家進行統治的社會）會需要很長的時間，以致於假設現代社會是以這種方式產生的，本身就是一種褻瀆。他辯稱，過渡所需的時間比起記載在文獻中的世界年齡還要長。然而，另一方面，盧梭也相信確實有過人們生活在自然狀態的當代案例，而我們在本書〈導論〉中考慮過他對於政治權力之定義的洛克，則認為生活在十七世紀美洲的許多群體都是如此。

但是，即使從未有過真正的自然狀態，我們仍然可以思考一個問題：假設如果我們發現自己處在一個沒有國家的狀態，那會是什麼樣子。英國哲學家湯瑪斯・霍布斯（Thomas Hobbes, 1588-1679）對於英格蘭內戰（the English Civil War）深感憂慮，他認為他的國家正墮入自然狀態之中。在《利維坦》（*Leviathan*）（1651）中，他描繪出那會是多麼不愉快的景象，好說服他的讀者有政府存在的好處。據此，為了本章的目的，我們不需要花費太多時間討論人類事實上是否曾經生活在自然狀態。我們只需要接受這是有可能的。

這有可能嗎？有時候，有人宣稱人類不僅一直生活在國家之下，而且這是他們唯一可能的生活方式。照這種觀點來看，國家**自然地存在**，對**人類**來說是**自然而然的**。這種觀點通常與古希臘哲學家亞里斯多德（Aristotle, 384-322 B.C.）聯繫在一起。如果我們生活在一個沒有國家的社會裡，或許我們就不是人類了。也許我們會成為另一種動物。因此，如果人類存在，那麼國家也存在。如果這是真的，那麼對自然狀態的推測就是多餘的。

對此，有些理論家宣稱說，我們有很多證據證明，在人類漫長的歷史裡，人類曾生活在各式各樣的環境和安排中，包括沒有國家的情境，而這類主張對於無政府主義者所提出的論點來說是至關重要的（我們將在本章後面回到這些論點上）。但是，即使人類從未在沒有國家的情況下真正生活過一段時間，也很難看出要如何能證明它是絕對不可能的。因此，為了試圖弄清楚為什麼我們擁有國家，我們將假設人類發現他們自己生活在一個沒有國家的世界裡。那個世界會像是什麼樣子呢？

霍布斯

在〔自然狀態〕下，產業是無法存在的，因為無法確保它的成果；這樣一來就沒有耕作的土地；沒有航海，因而也用不上可以從海路進口的商品；沒有寬敞的建築；沒有工具來搬運與卸除需要花費大力量來移動的東西；沒有地貌的認識；沒有時間的記載；沒有藝術；沒有文學；沒有社會；最糟的是，人們不斷處於暴力死亡的恐懼和危險之中；人生活在孤獨、貧困、汙穢、殘暴之中，生命是短暫的。

霍布斯，《利維坦》，由 C. B. MacPherson 編輯（[1651], Harmondsworth: Penguin, 1968），第 186 頁

霍布斯最偉大的作品《利維坦》，追尋一個他著迷了二十多年的主題：內戰的禍害及隨之而來的無政府狀態（anarchy）。霍布斯認為，沒有什麼比起失去國家保護的生活來得更糟，因此強大的政府對於我們不會陷入所有人相互對抗的戰爭來說，是不可或缺的。實際上，霍布斯自己在英格蘭內戰（1642-1651）開始前不久，就從英國逃到法國，並且在戰爭期間一直待在那裡。

但是，為什麼霍布斯確信自然狀態必須如此絕望，是一種戰爭狀態（state of war），是一種持續面臨恐懼、暴死之威脅的狀態呢？霍布斯觀點的精髓在於，在沒有政府的情況下，人性必然會將我們帶往嚴重的衝突之中。如此一來，對霍布斯來說，政治哲學是從研究人性開始。

霍布斯建議，有兩個關鍵可以解釋人性：一是自知之明，誠實的自省能告訴我們許多關於人性的事情：我們的思想、希望和恐懼的本質；另一種是對於一般物理學原理的知識，就像要理解公民（政治社會中的個人）就必須理解人性一樣。作為一位哲學唯物論者，霍布斯相信要理解人性就必須先理解「身體」或物質，他敦促說我們人類完全是由物質所組成的。

就我們的目的來說，霍布斯對於物質的論述中最為重要的一點是，他採用了義大利物理學家兼天文學家伽利略（Galileo, 1564-1642）所提出的運動守恆原理。在伽利略之前，究竟是什麼讓物體保持運動的問題，一直困擾著哲學家和科學家們。舉例來說，是透過何種機制讓一枚砲彈發射後持續保持飛行狀態？伽利略的革命性回答是，這是一個錯誤的問題。我們應該假設物質將以一種恆定的動作和方向持續行進，直到受到另一種力的作用。必須被解釋的不是事物為何持續前進，而是它們為何會改變方向及為何停止。在霍布斯的有生之年，這個觀點還十分新穎，而他指出，這個觀點違反了常識性的想法：就像我們在移動後感到疲憊並想要休息一樣，物體也將自然地變慢。但是他宣稱，事實是「物體運動的時候會永遠運動下去，除非有他物阻止它運動」（《利維坦》，第87頁）。他認為這點對我們來說也是如此。逐漸疲倦並渴望休息，只是讓一種不同的動力作用在我們身上。

霍布斯利用伽利略的運動守恆原理來發展一種唯物論（materialist）、機械論（mechanist）的人性論。《利維坦》的序言中列出這種觀點的大致輪廓：「**心臟**只不過是**發條**；**神經**只不過是許多**游絲**；**關節**只不過是許多使整個身體能夠運動的**輪子**……？」（《利維坦》，第81頁）人類透過運動來表現活力。舉例來說，感覺是一種對某個器官的「按壓」；想像是感覺的「腐爛遺留」；欲望是一種「朝向物體的內在運動」。所有這些都是字面上所示。

運動守恆理論的重要性在於，霍布斯用它描繪出一幅人類總是在尋找某些事物，永不停歇的畫面。「心靈永恆的寧靜在今世是不存在的，因為生命本身就是運動，從不會沒有欲望」（《利維坦》，第129-130頁）。霍布斯認為，人類追求他所謂的「福祉」（felicity），也就是不斷成功地達成所欲之目標。正是為了尋求確保福祉，才使得我們在自然狀態下陷入戰爭。最終，霍布斯認為，我們對於死亡的恐懼會促使人類建立一個國家。但是在沒有國家的自然狀態下，霍布斯認為追求福祉會導致所有人相互對抗的戰爭。他為什麼會這麼想呢？

在霍布斯對於權力的定義中可以找到一個線索：一個人用來「獲取未來的某種具體利益的現有手段」（《利維坦》，第150頁）。為了確保能獲得福祉，一個人必須變得強大。霍布斯主張，權力之來源包括了富裕、名譽和朋友，而人類「對權利的永無止境的欲望，至死方休」（《利維坦》，第161頁）。這不僅是因為人類永遠無法達成徹底滿足的狀態，也因為一個人「如果不獲取更多權利就不可能保證現有過好日子的權力與手段」（《利維坦》，第161頁）。其他人也會尋求增加他們的權力，因此追求權力的本質就是競爭。

每個人都自然而然、持續不斷的嘗試增加權力——去獲得財富和手下——這將導致競爭，但是競爭不是戰爭。那麼，為什麼在自然狀態下的競爭會導致戰爭呢？霍布斯另一個進一步的重要假設是，人類天生是「平等的」。在政治和道德哲學中，自然平等（natural equality）的假設經常被用來作為：我們應該尊重其他人，關懷彼此之論證基礎。但對霍布斯來說，這個假設被用作一個完全不同的用途，當我們看到他如何陳述這點時，我們可能會懷疑：我們是平等的，在於所有人都擁有大致上相同程度的力量和技巧，因此任何一個人都有能力殺死任何其他人。「最柔弱的人通過密謀或與人合謀也有足夠的力量殺死最強壯的人」（《利維坦》，第183頁）。

霍布斯對此補充了一個合理的假設，那就是在自然狀態中，存在物品稀缺性（scarcity）的問題，因此兩個渴求**同一種**東西的人往往會渴求擁有相同事物。最後，霍布斯指出，在自然狀態下，沒有人能夠變得刀槍不入而有不受攻擊的可能性。無論我擁有什麼，別人可能會覬覦，因此我必須時時保持警惕。然而，即使我一無所有，我也無法擺脫恐懼。其他人可能會認為我是個威脅，因此我可能會很容易成為先發制人之下的受害者。從關於平等、稀缺性和不確定性的這些假設出發，霍布斯認為，這意味著自然狀態將是一種戰爭狀態：

> 能力的均等導致欲求的均等。所以，如果任何兩個人想要得到同一樣東西而又不能同時享有時，彼此就成為仇敵。在達到目的的過程中（這目的主要是保全自己，而有時只是為了尋求享樂）彼此都力圖摧毀或征服對方。這樣就會出現一種情況：如果一個人培植、發展、建立或擁有了一個方便的地位，其他人就可能會準備好聯合陣線前來，不但要剝奪他的勞動成果，而且要剝奪他的生命或自由。而侵犯者本人也面臨著來自別人的同樣的威脅。
>
> 《利維坦》，第184頁

更糟糕的是，霍布斯認為，人們不只尋求立即滿足的手段，還尋求權力，以滿足他們在未來將擁有的任何欲望。現在，掌握權力的名聲就是權力，有些人會攻擊其他人，即使是那些沒有威脅的人，純粹是為了獲得一種力量之聲譽，好作為一種未來防衛的手段。就像在學校操場上一樣，那些用打架來贏得名聲的人最不可能因為他們的物資而遭受攻擊，甚至可能會從那些自覺無法保護他們自己的人收到他們上繳的物資。（當然，那些以實力著稱的人也不能鬆懈：他們最有可能成為尋求提升自身聲譽之人的犧牲品。）

總而言之，霍布斯看見三個在自然狀態下發動攻擊的主要原因：為了利益、為了安全（先發制人入侵者），以及為了榮耀或名譽。歸根究柢，霍布斯想法的根據是，人類在尋求福祉的過程中，會不斷嘗試增加他們的權力（他們用來獲取未來物資的立即手段）。當我們再加上人類在力量和能力上大致相同、想要的物資是稀缺的、沒有人能確保自己不會被其他人入侵，似乎就能合理地得出結論：理性的人類行動會讓自然狀態成為殺戮戰場。沒有人強大到足以抵禦所有可能的攻擊者，也沒有人弱小到——必要時與其他人合夥——讓攻擊他人成為一件不可能的事。當我們也認識到，在自然狀態下攻擊他人通常是得到（或維持）你想要的東西的最可靠方式時，攻擊的動機便水到渠成。

我們是否該抗議說，這種對於我們在自然狀態下可能處境的描述只是基於一種假設，即人類是不切實際的殘酷或是自私自利？但是霍布斯會回答說，這兩種異議（objection）都模糊了重點。霍布斯認為，人類並沒有殘酷到「任何人都會從別人的巨大痛苦中得到樂趣，不管是否與自己的利益相關——我並不這樣認為」（《利維坦》，第126頁）。至於自私自利，如果不總是如此的話，他會同意就算人類一般而言會尋求滿足自我中心的欲望。但是，作為戰爭的根源，同樣重要或更加重要的是恐懼：對於周遭人可能會試圖奪取你所擁有的一切的恐懼。這會導致你發動攻擊，不是為了利益，而是為了安全或甚至可能是名譽。我們已經接近這樣的想法，在一場戰爭中每個人都為了自我防衛（self-defence）而與其他人作戰。

不過，也許有人會說，假設每個人都會相互猜忌，以致於總是互相攻擊，這是不合理的。但是霍布斯同意會有一段不會發生實際衝突的時間，他對於戰爭狀態的定義不是持續戰鬥，而是隨時準備戰鬥，好讓任何人都不能鬆懈並放下警戒。他認為我們該如此猜忌，這是對的嗎？為什麼不假設在自然狀態下的人們將奉行「自己活著也讓別人活著」（Live and let live）的格言呢？但霍布斯說，想想看即便在國家的權威之下，我們是如何生活的。當你鎖門拒絕你的鄰居時，你對他們表達了什麼意見？而且當鎖上你的櫃子和抽屜時，你在向你家中的其他成員傳遞什麼信息？如果當我們在法律保障之下生活時都如此多疑了，試想在自然狀態下我們會有多害怕。正如霍布斯所言：

> 在這種情況下，產業是無法存在的，因為無法確保它的成果；這樣一來就沒有耕作的土地；沒有航海，因而也用不上可以從海路進口的商品；沒有寬敞的建築；沒有工具來搬運與卸除需要花費大力量來移動的東西；沒有地貌的認識；沒有時間的記載；沒有藝術；沒有文學；沒有社會；最糟的是，人們不斷處於暴力死亡的恐懼和危險之中；人生活在孤獨、貧困、汙穢、殘暴之中，生命是短暫的。

《利維坦》，第186頁

在這一點上，有人可能會說，雖然霍布斯告訴我們一個有趣的故事，但他忽略了一件極為重要的事：道德（morality）。雖然沒有道德感的生物可能會做出霍布斯描述的行為，但我們不一樣。我們之中的絕大多數人都同意，我們不應該攻擊其他人或是奪取他人的財產。當然，在自然狀態下，少數人會偷竊和殺戮，就像現在一樣，但是會有足夠多有著道德感的人們來阻止腐敗蔓延，並防止少數不道德的人將我們帶入一場全面戰爭。

這個異議提出了兩個核心問題。首先，霍布斯是否相信我們能夠在自然狀態下理解道德觀念？其次，如果我們可以，他會不會接受在沒有國家的情況下，承認道德義務（moral duty）提供了充分的動機，克服想要侵略他人以便奪取他人財物的誘惑呢？讓我們看看霍布斯對於第一個問題的立場。

霍布斯似乎否認在自然狀態下能存在道德：「在這場人人相互為敵的戰爭中……不可能有任何事情是不義的。對（right）與錯（wrong）、正義（justice）與不正義（injustice），這些觀念都不存在。」（《利維坦》，第188頁）霍布斯在這一點上所使用的論證是，不正義包括了違反某些法律，但法律要存在就必須有一位立法者，一個能夠施行法律的共同權力。在自然狀態中，沒有共同權力，所以沒有法律，就沒有違反法律的問題，也沒有不正義的存在。每個人都有「運用自己的力量……保全自己的天性，也就是保全自己的生命……的自由。因此，他有權憑藉自己的判斷和理念使用他認為最合適的手段去做任何事情的自由」（《利維坦》，第189頁）。霍布斯主張，這樣做的其中一個後果就是「在這樣的情況下每一個人對每一個事物都具有權利，甚至對彼此的身體也是如此」（《利維坦》，第190頁）。霍布斯將這種為了自保而不擇手段的自由稱之為「自然權利」（right of nature）：其後果似乎是，在自然狀態中，只要你相信這麼做將幫助你活下去的話，你被允許做任何事情，甚至是奪取他人性命。

為什麼霍布斯會採取如此極端的立場，賦予每個人在自然狀態下去做任何他們認為適當的事情的自由呢？或許他的立場並非如此極端。我們很難會不同意，人們在自然狀態下沒有捍衛自身的權利。雖說如此，似乎也顯而易見的是，個人必須自行決定以合理而言什麼算是威脅，以及進一步來說，面對此種威脅什麼才是會理性的行動。乍看之下，沒有人會因為出於自我防衛而採取的任何行動受到理性批評。由於先發制人是一種防衛形式，侵犯他人往往會被視為最好的自我保護。

這就是霍布斯觀點的初步解釋。在自然狀態中，沒有正義或不正義、沒有對錯，道德概念並不適用。這就是霍布斯所謂的「自然權利之自由」（Liberty of Nature Right）。但是正如同我們將看到的，霍布斯的觀點確實有其進一步的複雜性。

除了「自然權利之自由」之外，霍布斯認為他所謂的「自然法」（Laws of Nature）也存在自然狀態之中。第一個「基本法則」（fundamental law）是這樣的：「只要有求得和平的希望時，每個人就應當力求和平；在無法求得和平時，他可以尋求戰爭，並利用戰爭的一切助力和有利條件。」（《利維坦》，第190頁）第二條法則教導我們放棄對於所有事物之權利——只要其他人也願意如此的話——以及每個人都應該「滿足於相當於自己允許他人對自己所具有的自由權利」（《利維坦》，第190頁）。第三條，對於霍布斯後來用社會契約論來證成國家尤為重要，就是履行你簽訂的任何契約。事實上，霍布斯一共列出十九條自然法，關於正義、財產、感激、傲慢與其他道德行徑。霍布斯預設說，所有這些法則都可以從基本法則推演而出，儘管他理解到鮮少有人能夠進行推論，因為大多數人「忙於糊口，剩下的人由於過於疏忽而無法理解（它）」（《利維坦》，第214頁）。但是自然法可以被「精簡為一條簡易的總則……己所不欲，勿施於人」，這是聖經「金律」（golden rule）（Do unto others as you would have them do unto you）的反面表述。

那麼，自然法便可以很容易地被稱為一種道德準則。但是，如果霍布斯打算將它們視為一組管理自然狀態的道德規範的話，那麼這似乎與他先前的陳述相互矛盾：在這樣的狀態下沒有對錯之分。此外，如果人們有動機去遵守道德法則的話，也許這將使自然狀態比霍布斯期待的更加和平。然而，霍布斯並未將自然法描述成道德法則，而是將其描述成理性（reason）定理或結論。也就是說，霍布斯相信遵循這些法則給予每個人保全他或她自身生命的最佳機會。

然而，這似乎會導致另一個問題。基本的自然法告訴我們，尋求和平是理性的。但是霍布斯早已提出，自然狀態將是一種戰爭狀態，因為在自然狀態中侵犯他人是理性的。霍布斯又怎麼能說，理性既要求戰爭亦要求和平呢？

我認為，答案是我們必須區分**個人**理性（*individual* rationality）與**集體**理性（*collective* rationality）。集體理性指的是，在假設其他每個人都會以同樣的方式行動的前提下，對每個個體來說最好的做法是什麼。自然法表達的是集體理性。我們可以借用法國哲學家尚・保羅・沙特（Jean-Paul Sartre, 1905-1980）的例子來說明這個區分。假設有一群農民，他們各自在陡峭的山坡上耕種自己的土地。他們一個個意識到，可以透過砍掉樹木、種植更多作物來增加土地的使用面積，所以他們全都砍掉了他們的樹木。但是在下一場暴風雨中，雨水沖走了山坡上的泥土，沖毀了土地。在此我們可以說，對每位農民來說，個人理性的做法是去砍掉他或她的樹，以增加可供耕作的土地面積。（只砍掉一塊土地上的樹木對土壤侵蝕來說不會造成任何顯著差異。）但是從集體角度來看，這就是一場災難，因為如果他們全都砍掉自己的樹，每個人的農場將毀於一旦。所以，集體理性的做法是讓大部分的——如果不是所有的——樹木保持原樣。

具備這類特質的案例（在文獻中稱為「囚犯困境」〔prisoner's dilemma〕），其有趣的特徵在於，當個人理性與集體理性出現分歧時，就很難在集體理性的結果上取得合作。每個人都有動機採取「背叛」的個人理性行為。假設農民們理解他們處境的結構，並因此同意不去砍伐樹木。那麼，任何個別農民都可以推論說，他或她將透過砍伐樹木來增加產量。（謹記，只清除一塊地不會造成嚴重的水土流失。）但是對一個人來說是真實的事情，對所有人來說也是如此，因此他們可能會各自開始清理他們的地盤，以便獲得個人優勢。即使他們達成協議，每個人都有充分的理由打破那個協議。因此，集體理性的立場是不穩定的，個人將傾向於背叛，即使他們知道如果每個人都這麼做的後果。

有鑑於此，一種思索霍布斯論點的方式是，在自然狀態下，**個人的**理性行為是去攻擊他人（出於我們已經看過的理由），而這將導致戰爭狀態。然而，自然法告訴我們，戰爭狀態並非人類的必然處境，因為另一種層次的行為——**集體**理性——也可能存在。只要我們能夠以某種方式提升集體理性的層次並遵守自然法，我們就能生活在沒有恐懼的和平之中。

現在的問題是，霍布斯是否相信在自然狀態中每個人都有遵守自然法的道德義務，以及如果是的話，承認他們自身的義務是否應足以促使人們遵守自然法。霍布斯對此的答案十分微妙，他說自然法雖然約束人們的「**內在世界**」（*in foro interno*），但不一定在「**外在行為**」上（*in foro externo*）具有同樣的效果。他的意思是，我們都應該冀求自然法生效，並將它們納入我們的思考之中，但這並不意味我們在任何情況下都應該遵守它們。如果我身邊的其他人不遵守自然法，或者，就像在自然狀態下經常發生的那樣，我們可以合理懷疑他們會違背自然法，那麼要我遵守自然法簡直就是一件愚蠢且自我毀滅的事。在這種情況下，任何遵守的人都會「讓自己做了別人的犧牲品，必然會給自己帶來禍害」（《利維坦》，第215頁）。（用當代賽局理論的術語來說，任何這麼做的人都是個「蠢貨」！）

總結來說，霍布斯的立場是：當我們周遭的人據悉（或是可以合理預期）也遵守自然法時，我們就有義務遵守該法則，因為這樣一來就不會有人利用我們的順從。但是如果我們處於不安全的狀態中，試圖尋求和平並且以道德德行來行事，這將導致個人的必然滅亡，所以我們被允許「利用戰爭的一切有利條件」。那麼，真正的重點似乎不在於道德觀念在自然狀態中無處可用，而是在自然狀態中互相猜忌和恐懼的程度是如此之高，以致於我們一般不遵守自然法是情有可原的。只有當我們能夠確信周遭的人們遵守自然法的時候，我們才應該採取合乎道德的行動，但是這在自然狀態中是十分罕見的，因此自然法實際上幾乎永遠不會發揮作用。

霍布斯認為擺脫這個困境的方式是創造一位統治者或是「主權者」（sovereign），他或她將嚴懲那些違法之徒。如果主權者能有效地讓人們遵守自然法，那麼也只有這樣才不會有人能夠合理懷疑其他人將發動攻擊。在那種情況下，就不再有發動侵略的藉口。霍布斯認為，國家的最大優勢在於，它創造了讓人們得以安全地遵守自然法的條件。

我們應該藉由回顧霍布斯對於自然狀態的解釋來結束這一節。在這種狀態之下，每個人都會理所當然地懷疑其他每個人，而這種懷疑並不僅是利己主義（egoism）或虐待狂而已，它會引發戰爭，其中人們會為了利益、安全和名譽而發動攻擊。這場戰爭是自我助長且自我延續的，隨著對於暴力行為的合理懷疑將導致一種螺旋式上升的暴力。在這種情況下，生活確實是悲慘的，不僅充滿恐懼，也缺乏物質慰藉與福祉（well-being）來源。由於沒有人能夠確定保有任何所有物，因此鮮少有人會種植或耕作，或是從事任何長期事業或計畫。人們將所有時間花費在謀生和打仗之上。在這種情況下，藝術或科學絕對不可能蓬勃發展。我們短暫的生命將活得毫無意義。

洛克

> 儘管有些人把自然狀態與戰爭狀態混為一談，但這兩者之間的區別之大，正如和平、善意、互助和安全的狀態與敵對、惡意、暴力和互相殘殺的狀態一樣迥然不同。
>
> 洛克，《政府論次講》，由 Peter Laslett 編輯（[1689]，學生版，Cambridge: Cambridge University Press, 1988），第十九節，第280頁

洛克在寫這段文字時，心中是否明確想著霍布斯，這是一件有待學術辯論的事情。他的正式目標是英國政治理論家羅伯特·菲爾默爵士（Sir Robert Filmer, 1588-1653）的觀點，菲爾默爵士在其去世很久直到一六八〇年才出版的著作《君父論》（*Patriarcha*）中，捍衛了君權神授（Divine

Right of Kings）的學說：國王帶著上帝授予的權威進行統治。話說如此，難以否認的是，洛克的許多觀點似乎在和霍布斯進行論辯，霍布斯的著作對於他來說必定耳熟能詳。如同我們即將看到的，比較這兩種對於自然狀態的描述可以同時瞭解它們。

雖然就像我們看過的，霍布斯將自然狀態等同於一種戰爭狀態，洛克卻急於強調這點是個錯誤。洛克設想，即使在沒有政府的情況下，人們通常也可以過上一個還可以接受的生活。我們的問題必然是，洛克是如何得出這個結論的。或是，換句話說，根據洛克的說法，霍布斯是哪裡出錯了？

讓我們從頭說起。洛克說，自然狀態首先是一種完全自由的狀態；其次，一種平等的狀態；其三，受到自然法的約束。當然，字面上來看，這聽起來就像是霍布斯的觀點，但是洛克對於這三個要素中的每一個都給予了一種截然不同的詮釋（interpretation）。霍布斯的平等原則是一種關於所有人心理及生理能力的主張。對洛克來說，它是一種關於權利的道德主張：沒有人擁有使他人從屬於自己的自然權利（natural right）。這項主張明確地針對包括菲爾默在內的所有人，他們接受一種自然階層（natural hierarchy）的封建觀點，以君主為首，由上帝任命來進行統治。菲爾默辯稱說，上帝任命了亞當作為第一位君主，而當代君王的頭銜可以追溯至上帝最初的授予。在洛克看來，下面這個論點是不證自明的，即沒有人**天生**就有權統治，因為沒人曾經被上帝指派為統治者過。儘管霍布斯的平等假設並不是這個意思，但他會接受洛克在此處的立場。霍布斯認為，無論實際上是誰對於社群（community）行使權力，都應該據此被視為其主權者。

然而，兩人就自然法的本質和內容上存在較大的分歧。對霍布斯來說，基本的自然法就是，如果其他人也都在尋求和平，那就去尋求和平，不然就去利用戰爭的優勢。這條定律與霍布斯的其他十八條定律一起被稱為「理性定理」（theorems of reason）。洛克也相信自然法是可以透過理性來發現，但是洛克的自然法有一個明確的神學層面，是霍布斯的自然法所沒有的。根據洛克的說法，之所以如此的原因是雖然我們在地表上沒有天生的上級存在，但在天上卻有一位。換句話說，我們都是上帝的造物，是祂的財產，是祂置於世上的僕役，「為了祂的快樂而生，而不是為了別人的快樂而生」。因此，「每個人……**都必須保全自己**，不能擅自改變自己的地位；基於同樣理由，當他保存自身不成問題時，就應該盡其所能**保存其餘的人類**」（《政府論次講》，第六節，第271頁）。在洛克看來，自然法簡單來說就是盡可能保全人類的理念。所以，在自然狀態下，洛克認為我們有一種不傷害他人的明確義務（除非為了有限的自衛目的），同時如果幫助他人不會損及自身的話，我們甚至有義務這麼做。

那麼，霍布斯與洛克對於自然法的本質與內容顯然有著截然不同的看法。更大的差異在於他們對於「自然自由」（natural liberty）一詞的使用。對霍布斯來說，我們看到說有自然自由就是在說，我們常常可以全然理性的、超越道德批評地採取任何適當的措施來幫助確保自己的生存，即使這意味著要攻擊無辜群眾。洛克的理解非常不一樣，他宣稱雖然自然狀態「是**自由的狀態**，但**卻不是放任的狀態……自然狀態**有一種為人人所遵守的自然法，對它起著支配作用」（《政府論次講》，第六節，第270-271頁）。在洛克看來，自然自由不外乎是去做自然法所允許之事的自由，意即我們被賦予了只做道德允許之事的自由。所以，舉例來說，雖然洛克的自然法阻止我侵犯他人的財產，但這絕不是一種對於我的自由的限制。洛克當然不會同意霍布斯的說法：在自然狀態下，每個人都有權擁有一切，甚至是彼此的身體（儘管他也接受我們有相當大的自衛權）。

這些霍布斯與洛克之間的分歧，加起來是否足以確立洛克的結論：自然狀態不必然是一種戰爭狀態？顯然，對洛克來說，即使是在自然狀態裡，我們也有道德義務去限制我們的行為，這一點很重要。然而，單憑這一點，似乎還不足以說明在自然狀態下，恐懼與猜忌不會存在。並且，正如霍布斯所言，正是恐懼和猜忌導致自然狀態陷入戰爭。為了避免這種情況，洛克不僅要求自然狀態必須接受道德評估，也要求人們在某種程度上或是其他情況下，會有動機依照自然法的指示行動。

這啟發了一條抗拒霍布斯悲觀結論的策略。霍布斯爭論說，人類會被追求福祉（持續滿足它們的欲望）的動力所驅使，這至少在一開始會導致他們陷入衝突。假若霍布斯錯誤描述了人類的動機——比如說，如果人類真的是強烈地利他主義——那和平可能就很容易實現了。這將是一條通往洛克結論的途徑。但這是洛克的途徑嗎？洛克在《政府論次講》中並沒有明確提出一種人類動機的理論，但似乎清楚的是，他不認為人類會被自動驅使去遵守道德法則。實際上，他的說法十分接近霍布斯：「自然法和世界上有關人類的一切其他法律一樣，如果在自然狀態中沒有人擁有**執行**自然法的**權力**，以保護無辜和約束罪犯，那麼**自然法**就毫無用處了。」（《政府論次講》，第七節，第271頁）換句話說，自然法和其他所有法律一樣需要一名執法者。在沒有這類執法者的情況下，它會是空洞的。

霍布斯完全準備好接受在自然狀態下，他的自然法是無效的。然而，與霍布斯不同的是，洛克無法接受自然法是徒勞的；畢竟，在洛克看來，它是上帝的律法，而上帝想必不會做徒勞無功之事。因此，必須存在一種執行法律的方式：某個掌握權力執行法律的人。但是，在自然狀態下我們都是平等的，所以如果有人擁有這類權力的話，那每個人都必須擁有它。因此，洛克總結說，每個人都必須擁有得以懲罰違反自然法之徒的自然權利。我們每個人都有權懲罰那些傷害他人生命、自由或財產的人。

懲罰權與自衛權不同，它不只是一種嘗試防止或阻止某一種特定傷害的權利，而是讓任何逾越自然法之徒為其罪過付出代價的權利。洛克把它稱為「異端學說」（strange doctrine），在其自然狀態觀點的衍生過程中扮演了非常重要的角色。如果能夠強制執行自然法的話，那我們就有好的理由希望生活可以相對地和平。違法者可以受到懲罰以補償過失，並限制和威懾他們和其他人在未來做出類似的行為：「處罰每一種犯罪的**程度**和**輕重**，是否**足以**使罪犯覺得不值得**犯罪**，使他知道悔悟，並且警戒別人不犯同樣的罪行而定。」（《政府論次講》，第十二節，第275

頁）重要的是，這種懲罰的自然權利並不僅限於遭受不法對待的個人。若是如此，那些犯下謀殺罪的人就會逍遙法外，將是場災難。但更重要的是，受害者可能沒有足夠的力量或權力去制服加害者，並從加害者身上要求確切的報應。因此，洛克認為那些違法之人對我們所有人來說都是一種威脅，因為他們會傾向於削弱我們的和平與安全，所以在自然狀態下的每個人都被賦予了洛克所謂的「執行自然法的權力」。洛克心中的想法是，守法的公民們對於違法行為感到憤怒，他們將與受害者（如果還活著的話）聯合起來將加害者繩之以法，而如此一來他們就擁有必要的權力來這麼做。

洛克理解到，我們都有懲罰罪犯的自然權利，這個主張似乎會令人感到驚訝。然而，為了支持他的觀點，他宣稱如果沒有這項權利的話，就很難看出任何國家的主權者是如何有權懲罰一位並未同意這些法律的外國人。一位並未同意主權者之律法的外國人，不接受因違反法律而受到懲罰的法律責任。因此，除非存在著某種懲罰的自然權利，不然這一類人不能受到公正的懲罰。實際上，主權者與該名外國人處於自然狀態之中，因此主權者的行為不受到該國法律的制裁，而是受到自然法之執行權力的制裁。（事實上，我們將在第二章中看到，洛克有一個更明顯的策略來解釋主權者的權利：即該名外國人**默許**了法律。）

如果自然法是可以強制執行的，那麼即使在自然狀態下，許多其他的權利也可以得到保障。對洛克來說，其中最重要的是私有財產（private property）權。我們已經可以看出這個論點的基本形式必須是什麼了。上帝將我們置於地球上，如果認為祂把我們置於此處是為了讓我們挨餓的話就太荒謬了。但是，除非我們能夠正當地享用諸如蘋果和橡子等物品，否則我們就會挨餓；此外，如果個人能夠安全地擁有數塊土地，並正當地將他人排除在外，我們的情況會變得更好，因為我們就可以耕種土地，並安心享用土地上的作物。（我們將在第五章詳細討論這個論點。）

對現代的讀者來說，洛克不斷援引上帝及上帝的意旨，這似乎是個弱點。他的論點對於不可知論者（agnostics）或是無神論者（atheists）來說，或是那些不認同他的基督教預設的其他宗教人士來說有什麼吸引力嗎？想必應該是有可能在神學框架之外思考政治哲學的問題吧？然而，洛克在建立其論點的前提時，也訴諸了「自然理性」（natural reason），儘管他賦予它較次要的角色。所以，舉例來說，他認為假設人類在未經所有其他人允許的情況下就不得使用土地，這是荒謬且違反自然理性的，因為若是如此的話，我們就會餓死。

回到主要的論點上，目前為止，霍布斯與洛克之間的核心差異似乎是，洛克認為即使在自然狀態下，也存在著一種可以被強制執行且有效的道德法則（moral law），並且以懲罰的自然權利作為後盾，而霍布斯則對於這種說法抱持高度懷疑的態度。我們可以想像霍布斯會如何回答洛克。根據霍布斯的說法，唯一制服任何權力的方法是透過行使更大的權力。所以，我們可以聯手對付一名加害者，以索取賠償並威懾未來的類似行動。但這樣一來，這名加害者——他很有可能是不講道理的人，有著臭味相投的朋友們——可能會全副武裝，聯合一切武力回來報仇。對於那些想要執行自然法權力的人來說，這樣的想法可能會產生強大的抑制作用。如果你想要避免未來發生不愉快的事情，就不要捲入其中。因此，霍布斯可能會辯稱說，即使人們確實擁有懲罰罪犯的自然權利，但除非存在一個單一且穩定的權威，否則這種自然權利幾乎不會有什麼作用：例如，在一個部落或團體中，會有一個公認的領袖來裁決紛爭並執行判決。但那已是一個國家的雛型了。所以，在一個真正的自然狀態裡，即使存在懲罰的權利，它作為一種和平的手段也是無效的。

然而，在霍布斯與洛克之間仍有一個我尚未提到但似乎極其重要的差異。謹記，對霍布斯來說，讓人們陷入衝突的其中一個關鍵因素便是物品的自然稀缺性。兩個人常常會欲求相同的事物，而這會使他們成為敵人。另一方面，洛克似乎做出一個非常不同的假設：大自然給予了豐富物產。這裡的土地自然豐饒，為每個人提供了足夠的空間，特別是「在世界初期，人們在當時的曠野上離群所居的危險，大於因缺少土地種植而感受的不便」（《政府論次講》，第三十六節，第293頁）。因此，洛克暗示說，在這些條件下，幾乎沒什麼理由發生衝突和爭執。大部分的人，想必都寧願耕種他們自己的土地也不願意侵犯鄰居的土地，因此我們可以預期一種相對和平的氛圍及少數的爭吵來源。如果這是對的話，那麼自然狀態下的和平不僅是由懲罰的自然權利來保障，同樣重要地也是由幾乎不必使用懲罰的事實來維護。

這多有說服力呢？霍布斯無疑會指出，豐饒的土地並沒有排除成品和消耗品的稀缺問題。竊取他人的產品往往遠比辛勤耕耘、播種和收成來得省事。再者，如果其他人也有類似的想法，那麼我就是在浪費精力耕耘自己的土地，因為正如霍布斯所言，無論我生產什麼東西，最終都會落入他人的手裡。洛克要反駁這點的話，他要麼必須證明懲罰的自然權利可以被有效使用，要麼證明人類有一些相當強烈的動機去遵守道德法則。否則，極度反社會的少數個體可能會毀了所有人的心血。

確實，洛克差一點就要承認自然狀態可能不像他最初想像的那麼和平。畢竟，他必須要小心不要把它描繪得過於田園詩歌一般，因為這樣就很難解釋為什麼我們要離開它並創立國家。洛克認為，主要的缺點在於司法行政。與其說我們會為物品而爭吵，不如說我們會為正義所要求的事物而爭吵。換句話說，我們對自然法的詮釋產生歧見。人們會對於是否發生了一件違法事件產生歧見；他們會對其適當的懲罰和賠償產生歧見，並且他們可能沒有權力去執行他們認為適當的懲罰。所以，即使是在那些想要守法的民眾之間，嘗試伸張正義本身就是一個重大的爭議來源。洛克將其視為自然狀態的主要「不便」（inconvenience）。唯一能避免嚴重困擾的是：假如存在最初豐饒的土地，爭紛會變得更少。

但是洛克認為，最初豐饒的土地最終會轉變為稀缺：不是透過人口大量成長，而是透過貪婪和金錢的「發明」。在金錢存在之前，任何人都沒有理由去攫取超過他們自身家庭存續所需的土地。如果你種植的比你能用的還多的話，它就會被浪費掉，除非你能用它來交換一些更永久的東西。但是，一旦有了金錢，那麼這類交易就會變得容易，而人們就有可能囤積大量的金錢，而不必擔心它們會腐壞。這讓人們有理由去開墾更多土地來生產待售商品。反過來說，這導致了對土地的壓力，而洛克認為，僅僅是因為這個原因，土地旋即變得稀缺。現在，洛克並沒有說這種稀缺性會引發霍布斯式的戰爭狀態，但是他承認一旦土地供不應求並處於爭議之中，自然狀態的不便就會成倍增加，而最終建立民間政府就成為當務之急。所以，雖然最初是和平的，但最終，即使是對洛克來說，自然狀態也變得難以忍受。

盧梭

研究過社會基礎的哲學家們，都認為有追溯到自然狀態的必要，但是沒有一個人曾經追溯到這種狀態。……所有這些人不斷地在講人類的需要、貪婪、壓迫、欲望和驕傲的時候，其實是把從文明社會裡得來的一些觀念搬到自然狀態上去了；他們論述的是野蠻人，而描繪的卻是文明人。

盧梭，《論人類不平等的起源與基礎》

（[1755]，Cambridge: Cambridge University Press, 1997），第 132 頁

一種避免霍布斯對於自然狀態的悲觀結論是從不同的前提出發。特別是，如果我們採用另一種關於人性和動機的理論，沒有國家的生活似乎會具備更美好的前景。霍布斯認為，人們持續追求福祉：滿足他們未來可能擁有的任何欲望的權力。這點，再加上身處稀缺條件下人類的恐懼與猜忌，促成了關於戰爭狀態的論證。但假設霍布斯完全錯了，人們在力所能及的情況下，自然且自發地想要幫助彼此。也許，與其為了生存互相競爭，人類提供互助，並為了彼此的舒適而行動。若是如此，那麼自然狀態看起來就會大不相同。

雖然盧梭並沒有對人性本善做出這些樂觀的假設，但他的觀點在這個方向上邁出了實質的一步。就像霍布斯和洛克一樣，他假設人類主要受到自我保護（self-preservation）的欲求所驅使。然而，他也相信這不是故事的結尾。霍布斯和洛克忽略了人類動機的核心層面——憐憫（pity）或同情心（compassion）——並因此高估了自然狀態下有關衝突的可能性。盧梭相信，我們「看見自己的同類受苦天生就有一種反感」（《論人類不平等的起源與基礎》，第152頁）。他補充說，這種情感是「那樣自然，連禽獸有時也會顯露出一些這種情感的跡象」。

盧梭認為，同情心或憐憫強而有力地限制著可能導致攻擊與戰爭的驅力。

> 正是這種情感（憐憫），使我們不假思索地去救援我們所見到的受苦的人。正是這種情感，在自然狀態下代替著法律、風俗和道德，而且這種情感還有一個優點，就是沒有一個人企圖抗拒

> 它那溫柔的聲音。正是這種情感使得一切健壯的野蠻人，只要有希望在別處找到生活資源，絕不去掠奪幼弱的小孩或衰弱的老人艱難得來的東西。
>
> 《論人類不平等的起源與基礎》，第154頁

盧梭並不懷疑，如果將受到社會塑造和腐化的現代公民置於自然狀態裡，他們會像霍布斯所描繪的那樣行動。但是，霍布斯和洛克都把社會中的人性特質（甚至是資產階級社會〔bourgeois society〕中的人性特質）投射到野蠻人身上。亦即，他們將社會化的特質描繪得好像它們是自然的一樣。

盧梭接著提出第二個主張。當我們了解野蠻人的行為模式時——同時受到自我保護和憐憫的驅使——自然狀態就會遠離霍布斯式的戰爭狀態，甚至在某些方面比起一種更文明的狀態更可取。這並不意味著盧梭主張**回歸**自然狀態，因為對於受到社會玷汙和軟化的我們來說是不可能的。然而，對盧梭來說，我們已然文明化仍舊是一件令人遺憾的事情。因為盧梭對於人類進步抱持著一種極端的、極度悲觀的觀點。他有關教育的論文《愛彌兒》（*Émile*）（1762）開頭便說道：「出自造物主之手的東西都是好的，而一到了人的手裡就全變壞了。」而他早期的論文《論科學與藝術》（*Discourse on the Arts and Sciences*）（1750）則認為，藝術與科學的發展更多是腐化而非淨

化道德。然而，必須釐清的是，盧梭認為人類天生就受到憐憫或同情心之驅使的主張，與我們在上一節中歸因於洛克的觀點：人類在自然狀態中通常會尊重彼此的**權利**，兩者是截然不同的。與霍布斯一樣，盧梭認為法律、權利和道德的觀念在自然狀態中沒有立足之地，因此，很明顯地，他的意思不可能是我們有遵循道德法則的自然衝動。但與霍布斯和洛克不同的是，他宣稱我們一般來說會盡量避免傷害他人，這不是因為我們認識到傷害是不道德的，而是因為我們對於傷害有一種反感，即使不是我們自己受傷。我們天生會同情他人，對他人的苦難感到不安，並且我們會盡可能地採取措施避免這種情況。

人類在天性上往往會彼此同情，這點固然可信。但是這點足以在缺乏政府的情況下防止戰爭嗎？問題在於盧梭賦予了自然人兩種驅力——自我保護和同情心——而這兩者似乎很有可能發生衝突。如果另一個人擁有我相信對我的生存來說至關重要的東西，但是我只能以造成傷害的方式來取得它的話，我——或是說野蠻人——會怎麼做呢？可以肯定的是，任何生物都很少會把陌生人的福祉放在他們的生存之前，因此，如果物品是稀缺的，憐憫的影響力就必然衰退。盧梭或多或少承認這一點。只要有機會在其他地方取得生計，憐憫便阻止野蠻人搶奪弱者或病患。但如果存在嚴重短缺的話呢？或許，屆時我們遭受加倍的痛苦。我們不僅會處於戰爭狀態中，而且還會為我們對人類同胞造成的所有傷害感到害怕。但重點是，在稀缺性的條件下，天生的同情心似乎不足以抵抗戰爭的威脅。

盧梭試圖避免這類問題，透過假設野蠻人的欲望不多，並且相對於這些欲望來說，物品更有可能透過狩獵和採集來取得，而不是從他人身上取得。這並不是因為大自然的慷慨，而是因為盧梭宣稱，野蠻人是一種遺世獨居的存在，鮮少與他人接觸。甚至連家庭都沒有。據盧梭推測，一旦孩子們能夠獨立生存，就會離開他們的母親，而在野蠻人之中，男人和女人不會存在永久的結合。同情心不是一種足以建立家庭連帶的強烈情感。

盧梭對於野蠻人獨居生活的部分解釋是，大自然賦予了野蠻人獨自生活的能力。野蠻人身強體壯，腳步敏捷，不僅是野獸的對手，而且通常不會生病（盧梭宣稱這是縱欲和不健康習慣的結果），野蠻人只渴求食物、性滿足和睡眠，只害怕飢餓和痛苦。

天生獨居排除了任何對於「榮耀」或名譽的渴望，因為野蠻人對其他人的意見毫無興趣。事實上，就像盧梭以為的那樣，在這個階段野蠻人尚未發展出語言，形成和表達意見的機會似乎極度受限。同樣地，野蠻人也沒有權力欲。我們曾看過，霍布斯將權力定義為「當前具有的滿足未來欲求的手段」。但盧梭認為，野蠻人缺乏遠見，甚至幾乎無法預見未來的欲望，更遑論尋求滿足這些欲望的手段。盧梭將野蠻人比擬為當時的加勒比海原住民，根據他的說法，他「早上賣掉棉褥，傍晚再哭著將它買回，全不能預見當天晚上還要用它」（《論人類不平等的起源與基礎》，第143頁）。這個居高臨下且帶有種族歧視的旅行故事，現在讓我們不禁莞爾，但盧梭卻藉此帶出一個重要的觀點：將霍布斯的假設照單全收是錯的。我們不能從自己的行為歸納出普遍的人類特質。於是，霍布斯關於戰爭的所有驅力——對於利益、安全和名譽的欲望——在盧梭的自然狀態中不是被化解，就是不存在。

然而，儘管盧梭的自然狀態中相對和平的特徵，它的前景似乎並不樂觀。盧梭筆下的野蠻人或許會是百獸之王，但就其形象來說，似乎與其他野生動物幾乎毫無區別。盧梭說道，野蠻人「這種動物並不如某些動物強壯，也不如另一些動物敏捷，但總得說來，他的構造卻比一切動物都要完善」（《論人類不平等的起源與基礎》，第134頁）。既然這就是我們在自然狀態下所能誇耀的一切了，為什麼盧梭要為我們現在已經進入一個更加文明的時代感到遺憾呢？再者，我們也很難看到這樣的轉變是如何可能。在盧梭的構想中，有著什麼樣的改變動力呢？即使是假設，我們該如何從哪裡走到這裡，也遠不清晰。

盧梭自己也承認，他所說的只是「可能的猜想」，因為這種轉變可能以多種方式進行。而且必須承認的是，要把盧梭在這個主題上所說的每一句話整合起來不總是那麼容易。然而，關鍵在於這個想法，即人類有別於禽獸的兩個特徵：自由意志與自我完善（self-improvement）的能力。正如我們即將看到的，盧梭認為後一種能力是人類進步及所有人類不幸的根源。

迄今所闡述的自然狀態深藏在人類的史前時代中：「初始人類」的狀態是「他們漂泊於森林中，沒有農工業、沒有語言、沒有住所、沒有戰爭、彼此間也沒有任何聯繫。他對於同類既無所需求，也無加害意圖，甚至也許從來不能辨認他同類中的任何人」（《論人類不平等的起源與基礎》，第157頁）。我們透過第一次運用自我改善的能力，開始走向文明之路：據盧梭推測，在生存鬥爭中發展工具，是由於人口成長所致。有趣的是，盧梭將創新視為對稀缺性的主要回應，而不是霍布斯式的競爭。在此，盧梭可能是基於這樣的想法，由於野蠻人天生厭惡傷害他人，大多數人寧願透過勞動來取得他們所需要的東西，也不願意從他人那邊奪取物資。而讓工作變得更輕鬆的正是創新——製造工具——它首先喚醒了人類的驕傲與智慧。

另一種創新是合作的觀念：共同的興趣激發了集體追求，例如組成狩獵團隊。隨著時間推移，群體生活及建造共同的小屋和庇護所的優勢變得明顯可見，而在這些新條件下的生活習慣「使人產生了人類所有情感中最溫柔的情感：夫婦的愛和父母的愛」（《論人類不平等的起源與基礎》，第164頁）。

在這種情況下，另一個新奇事物出現了：閒暇時間。合作與製造工具充分克服了稀缺性，讓人們創造出超越基本生存需求的物品。野蠻人現在開始創造出前幾代人聞所未聞的便利品或是奢侈品。然而，「這是他們不假思索地加諸在自己身上的第一道枷鎖，也是他們為後代準備的禍害的第一個來源」（《論人類不平等的起源與基礎》，第164頁）。為什麼呢？因為人類現在發展出我們可以稱為「腐敗的需求」的東西。盧梭講述了一個現在已經為人熟知且可信的故事。我們逐漸依賴起一開始被認為是奢侈品的東西。當新鮮感消退後，擁有這些東西幾乎或完全不會帶給我們任何快樂，但失去它們卻令人痛不欲生——儘管我們曾經在沒有它們的情況下過得很好。

由此引出一些其他的負面因素：隨著社會的發展，語言也跟著發展，出現了比較才能的機會。這導致了驕傲、羞愧和嫉妒。傷害第一次被視為一種侮辱、蔑視的表現，而不僅是傷害而已，而那些傷者開始尋求報復。當自然狀態開始轉變它自己，不合與紛爭的根源也隨之爆發。但即使如此，盧梭在談到這個階段時說道，這一定是最幸福、最穩定的時期，是「世界真正的青春期」（《論人類不平等的起源與基礎》，第167頁）：介於野蠻人天生懶惰和愚昧，以及文明人憤怒般的驕傲之間。

雖然這是一個穩定的時期，但它不可能永遠持續下去，而真正的腐敗始於農業和治金業漫長且艱辛的發展之中。從這裡到私有財產和正義規則的主張僅一步之遙。但私有財產導致了互相依賴、嫉妒、不平等，以及窮人之奴役。最終：

> 一旦平等被破壞，繼之而來的就是最可怕的混亂。如此一來，因為富人的豪奪、窮人的搶劫，以及一切人毫無節制的情欲，扼殺了自然憐憫之心和還很微弱的公正的聲音，於是人變得慳吝、貪婪和邪惡。在最強者的權利和先佔者的權利之間發生了無窮盡的衝突，這種衝突只能以戰爭和殘殺而終結。新產生的社會讓位於可怕的戰爭狀態。
>
> 《論人類不平等的起源與基礎》，第171-172頁

而最終我們陷入了戰爭：不是最初的純真狀態的一部分，而是創造出第一批初級社會的結果。在此時，「為情勢所逼，富人終於想出了一種最深謀遠慮的計畫，這種計畫是前人從來沒有想到過的，那就是：利用那些攻擊自己的人們的力量來為自己服務」（《論人類不平等的起源與基礎》，第172頁）。當然，這是一項旨在建立正義的社會規則以確保和平的計畫：規則平等地約束著所有人，但對富人卻格外有利，因為他們畢竟是有財產需要保障的人。最後，第一個市民社會——具有法律和政府的社會——誕生了。（我們將在第三章看到，盧梭認為這些最初的社會離理想有多麼遙遠。）而我們再次看到，市民社會的出現被視為一個對自然狀態下的戰爭狀態或臨戰狀態的回應。

無政府主義（Anarchism）

廢棄法律！罷免法官！只有自由，平等和務實的人類同情才是抵擋我們當中某些人的反社會本能的有效屏障。

彼得．克魯泡特金（Peter Kropotkin），《法律與權威》（*Law and Authority*）（[1886]，

再版於《無政府主義讀本》（*The Anarchist Reader*），1977，第117頁

甚至相信人類天真無邪的盧梭也認為，沒有政府的生活終究是無法忍受的。然而，許多無政府主義思想家都試圖抵制這個結論。瑪麗・沃斯通克拉夫特（Mary Wollstonecraft, 1759-1797）的丈夫威廉・高德溫（William Godwin, 1756-1836）（參見第三章）在這兩方面與盧梭不同調。首先，當人類「達到完美境界」後，不僅可以變得沒有攻擊性，也可以變得高度合作。其次，人類所偏好的這種狀態並非埋藏在遙遠的過去，而是一個必然發生的未來，在這個未來裡國家將不再必要。俄羅斯無政府主義者克魯泡特金（1842-1921）也抱持類似的觀點，即包括人類在內的所有動物都是透過自然的「互助」來得到好處。他提出這個觀點來取代由查爾斯・達爾文（Charles Darwin, 1809-1882）所發展的透過競爭的演化論，並認為最適宜的物種就是那些最能夠實現合作的物種。

克魯泡特金能夠蒐集動物王國中令人印象深刻的合作證據，而其他無政府主義者也認為——當然是正確的——人類之間存在著無數不同類型的非強迫性合作案例。哲學家和社會科學家普遍認為，即使是高度自私的能動者（agent），也會趨向於演化出合作性的行為模式，即便是出於純粹自利的理由。從長遠來看，合作對我們每個人來說都更好。如果戰爭狀態對所有人都有害，那麼理性、自利的生物最終將學會合作。

但是，霍布斯很快就會指出，無論有多少關於合作的證據，並且無論合作能有多理性，仍然存在許多關於競爭和剝削（exploitation）的證據，而這些證據往往也看起來很理性。而且就像腐爛的蘋果一樣，一小部分的反社會行為就能將它的惡果擴散到它所接觸到的一切。恐懼和猜忌能腐蝕和消磨大量自發性或演化出來的合作行為。

無政府主義者的回應方式之一是堅持沒有爛蘋果，或是就算有爛蘋果，也是政府的造物：如同盧梭所言，我們變得軟化和腐敗。無政府主義者辯稱說，我們建議政府作為反社會行為的補救措施，但一般來說，政府是反社會行為的成因。儘管如此，認為國家是人類之間一切形式紛爭的根源，這個想法似乎異常樂觀。事實上，這個論題似乎削弱了自己。如果我們生來都是善良的，又怎麼會有如此壓迫和腐敗的國家出現？最直觀的答案是，那些貪婪狡猾的少數個人透過各種不光彩的手段成功掌握了權力。但是，如果這類人早在國家出現之前就已經存在的話——按照這個理論他們必然要這麼做——那我們就不可能**都是**生性善良。因此，如此倚賴人類的生性善良似乎是種極端的烏托邦。

因此，大多數深思熟慮的無政府主義者都做出了不同反應。沒有政府並不表示，就不會存在對於個人行為的任何形式之社會控制。社會壓力、公共輿論、懼怕惡名昭彰、甚至是流言蜚語，都會對個人行為發揮作用。那些具有反社會行為的人將遭受驅逐。

此外，許多無政府主義者也都接受社會需要專業權威的存在。例如，有些人知道怎麼種植食物才是最好的，而聽從他們的判斷是合情合理的。而在任何規模龐大的團體中，都必須使用結構（structure）來協調中型和大型的行為。例如，在國際衝突的時期，即使是一個無政府主義社會也需要將軍和軍紀，在和平時期，聽從專業意見並遵守社會規則可能也是必要的。

這類規則和結構據說並不等同於國家，因為它們允許選擇退出：因此它們是自願的（voluntary），而國家則不然。如同我們將在第二章中看到，國家主張一種正當政治權力的壟斷。任何「自願主義」（voluntarist）、無政府主義的社會制度都不會這麼做。然而，拒絕加入該自願性社會的反社會人士的存在，讓無政府主義者陷入兩難。如果無政府主義社會拒絕嘗試限制那些問題人物的行為，那麼它就存在陷入嚴重衝突的危機。但是，如果它對這些人士執行社會規則，那麼實際上，它就變得和國家毫無二致。總而言之，隨著無政府主義的社會構想變得越來越現實、烏托邦色彩越來越少，它也變得越來越難與一個自由主義、民主的國家區分開來。不過，身兼人類學家和無政府主義思想家和社會運動分子的大衛・格雷伯（David Graeber, 1961-2020）和考古學家大衛・溫格羅（David Wengrow, 1972-）曾提出說，大量人口能夠在沒有高度組織化的中央權威下共存，並舉出美索不達米亞、印度河流域、烏克蘭與中國為例。這樣的社會仍然是一種振奮人心的前景，特別是當我們現代國家踰越它們的權力時。

確實，如同我們將在第二章中看到，無政府主義不應該這麼快就被屏除在外。我們已經看到一些自然狀態的缺點。那國家的缺點是什麼呢？將權力集中在少數人手上又有多理性呢？我們尚未檢視那些用來證成國家的論證。如果結果證明這些證成國家的嘗試是行不通的話，那麼我們就必須重新看待無政府主義。而事實上，正因如此，我們需要再次提出這個主題。

結論

我以霍布斯對於自然狀態的著名描述開啟了這一章，他將自然狀態描述成一種所有人相互對抗的悲慘狀態。其基本的論點是，在追求「福祉」的驅力使然之下，個體難免會為了稀缺性物資發生衝突，而在缺乏一位主權者的情況下，他們的衝突將升級成全面戰爭。許多反駁論點被提出來因應。洛克則提出，自然狀態是由每位個體都可以執行的自然法來進行治理的。他補充說，我們最初處於富足而非稀缺的狀態，並且不明言地假設人們通常會直接被驅使去遵守道德法則。

雖然盧梭同意洛克的觀點，即霍布斯認為我們的自然條件是一種極度的稀缺狀態，這個主張是錯的，但是他否認道德觀念和道德動機在自然狀態中有任何地位。相反地，他提出天生的憐憫或同情心將阻止戰爭爆發，並且尖銳地指出，我們無法根據我們對於「文明人」的觀察來判斷「野蠻人」將會如何行動。但無論這些對於霍布斯的回應有多強烈，洛克與盧梭都承認，他們辨識出的戰爭的反作用因素，只能用來延緩嚴重衝突的發生，卻無法永遠避免戰爭。

無政府主義者在他們嘗試避免這個結論上顯得更加樂觀。我們考慮了三種用來捍衛無政府主義立場的主要策略。第一種策略是去辯稱合作在自然狀態中將演化而出，即便是在自利的生物之間。第二種策略則是去宣稱人類天性善良。第三種也是最有道理的一個論證是，還不及國家的政治和社會的規則與結構，可以被設置來補救自然狀態的缺陷。然而，理性的無政府主義與捍衛國家之間的差距，看來可能非常微小。結果到頭來，我認為許多人都會同意霍布斯、洛克和盧梭的看法。任何真正值得被稱為自然狀態的東西，至少長遠來看，都不會是人類得以繁榮發展的條件。但這是否會成為對於無政府主義的「駁斥」，仍有待觀察。

第二章

證成國家

引言

凡一切足使存在對人價值者，莫不賴對他人行動有所約束。

約翰・斯圖爾特・彌爾（John Stuart Mill），《論自由》（*On Liberty*），
收錄於《效益主義與其他論文》（*Utilitarianism and Other Writings*），
由Mary Warnock編輯（[1859]，第二版，Oxford: Blackwell, 2003），第91頁

如果第一章的論點是正確的，那麼在任何相當大的人類群體之中，自然狀態下的生活很有可能遲早會變得難以忍受。我們可以說，有充足的理由去接受國家是得證的（justified），無須進一步的論證。畢竟，除了國家之外，我們還有什麼真正的替代方案呢？如果我們同意英國哲學家彌爾（1806-1873）的說法，即並未對他人行為進行約束的生活沒什麼價值或是毫無價值，同時也相信「強制執行的約束」的想法在沒有國家的情況下只是一廂情願，那麼任何關於證成國家的進一步論證似乎都是空談。

除國家之外我們真的別無選擇，這個主張是一種消極的證成：我們想不到更好的辦法。然而，這並未終結這場哲學討論。國家的捍衛者應該希望找到一些更積極的說法，以提供一個論證

來證明我們有服從國家的道德**義務**。這類論點也能讓我們理解國家何時可能會失去其正當性（legitimacy），就像人們普遍認為在二〇一〇年和二〇一二年之間所謂的「阿拉伯之春」期間發生的情況，當時許多阿拉伯國家受到嚴重的街頭抗議挑戰，並且在某些情況下，人民甚至企圖發動革命。隨著本章的進展，我們會變得更加明白該如何為國家提供一種積極的論證。

如同我們看過的，洛克假設了人類生而自由、平等、獨立。這意味著，他們天生不位於任何其他人的權威之下。因此，在某種意義上正當的權力關係必然是人為的（artificial）——一種人造物或人類的建構。據此，洛克繼而得出結論，要去接受他人權威的唯一方式就是，將你的同意（consent）給予那個人（除非是受到合理的懲罰）。對洛克來說，這一點是成立的，不論要求權威的那人是另一位私人或是主權者。因此，除非是出於你自身的同意自願將自己置於這個位置上，否則對你宣示權威的主權者無權擁有那種權威。所以，對洛克來說，證成國家的問題是要去證明，國家的權威如何能與個人的天生自主性協調一致的問題。他的解答是訴諸個人同意的觀念，以及社會契約的方法。根本上，對洛克和社會契約論者來說，若且唯若國家宣示權威的每位個體都同意時，才得以證成國家。

那麼，洛克歸屬於下列傳統的理論家之列，該傳統極度重視個人自主性或自然自由之思想的理論傳統。根據這些理論家的觀點，我們的政治制度必須以其管轄對象的意志、選擇或是決定來加以證成。這是個非常吸引人的觀點，因為它給予每位個體極大的尊重，讓他們有責任

（responsibility）和機會透過他們自身的選擇來掌握自己的命運。但是，也有其他捍衛國家的重要途徑，這些途徑淡化了洛克賦予自主的重要性，並以其他價值（value）取而代之。例如，在英國哲學家和社會理論家傑瑞米・邊沁（Jeremy Bentham, 1748-1832）的效益主義（utilitarian）理論中，首要價值就不是自主，而是幸福（happiness）。效益主義理論就其最粗略的形式表示，我們應該以社會中幸福之總和的最大化為目標。就這個理論來說，若且唯若國家比其他替代方案產生更多幸福時，才得以證成國家。我們同意國家與否則無關宏旨。重要的是，它是否讓社會成員在整體上比沒有它時更快樂。本章將檢視同意理論和效益主義理論，連同一些為國家提供道德辯護的其他途徑，而我們也將探究一些對於社會契約論（social contract theory）的激進（radical）批判。

國家

在決定該怎麼最好地證成國家的正當性之前，我們最好先確定它是什麼。就像我們從歷史和當代政治中得知的那樣，存在許多不同類型的國家。讀到這段文字的多數人都生活在現代民主社會之中。其他人則生活在非民主國家之中，這些國家以黨員身分、君主世系、軍事統治或是其他方式為基礎，有些國家以共善（common good）為目標，而其他則意在為權貴牟利。有些國家提倡自由市場（free market），有些則採用集體生產和分配的形式。當我們把這些實際的國家加入國家的理論模型之中，特別是來自共產主義和烏托邦著作中的理論模型，可能會覺得各種實際存在的、可能存在的國家之間幾乎毫無共通之處，以致於試圖「定義」國家是一種毫無指望的任務。

儘管如此，人們經常注意到，所有的國家似乎都有一些共通點。首先，即使人們通常會把作為政治實體的國家與「民族」（nation）區分開來，民族更像是一種文化概念，通常基於語言或是歷史，包括了宗教、傳統和共享的記憶。通常，兩者會結合成「民族國家」（nation state），但有時候在單一國家內部會存在不同的民族。當國家的一部分自視為一個單獨的民族並尋求獨立時，這種情況就變得最明顯且具有政治上的重要性。例如，蘇格蘭民族黨（Scottish National Party）一直尋求脫離英國的政治獨立（political independence），西班牙的巴斯克民族主義者也是如此。國家因此是政治實體，可能有或沒有一個單一的國家認同（national identity）。

國家顯然擁有或至少宣稱擁有政治權力。我們已經看到，洛克將政治權力界定為制定法律的權利，附帶懲罰那些不遵守法律之徒的權利。德國社會學家馬克思．韋伯（Max Weber, 1864-1920）也提出一個類似的觀點，只是用語更加驚人：國家擁有在一個特定領域內對正當實體武力的壟斷權。在任何國家之內，武力（force）、暴力（violence）或是強制力（coercion）被視為國家的主要業務，不論是直接透過其代理人——警察和法院——或是間接透過它賦予公民們偶爾對於彼此使用武力的權限：例如在自我防衛時。所有正當的武力或強制力都是由國家來實行或是受到國家監督。

這個構想的另一面是，國家有責任保護居住在其境內的每個人免於遭受不當武力的侵害。當然，只有基於這個原因，我們才準備好賦予國家對於武力的壟斷權。只有在我們意識到我們不需要自我保護時，我們才會放棄保護自己的權利：國家會為我們代勞必要之事。

據此，人們經常宣稱國家擁有兩種核心特徵：它維持著對於正當強制力或武力的壟斷權，以及它願意保護其領土內的每一個人。這是一種對於「國家」的「定義」嗎？對於這一類主張，一個常見的異議是：在實踐上，很明顯沒有一個實際的國家能夠達到這個理想。沒有一個國家能夠真正壟斷武力，也沒有一個國家能夠保護其領土內的每一個人。我們只需要想想任何大城市的謀殺率，以及一般公民為了保護他們的人身安全所必須採取的預防措施。對於這類案例我們的說法是，某些國家並未設法壟斷武力，並且可悲的是無法保護它們的所有公民：我們不會說這類社會根本沒有國家可言，除非暴力已經達到一種災難性的高度，保護也已經完全瓦解了。但是，如果我們把國家的這兩項「核心特徵」視為提供一種定義的話，那麼即使是未能保護所有人的一般失敗，似乎也意味著國家並不存在。

為了回答這個問題，我們應該再次強調，剛才提出的定義僅是宣稱，國家維持著一種對於**正當**武力的壟斷。那麼，不當暴力的存在與此毫不相關。而國家為所有人**提供**保護，儘管它也經常未能提供保護。但是這兩種回答都有問題。在美國，許多人宣稱他們有權為了自我防衛而武裝自己。他們不只認為自己應該享有這項權利，還辯稱政府在此事上毫無管轄權。有時人們會說，他們之所以享有攜帶武器的權利，其根本原因正是為了在必要時保護自己免於國家的侵害。所以，實際上，這些人很有把握地宣稱，國家或是政府無權嘗試壟斷武力之手段，而國家為所有人提供保護的論點，似乎也不是普遍為真。許多國家根本不理會不受青睞的少數群體的困境，尤其是屬於某些族群的人。更糟糕的是，在極端的情況下，這些少數群體甚至遭受國家本身以迫害、肅清或是「種族清洗」（ethnic cleansing）等形式的不當暴力。這類國家並不具備所有國家都理應具備的其中一項特徵，但荒謬的是否認它們是國家的事實。

那麼，國家的這兩種界定性質都有問題。在這一點上，我們所做的僅僅是指出了一種理想的（ideal）國家類型，一種確實擁有我們所指出的兩種特徵的國家類型。讓我們把定義的問題擱置一邊，繼續討論我們的核心問題：不論國家是否符合這個理想，我們如何能為國家提供證成呢？

證成的目標

在這一點上，介紹一些術語是有幫助的。人們常說，證成國家意味著需要證明存在**普遍的政治義務**。要說某個人具有政治義務，至少是說他們在正常的情況下負有遵守國家法律的義務，包括支付理應繳納的稅金，還可能蘊含著其他義務：如果受到徵召的話，就必須為保衛國家而戰；或許需要表現愛國行為；甚至需要找尋並揭露國家的敵人。但是讓我們集中討論遵守法律的義務。

政治義務是遵守每項法律的義務，因為它是法律，而不必然是因為我們認為它具有某些獨立的道德證成。我們大多數人會不假思索地遵守禁止謀殺的法律。如果我們被問道為什麼不去殺人，我們之中的大多數人一定會回答說，殺害某個人的這個想法，從來就沒有作為一個嚴肅的選項進入我們的腦海中。如果需要進一步的理由，我們可能會說殺人是錯的或是不道德的。如果有人告訴我們，某個人不殺人的主要理由是這麼做是違法的，這肯定會引發我們極大的擔憂，因而鮮少有人需要法律來阻止他們犯下謀殺罪。因此，在此我們有一項法律，它與道德的獨立要求不謀而合。

但是也存在一些似乎毫無道德基礎的法律。以交通法規為例，你可能相信在一個荒蕪路口的紅燈前停讓是你負有的道德義務，但這只是因為法律告訴你要這麼做而已。當然，人們偶爾會認為法律要求他們做的事情在道德上是錯的。舉例來說，我們的一些稅金被用作資助海外的軍事行動，而許多納稅人認為這一類政策應該受到道德譴責。但是，即使在這種情況下，「順民」也很可能會覺得有義務去遵守稅法，並因此勉為其難地繼續為這個及其他計畫提供資助，只因為這是法律所要求的。這一類公民可能會預期，任何的抗議都必須以其他方式來進行。許多人認為，只有在最緊急、最嚴重的情況下，違背法律才是適當的。

「證成國家」常被認為指得是，證明存在遵守法律的普遍義務。一個「普遍的」（universal）義務在這個脈絡下並不意味著，至始至終遵守所有法律的義務。只有某種令人相當不適的狂熱分子才會相信，不論法律告訴我們去做什麼，我們總是負有道德義務遵守法律；這點例如像是，即便我開車載一個瀕死之人去醫院，也應該在紅燈前停下來。我們的想法毋寧是，政治義務是普遍的，因為它適用於居住在國家境內的所有人身上。也許國家準備讓某些團體不受特定法律的規範（雖然這可能是種貪污的跡象），但重點是證成國家的目標是要顯示出：原則上，在其領土內部的每個人在道德上都有義務去遵守國家的法律和法令。我們現在應該轉去看看這樣的證成方式能否成立。

社會契約

> 此外，我主張，所有人天生處於〔自然狀態〕，並且會一直處於這種狀態，直到他們通過自願同意使自己成為某個政治社會的成員。我毫不懷疑，在接下來的論述中，我將會闡明這一點。
>
> 洛克，《政府論次講》，由Peter Laslett編輯（[1689]，學生版，Cambridge: Cambridge University Press, 1988），第十五節，第278頁

自願義務

讓我們使用「自願主義」這個詞彙來表達前面提到由洛克所捍衛的觀點：加諸在我身上的政治權力，只能由我自願行動的結果來產生。只有在我授予他們那項權力時，他人才得以對我施加政治權力。

這個觀點有時候會用所謂的「自我承擔」原則（self-assumption principle）來進行表述：任何人皆不負有任何義務，除非他們「承擔」這些義務，亦即他們自願承擔。從字面上來看，這個觀點沒什麼道理，應予以駁斥。我不去攻擊無辜者的義務，似乎不以我事先「承擔」這項義務為條件。看起來，我們必須接受我們負有一些道德義務，不論我們是否同意過這些義務。但是這不足以證明，任何人都有權制定法律並強迫我遵守它們。而這當然就是國家的所作所為。

由此可見至少對洛克來說，政治義務的問題顯然就是證明如何能以自願的方式來解釋國家的存在。需要證明的是，每一個人——或是至少每個有能力這麼做的成年人——都曾以某種方式將管轄自己的權力交付國家。根據這個觀點，為了證成國家存在的正當性，只是指出我們生活在國家的權威之下會過得比在自然狀態下更好是不夠的。我們還必須證明每個人都自願同意過國家的權威才行。

換句話說，即使國家真的對我有利，對洛克來說，這並不表示國家就得到了證成。因為自由是我的自然權利，因此加諸在我身上的政治權力只能透過我自身的同意才能存續。據此，一個聲稱對我行使政治權力但並未得到我許可的國家，是無權統治而不正當的，這個結論始終成立，即使文明社會裡的生活遠勝於自然狀態裡的生活。

證明個體同意國家權威的計畫，寄寓於社會契約論的思想背後。如果我們能以某種方式證明，每個個體都同意過了國家，或是與國家簽訂了契約，亦或是彼此簽訂了建立國家的契約，那麼這個問題便迎刃而解了。透過證明每個人都已經同意國家權威，我們就證明了國家是如何擁有普遍權威——加諸在我們每個人之上的權威。那麼，抽象地說，社會契約論是對於政治義務問題的一種明確又優雅的解方。它滿足了普遍主義（universalism）——每個人都必須承擔義務——和自願主義——政治義務只有透過同意才能存在——的雙重要求。

這從理論上來說行得通，但是實際上我們能到哪去尋找社會契約論呢？社會契約論會不會是一個「原初契約」（original contract），亦即一個真實的歷史事件？根據這類觀點，正是那個時刻和機制，把我們的祖先從自然狀態帶往市民社會之中。人們常常——還也許是對的——對這個觀點嗤之以鼻。即使我們接受存在一個真實、歷史上的自然狀態（我們在第一章中看到一些質疑這點的理由），是否真能存在這一類契約呢？證據是什麼？它在哪間博物館內？如此重大的事件應該會在歷史紀錄上留下一些痕跡。再者，這一類契約又是如何得以發生的？除了關於溝通和協調等顯而易見的實際問題之外，受盧梭啟發的批評者們早已指出，在自然狀態下，人類早已具備創造並尊重任何類型的法律協議的成熟概念被認為十分荒謬。

但是，更重要的是，即使曾有過這一類契約，它又能證明什麼呢？我們很難說它解釋了現下公民的政治義務。畢竟，沒有一個合理的法律體系允許一個世代簽訂一個約束後代的契約。然而，原初契約的學說似乎正是這麼認定的。

如果社會契約論依賴著一種原初契約的學說，那麼它肯定注定要失敗的。幸好還有其他思考社會契約的方式。如果要去實現一種自願主義式的國家解釋的目標，那麼重要的是，所有目前據稱受到國家約束的人都應該要能同意它的權威。這點似乎需要某種由每個人給予的、持續進行的同意。

難道我們每個人都是在知情且自願的情況下向國家表達我們的同意嗎？很難看出這種可能。我不記得有人曾經問過我是否同意被國家統制，或是至少不曾被任何具有官方身分的人問過。誠然，童子軍和學童常被要求向國旗或是「上帝和國王」宣誓效忠，但是他們並沒有真正的選擇權，而且無論如何，他們的年齡還不足以讓他們的宣誓具有法律效力。鮮少——如果有的話——有國家確實要求每個人都得宣誓。就像人們經常觀察到的那樣，在現代國家裡，只有那些透過歸化來獲得公民身分（citizenship）的人才會明確表達他們的同意，絕大多數的公民則毫無所悉。

在此，可能會有人回答說，同意是以一種比較不明顯或不明確的方式來給予的。有一種想法認為，同意是透過投票箱來傳達的。在投票給政府時，我們給予了政府同意，甚至是那些投票反對政府的人也會透過投票來表達他們對整個體制的認可。這點並非全無道理，但是這給我們留下了兩個問題：一些投票反對政府的人可能會聲稱，他們是在表達對整個體制的不滿；此外，對於那些投下棄權票的人又該怎麼說呢？拒絕投票很難被視為一種對政府表達同意的方式。將棄票定為非法行為並強迫每個人投票，情況也不會有所改善。隨著投票不再是自願的，就不可能將其視作一種同意的行為或跡象。

然而，這個主張讓這條思路更有趣地發展，即政治義務只有在社會被安排成「參與式民主」（participatory democracy）的情況下才會產生。參與式民主是所有公民都在政府中扮演積極角色，其廣泛程度遠超乎我們在現代民主體制中曾遇過的任何情況。這個觀點中一個重要結論是，由於當代民主體制未能符合這個理想，這類國家中的公民們便沒有政治義務。參與式民主的理論值得重視，我們將在第三章中回來再談。與此同時，讓我們回到社會契約的其他詮釋裡。

默示同意（Tacit consent）

到目前為止，我們還沒法看到如何發展一種關於明確或是明示同意（express consent）具有說服力的理論。我們已經考慮過把投票視為一種**默示**同意，但也許默示同意可以以一種更有前景的方式來發展。事實上，所有主要的社會契約論者——霍布斯、洛克和盧梭——都以不同的方式依賴著奠基在默示同意之上的論證。這裡的核心思想是，在你默默享受國家的保護的同時，你便將你的默示同意賦予國家。而光是這一點就足以將每個人與國家聯繫起來。雖然洛克相信只有明示同意才能讓你成為你的政治社會的正式成員，但他也提出一個著名的論點，即政治義務可以透過默示同意來產生：

> 每一個人在任何政府的領土上擁有任何財產或享受任何利益時，便已**默示同意**並在這段享受期間，像其他政府之下的任何人一樣，有義務遵守該政府的法律；不論這財產是他和他的繼承人永遠擁有的土地，還是僅僅為期一週的住所，抑或只是自由地在公路上旅行。
>
> 《政府論次講》，第一一九節，第348頁

這看來或許很有道理。透過接受國家的保護和其他利益，我默許了國家權威。現在也許僅憑得到好處就足以使某個人受到國家的約束，而我們將在本章後面討論這一類論點。但目前的提案有些微妙的不同，因為它在這個論點上又增添了一步：接受利益是一種默許國家的方式，而只有**同意**才具有約束力。我們應該接受這個主張嗎？

在這個論點背後的想法很有可能是，那些不喜歡國家提供整套福利和負擔的人們，大可起身走人。但是如果這個學說依賴這一點的話，那麼許多人會說蘇格蘭哲學家和歷史學家大衛・休謨（David Hume, 1711-1776）早就果斷地駁斥了這個觀點：

我們能夠認真地說，一位貧窮的農夫或工匠有自由選擇離開他的國家嗎？當他既不懂外國的語言或風俗，並且只能靠每天賺取的微薄工資過活時？我們不妨同樣宣稱，一個人留在船上是自願接受船長的統治，儘管他是在睡夢中被帶上船的，且一旦離開，他就必須跳入大海，並隨之滅亡。

〈論原始契約〉，收錄於《道德、政治與文學論文集》（*Essays, Moral, Political, and Literary*），由 Eugene F. Miller 編輯，（[1748], Indianapolis: Liberty Press, 1985），第475頁

休謨的反駁說明了什麼？休謨的想法是，居住本身並無法被理解為同意。為什麼不行？原因很簡單，因為除了離開這個國家之外，其他行為都不算是異議。這實在是一個過於嚴苛的條件，讓我們無法得出留下來的人都認可了國家的權威。

這經常被視為一種令人信服的反駁。但另一方面，在某些情況下即使是這些嚴苛的條件也可能得到滿足。舉例來說，盧梭就認為居留構成了同意，但僅限於「自由」國家，「因為在其他地方，家庭、財產、缺乏庇護所、需求和暴力可能迫使居民不得不留在那裡，儘管他本人並不願意，此時他的單純居住已不再意味著他同意或是違反這個契約」（《社會契約論》（*The Social Contract*），[1762]，第四卷，第二章，第124頁注釋）。認為家庭或物品會讓人不自由，這是盧梭

獨特或典型的想法。但是，即使我們想修正他的說法，也可以理解他的觀點。盧梭暗示說，在一個自由國家裡，表達異議的行為——離開國家的領土——再簡單不過了。

如果我們想像一個由城牆環繞的城邦國家（city-states）的世界，人們只要走過城門便可以離開（如同盧梭年輕時幾乎是出於偶然才離開了日內瓦），那麼任何異議者（dissenter）可以離開的想法或許是有道理的。顯然，休謨心中的國家更像是大不列顛，在那裡離開不是一件容易的事，就像他把國家想像成公海上的一艘船那樣。在當代世界中，一個民族國家默示同意的學說似乎遠不如盧梭那麼合適；不是因為國家四面環海的緣故，而是因為即使是那些想要離開的人也經常發現他們根本無處可去。沒有一個國家會接納他們，並且無論如何，離開一個令人厭惡的政權投奔另一個類似的政權又有什麼意義呢？我們最終還是得同意休謨的觀點。現代世界無法滿足默示同意的條件。國家無法透過這些條件來得到證成。

假設同意（Hypothetical consent）

認為社會契約論者需要訴諸某種形式的實際同意或許是一種錯誤，不論那是歷史的、明示的或是默示的。相反地，我們可以論說社會契約是純粹假設的：它只是告訴我們，在自然狀態下我們**會怎麼做**，或是**過去曾經這麼做過**。畢竟，這就是我們如何理解霍布斯的自然狀態，是作為一種思想實驗而不是一種歷史階段的描述。如果自然狀態並不存在，那麼在那裡訂定的任何契約既非明示、亦非默示，而是我們透過想像的行為所得出的東西。或者，說得更冠冕堂皇一點，用德國哲學家伊曼努爾・康德（Immanuel Kant, 1724-1804）的話來說，它是一種「理性的觀念」（idea of reason）。根據這種觀點，如果我們身處自然狀態之中，就會簽訂契約來建立國家，這個想法本身就足以顯示國家是得證的。

我們該如何理解這類論點呢？第一步，值得提醒自己在第一章中提及的一個觀點：要弄清楚你和某個事物之間的關係，最好的方式或許是去想像它不存在。舉例來說，這是一種父母親經常用來勸說他們的小孩吃下索然無味的食物的策略：如果你正好餓壞了，你就會感謝它的存在。據此，那「假設契約的論證」告訴我們，如果我們發現自己不知何故沒有國家，一旦意識到我們困境的本質，我們就會發現嘗試創建一個國家是理性的。

我們可以像這樣理解「假設契約的論證」：即使你不在國家的權威之下，而是被置於自然狀態之中，如果你是理性的，你就會盡一切所能去重建國家。特別是，你會理性且自由地加入一個契約之中來建立國家。假想契約的理論家現在會似是而非地問道：這個論證怎麼會**無法**證成國家的存在呢？

如果在自然狀態下所有的理性個體真的都會自由地做出這種選擇的話，那麼我們在此似乎確實有了一個好的論證來證成國家的存在。但是我們仍該問說，這個論證與社會契約論中的「自願」假設有什麼關聯？畢竟，如果我們假設我們只能透過自己自願的同意行為來取得政治義務，並承認**假設的**同意行為**並不是**真的行為的話，那似乎可以推論說，「假設契約的論證」將無法滿足社會契約論的要求。

這個觀察使我們陷入一種詮釋上的窘境。如果「假設契約的論證」不是那種可以滿足社會契約論者的論證，那它是哪一種論證呢？一種可能是去說，它是一種說明某些類型的國家**值得**我們同意的方式，即國家有許多可取的特徵，基本上它是我們在和平和安全上的最佳希望，而我們會願意從自然狀態中建立國家的事實，只證實了它具有這些特徵而已。根據這種詮釋，提供了證成國家的主要基礎，是國家的特徵而非我們的同意，同意完全從構想中消失。最終，依據這個論證的思路來看，「假設契約的論證」不是一種自願主義式的國家辯護方式，它更接近於我們即將接觸的效益主義理論。國家透過它對人類福祉的貢獻而得到證成。

另一方面，我們可以嘗試用自願主義的語彙來重新建構假設的社會契約論。我們可以思索一下這個論證，假設同意在某種程度上顯示了真實同意的存在。我們應該從這個想法出發，雖然幾乎沒有人曾經對國家正式表達他們的同意過，但是在某種意義上，我們所有人或是大多數人都可以說是同意的。也許，當我們被問及，並且被要求嚴肅、認真地思考這個問題時，我們每個人都會表達我們的同意。所以，我們似乎可以公平地說，任何符合這一點的人都有一種同意國家的**傾向**。但這似乎等於是說，這些人同意國家，即使他們沒有意識到它。就像我們會有我們從未意識到的信念一樣（例如，多年來我都堅信長頸鹿沒有九條腿，雖然在第一次寫下這些文字之前，我從未有意識地形塑這個想法），我們也可能在沒有意識到的情況下同意了國家。

現在我們可以把假設性契約的方法試想成一種讓我們意識到自己真實想法的方式。透過反思我在自然狀態下會怎麼行動——如果可以的話，我會不假思索地栽進公民社會裡——我便開始意識到我是同意國家的。重點不在於經過思想實驗後第一次做出同意，而是在經歷這個過程後，我開始意識到一直以來我都是同意的。依照這種詮釋，假想契約論證的重點在於揭露了傾向性同意（dispositional consent）：一種尚未表達同意的態度。

這類論點能達到多少效果呢？一個困難是，這裡使用的同意的意涵是非常薄弱的。未曾表達的、甚至未被承認的同意傾向，在其他的道德或法律脈絡中鮮少被認為具有約束力。再者，有些人很可能會在經歷假設性契約的推理，然後經過深刻反思之後，開始相信他們在自然狀態下會過得比較好，因此比起國家，他們更偏好自然狀態。也許他們不信任中央集權，或是對於自然狀態的看法比我在這裡的看法更加樂觀。這種人存在嗎？看起來當然有：在第一章中討論的無政府主義者及其追隨者們就是很好的案例，這類人不可能有任何機會被說成具有同意國家的傾向：他們積極且明確地表示異議。

我們可能會傾向於認為這類人是不理性的。但是他們有什麼不理性的地方嗎？在任何情況下，即使他們是不理性的，這也難以證明他們同意過國家。所以，即使是這種最弱形式的同意理論，也無法提供我們所追尋的事物：一個政治義務的普遍依據。如果我們堅持政治義務必須是自願承擔的，這就是我們始終面臨的風險——單一的異議者就可以打亂整個計畫。由於契約論是自願主義的**最佳典範**，因此普遍主義——人人皆有政治義務的論題——似乎無法以本文在此所討論的契約或是同意理論之任何形式來加以實現。

再論無政府主義

或許答案就是接受不可能證明每個人都具有政治義務。堅持以自願為基礎的國家是非常有道理的，如果其代價是我們必須接受一些個體逃離國家的權威，那或許我們就該迎難而上。

這個論點再次支持了在第一章中簡略探討的無政府主義案例。如果我們無法從一些可以接受的前提中找到證成國家的方法，那麼某種無政府狀態似乎便強加在我們身上，至少道德上是如此。這種批判性策略似乎是無政府主義者最強大的武器。沒人**問過**我說，我們是否應該有個國家，而警察也沒有徵得我的許可讓他們這麼做。因此，無政府主義者爭論說，國家和警察的行為是不正當的，至少在我和它們的往來中就是如此。

這個觀點的影響也許十分深遠。從最激進的角度來說，一旦我們接受無政府主義的論點，那麼我們順從國家的唯一理由就是審慎（prudence），尤其是害怕受罰。強者應該要抗拒這種懦弱的態度，並且不理會國家及其代理人。或是，換個溫和一點的說法，我們可以承認說，就像我們早已看到的，法律所要求的事物往往也是道德所獨立要求的。我們應該遵守一些國家法令所規定的事情——避免謀殺、強姦、或是傷害他人——但不是因為國家規範了這些行為。此外，警察經常以任何公民都可能採取的方式來行事：保護無辜群眾、拘留任何傷害他人的人並將其繩之以法，諸如此類。我們可以感激警察為我們所做的髒活。然而，根據這種觀點，只有在你獨立地同意國家和警察的行動理由時，你才應該支持它們。法律就是法律，警察就是警察，這個事實完全沒有提供服從的理由。因此，「哲學無政府主義者」（philosophical anarchist）建議我們對警察和國家的活動採取一種高度批判的立場。有時，他們的行為具有道德權威，但當他們不具備道德權威時，我們就有權不服從、阻撓或忽視他們。

就某些方面來說，這似乎是高度啟蒙的說法。負責任的公民不該盲從法律，而是應該始終運用他或她的個人判斷來衡量法律是否正當。如果法律是不當的，就沒有服從的道德理由。

這種說法在某種程度上必然是正確的。辯稱說一個人永遠都不該質疑或是違抗法律，將會導致人們為納粹德國迫害猶太人的行為進行辯解，或是為將同性戀處以死刑的法律進行辯護，在世界上的一些國家裡，這些情況仍然如此。遵守法律的義務必須設下一定的道德限制。然而，要說這個道德限制應該是什麼，並不是那麼容易說得清楚。最極端的情況是，假設你認為除非法律完全符合你自己的道德判斷，不然你就不該守法。現在，許多人（特別是富人）相信，純粹為了財富再分配的目的而徵收所得稅，這在道德上是毫無道理的。根據剛才提供討論的關於證成國家的觀點，這類人將有權停止繳納他們的部分稅額。與此同時，許多來自各種社會和經濟背景的人認為，繼承財產是不義的。用美國哲學家約翰．羅爾斯（John Rawls, 1921-2002）的術語來說，誰繼承、誰不繼承「從道德的觀點來看是完全恣意的」（參見第五章）。許多人認為，有些人繼承大筆財富，而同樣應得的人卻一無所有，這是相當不公平的。現在，如果你認為繼承財產這件事並不存在任何道德根據的話，那麼你也會認為西敏公爵（Duke of Westminster）並未擁有更多權利將你從「他」所繼承的財產上趕走，因為那並不是真正屬於他的財產，就像你也無權排除他一樣。如果你再加上這句，只有當法律符合你的道德觀時才應該守法，那麼你就不再有任何理由（除了害怕懲罰之外）去尊重別人（宣稱擁有）的財產。

顯然，案例可以成倍增加。關鍵是，如果我們接受剛才討論過的無政府主義觀點，我們就回到了之前的混亂局面，其中人們可以在所有事情上，甚至是那些與公眾有關的事情上，遵循他們個別的私人判斷。但正是因為這個原因，洛克認為我們應該脫離自然狀態。一旦我們理解洛克的論點，哲學無政府主義的立場就開始看起來似是一種非常危險、在道德上自我放縱（moral self-indulgence）的例證。當然，我們普遍接受一套公開制定並獲得接受的法律來指引我們彼此之間的交流，這比起任由人們依據他們自己互相衝突的準則來行事要好得多。換句話說，在合理範圍內，擁有一套**共同遵守**的法律，比任何個人對於何為最佳法律的私人判斷要重要得多。

作為回應，無政府主義者很可能會辯稱，沒有理由去預期相互衝突的道德觀點會如此擴散。畢竟，某一種特定的道德觀點可能是正確的，因此有可能每個人都會被引導接受同一套基本的道德原則。然而，這個論點的關鍵在於這些說法中的第二種說法——即每個人都能被引導至同一套基本的道德原則——但這種說法的可信度有多高呢？即使存在一套真正的道德原則，我們又如何能確保每個人都能看到那個真理呢？對於那些懷疑是否有這類方法的人來說，無政府主義的立場儘管在理論上有著相當多的優點，但在實踐上仍舊缺乏吸引力。

效益主義

臣民應該服從國王……**只要服從所可能帶來的禍害小於反抗所可能帶來的禍害**。

傑瑞米．邊沁，《政府片論》（*A Fragment on Government*），由 Ross Harrington 編輯（[1776]，Cambridge: Cambridge University Press, 1988），第56頁

契約論證的失敗，再加上無政府主義的困難，使得對效益主義理論的檢驗變得更加迫切。效益主義的根本思想是，在任何的情況下，道德上正確的行動就是那些能帶來盡可能最高的效益（utility）總和的行動。效益有多種不同的理解方式，像是幸福、快樂（pleasure）、欲望（desire）或偏好（preference）的滿足。就我們討論的目的來說，我們在這些選項中選擇何者並不重要，所

以為了方便起見，讓我們談論幸福最大化（maximization of happiness）。粗略地說，效益主義要求你展現這樣的行動，此行動會比當時任何其他可及的行動為世界創造更多幸福（或是更少不幸）。

請注意，如果我們認真看待效益主義的話，就必須能夠衡量及量化幸福，好讓我們能在幾種可能的行動中確定哪個行動才能創造最多的幸福。這經常被認為是一個嚴峻的難題。畢竟，如果我們要比較各種情況，似乎就需要一些能讓我們進行衡量的尺度：也許是幸福的單位。我們要如何才能做到這點呢？這個理論不僅要求我們將一個人的幸福與另一個人的幸福進行比較，說出誰擁有更多幸福，還要說出**多了多少**。看起來，我們必須能夠說得通像是這樣的陳述：「佛瑞德今天的快樂是查理的兩倍，雖然昨天他的快樂是查理的三倍。」許多人會認為這很荒謬。試圖用這種方式來量化幸福，往往看起來十分幼稚。

尋找一種比較幸福的方法，這項任務被稱之為「人際間的效益比較」（interpersonal comparisons of utility）問題。奇怪的是，儘管在過去數十年間已經有人提過許多巧妙的技術性解方，十九世紀的效益主義創始者似乎並未充分意識到這個問題的嚴重性。目前尚無一種普遍接受的解決方案，並且在這裡深入探討這個問題會讓我們偏離主題。然而，我們應該謹記，當我們被要求進行比較時，通常不會完全束手無策。比方說，我們知道其他人似乎對某些食物或娛樂形式的享受程度遠超過或少於我們自己。更嚴重的是，每天我們都看到有人生活在苦難之中，而我們知道其他人則過著極其享受的生活。我們確實相信可以進行比較，即使我們並不知道除了觀察和對話之外，我們究竟該如何進行比較。就當前的目的來說，我們只需假設可以進行人際間的效益比較，同時謹記效益主義者欠我們一個如何準確地做到這點的說明。

回到主要的議題，我們現在需要問說效益主義的政治義務理論會是什麼樣子。根據邊沁的說法，就像我們在上面看到的，我們應該服從我們的統治者，只要這麼做的利益大於其代價的話。那麼，這聽起來像是這樣的理論：我應該服從法律，若且唯若我的服從會比我的不服從為社會帶來更多的幸福。

但如果這是邊沁的學說，那麼只要稍加思考就會發現這是一張違法者的憑證。因為我的幸福總歸也是普遍幸福的一部分。所以，如果違抗法律——例如從一間大書店竊取一本書——會增加我的幸福的話，並且我可以確定沒有人會發現或遭受任何明顯的損失或傷害，那麼效益主義似乎不僅允許我的行為，還會要求我進行這種偷竊行為。更全面地說，這種效益主義理論往往會認可違法行為。

難道這是效益主義者要的嗎？這似乎不太可能，而事實上已經有一個現成的回應。試想一下，如果每當我們所有人認為違反法律會增加整體幸福，就都違法的話會發生什麼事。在那種情況下，你可以隨意奪走我的任何財物，只要這麼做會增加你的幸福多於減少我的幸福的話。假如其他人可以在效益計算對他們有利時，隨意將其取走的話，所有物將變得極不安全，甚至可能變得如此不確定，以致於最終沒有人會努力生產任何東西。這種不安全感會導致極大的整體不幸，就像自然狀態中的不安全感一樣。矛盾的是，當我們每個人都嘗試獨自增加整體幸福時，最終卻一起帶來了普遍的不幸。這是在第一章所討論的囚犯困境的另一個實例：那些個別地提升幸福的行動，卻在集體上降低了幸福。

因此，效益主義者可以主張，我們需要一套會被尊重的法律，即使在特定場合違背其中一項法律會帶來幸福的增長——假如這麼做是被允許的話。這可以被稱為**間接**效益主義（*indirect utilitarianism*），或稱為**規則效益主義**（*rule utilitarianism*），因為它尋求建立一套規則體系，如果遵循的話，就會帶來最大的幸福。這個想法是，如果我們都直接用效益主義的角度來進行推理，事情將會變得非常糟糕。因而，我們需要遵循非效益主義的推理——遵守法律或規則——來最大化幸福。

以個人追尋幸福的過程作為類比，將有助於說明這一點。世界各地的蓮花食者（lotus-eater）一次次地發現，如果你個人懷著追求快樂的單一目標，並竭盡所能去變得快樂，那你很有可能會失敗。但是，如果你以其他形式為目標並追求一個理想、培養嗜好、結交一些好友——那你很可能會發現幸福作為一種副作用或間接效果隨之而來。因此，有人稱說，無論是個體或社會，直接追尋幸福可能會弄巧成拙。我們能做的最好的事情就是設定其他目標，或遵循其他規則，希望或期望幸福會因此隨之而來。效益主義的政治哲學家應該推薦一套法律體系供每個人遵守，至少在正常的情況下是如此。那麼，個人就不需要考慮到遵守法律對於社會幸福程度的影響。這可能是邊沁自己真實的想法：「將〔人民〕整體聚集在一塊，僅當符合他們利益之時，他們才有義務服從。」（《政府片論》，第56頁）這段話的延伸提供了幾個想法：

1. 若且唯若法律對人類幸福的貢獻超過任何其他競爭性法律（或缺乏法律）的貢獻時，才應該通過法律。
2. 法律應當被遵守，因為它們是法律（而且將會被遵守，因為不服從意味著懲罰），並且只有在避免災害的情況下才應該不被遵守。
3. 若法律無法發揮適當的效益主義功能，就應該廢除並替換。

效益主義對政治義務的訊息現在似乎變得清楚了。國家作為法律體系的提供者和執行者，若且唯若它對人類幸福的貢獻超過任何可行的競爭性安排時，才具有正當性。如果我們從國家與自然狀態之間的基本對比來進行思考，並接受特別是霍布斯在第一章中的那些論點，那麼國家之效益主義證成看起來是非常可信的。就貢獻於整體幸福來說，國家似乎遠勝於自然狀態。因此，對於效益主義者來說，其國家證成是完整的。

然而，儘管如此成功，似乎很少有政治哲學家完全信服於效益主義對於國家的辯護。很多人承認這個論證在其自身範圍內運作良好，但對於該論證的假設或前提提出質疑。這個論證本身非常簡單。從本質上來看，它只有三個前提：

1. 道德上最好的社會就是幸福最大化的社會。
2. 國家比自然狀態更能促進幸福。
3. 國家和自然狀態是我們唯一的選擇。

因此：

4. 道德上最好的社會是一個具有國家的社會。

如果我們再進一步假設，我們負有道德義務去實現最好的社會，那麼接下來的結論是：

5. 我們負有道德義務去實現並支持國家。

我們在第一章看到不同類型的無政府主義者會質疑前提2和3，但是為了本論證的目的，讓我們假設這兩個前提為真。這個論證在形式上似乎也是有效的（valid），因為如果這些前提為真，那麼其結論也必然為真。因此，這個論證唯一脆弱的部分就是第一個前提：效益之基本原則。

問題就在於，許多哲學家拒絕效益主義，因為他們認為它會帶來道德上不可接受的結果。特別是人們經常宣稱，效益主義在道德上允許、甚至要求重大的不正義。舉例來說，一個惡名昭彰的難題是「代罪羔羊」的異議（the 'scapegoat' objection）：效益主義會允許在追求普遍幸福的過程中出現巨大的不正義。

代罪羔羊的異議是這樣的。假設發生了一些可怕的罪行——也許是一場造成數人死亡，多人受傷的恐怖攻擊。在這種情況下，警方面臨抓拿凶嫌的極大壓力。廣大群眾尋求復仇，同時也希望得到類似襲擊不會再次發生的保證。若是將犯罪集團繩之以法，當然會促進整體幸福。但效益主義的反對者已經注意到，如果民眾**相信**有罪的個體被逮捕並且判刑，整體幸福也將得到提升。只要他們是合理的嫌疑人，那麼至少復仇的需求將得到滿足，而我們都能更安穩地入睡（即使我們這樣做只是因為我們的錯誤信念）。當然，無辜之人將會受苦。但似乎可以合理地認為，對無辜者的迫害將為整個社會創造更多的整體幸福（或減少不幸），而這種迫害對那位代罪羔羊所帶來的不幸是微不足道的，因此從效益主義的角度來看，這樣的迫害是有利可圖的。因此，有人聲稱效益主義具有這樣的結果，懲罰無辜者在道德上可能是正確的。其他類似的案例——例如，關於效益主義對奴役的正當化——也很容易被編造出來。

問題的重點不在於懲罰無辜者會比較好；根據效益主義的計算，找到並懲罰主嫌當然會比較好。但是當把一切都納入考慮時，有些冤獄似乎很有可能從效益主義的角度來進行辯護。大多數的哲學討論都是奠基在虛構的案例上，但也有一些真實案例。這個議題因恐怖組織愛爾蘭共和軍（IRA）炸毀一間酒吧而引起英國公眾的注意。「伯明翰六人幫」在一九七五年被判謀殺罪成立，但他們聲稱他們的供詞是被警方屈打成招的，並試圖就居留期間所受之傷害對警方提起民事訴訟。丹寧男爵（Lord Denning）於一九八〇年在上訴法院的判決中，談到是否應該讓針對警方的民事訴訟進入審判階段的問題。他是這麼說得：

> 如果這六個人敗訴，那就意味著許多人將花費大量的時間和金錢卻沒有任何意義。如果這六個人勝訴，則意味著警方犯了偽證罪，他們犯下暴力和威脅的罪行，那段供詞是非自願的，且被不當地接納為證據，因而這項定罪是錯誤的。這意味著內政大臣要麼必須建議赦免他們，要麼必須將案件發還上訴法院。這是一個如此駭人聽聞的景象，國內每個有理智的人都會說：這些行動再繼續下去是不對的。
>
> 引述自克里斯・穆林（Chris Mullin），《判決錯誤》（*Error of Judgement*）

（修訂版，Dublin: Poolbeg Press, 1990），第216頁

最終，在一九九一年，該項判決被撤銷。丹寧男爵後來承認：「事後看來，我的評論理應受到批評。」但問題是，效益主義的批評者會說，他的論點等同於一種效益主義推理的完美應用。與其承認警方有時會恐嚇個人，逼迫他們做出虛偽證詞，不如讓無辜者繼續坐牢來得更好。而且，不用說也知道，對效益主義推理來說，事情就更糟了。

但是在辯護時，效益主義者似乎可以透過之前概述的「間接」和「規則」效益主義策略來迴避這類問題。如果我們得知自己生活在這樣的社會中，人們可能受到迫害而成為代罪羔羊，甚至無辜入獄，這將會導致極度的不安全感，進而大幅降低人類的幸福感。畢竟，我怎麼知道自己不會成為下一個效益主義的代罪羔羊呢？據此，效益主義必須賦予人們不受懲罰的權利，除非他們有罪。人們常說，這種更加巧妙的效益主義途徑可以避免代罪羔羊的異議，以及其他類似的批評。而事實上，一位考量到伯明翰六人冤案的效益主義者可能會辯稱說，與丹寧的第一個論點**相悖**，釋放他們是利大於弊。英國的司法體系可能會因此蒙羞，但是由於此案的發生及其曝光，促使了更完善的供詞紀錄程序得以採用，保障了所有人的長遠利益和安全。

間接效益主義論證的成功，對於捍衛效益主義來說似乎至關重要。如果效益主義理論得以容納一種個人權利的理論——例如，免於迫害的權利——許多針對它的常見異議就會消失。我們已

經看過效益主義如何可能完成這項任務的初步輪廓，但是還有其他方法可以進一步發展這個異議。例如，人們可以辯稱說，只有當大眾意識到事情的真相時，代罪羔羊的做法才會導致普遍的不安全感。但如果大眾從未發現過真相，那他們就沒有什麼好擔心的。（或是更確切地說，他們會有一些事情需要擔心，但由於不知道真相，他們實際上不會感到擔憂。所以，在效益主義的衡量中不會增加額外的負面單位。）因此，基於效益主義的論據，代罪羔羊的做法得到了證成，只要它是高度效率且祕密進行。這無疑是一種令人不安的想法。

一個更深層的異議是，就算計的結果如效益主義者希望的那樣進行，正確的結果也是出於錯誤的理由來達成的。或許，祕密加害的政策事實上不會讓幸福最大化。但效益主義的反對者認為這無關緊要：任何人都不該遭受迫害，不論從整體幸福的角度來看有多少好處。不論結果如何，伯明翰六人幫都應該獲釋。此外，如果效益主義者只關心幸福最大化，他們又為什麼要花費這麼多精力去制定一種效益主義的權利理論呢？這似乎顯示出他們對自己理論的缺乏信心。

為了當前討論的目的，我們將做出一個假設——一個稍後可能會被推翻的假設——就是最終無法將效益主義理論從這類批評中拯救出來。我現在不想再多說這個議題了，因為我會在第四章中再詳加討論，屆時我會探討彌爾的《論自由》，這本書通常被理解為提供了一種效益主義的權利理論。目前的論點僅僅是，雖然間接效益主義對於證成國家的論據似乎強而有力，但效益主義本身則有待商榷，即使在其間接的形式中。人們有理由對於這種捍衛國家的方式感到不滿。

公平原則

如果你在世界大部分地方宣稱，政治關係完全建立在自願的同意或相互的承諾之上，法官很快就會把你當作煽動者囚禁起來，因為你正在鬆動服從的束縛；如果你的朋友因你的癲狂讓你沉默，是因為你提出如此荒謬的說法。

休謨，《原始契約論》（*Of the Original Contract*），[1748]，第470頁

不論個人是否同意國家的權威，只享受國家所帶來的好處，卻不同時接受有助於產生這些好處的必要負擔，這似乎是不公平的（unfair）。所以，有人主張說，任何從國家獲益的人都負有一種公平（fairness）之義務，遵守國家的法律、繳納稅款等等。

法理學家和哲學家賀伯特．賴尼爾．阿道弗斯．哈特（H. L. A. Hart, 1907-1992）明確地提出這個觀點背後的基本原則，他用以下的術語來陳述：

當任何數量的人根據規則進行任何共同事業，並因此限制了他們的自由時，那些在被要求時已經歸順於這些限制的人，有權要求那些從他們的恭順中受益的人也做出類似的恭順。

〈有自然權利嗎？〉，收錄於《權利理論》（*Theories of Rights*），由傑瑞米・沃德倫（Jeremy Waldron）編輯，（[1955], Oxford: Oxford University Press, 1984），第85頁

哈特的觀點是，這項原則是默示同意學說的「理性核心」。收受利益確實會讓你與國家產生聯繫，但這並不是因為這是一種默示同意的方式。相反地，這個論點的力量在於，除非你也準備好承擔你的那份負擔，否則從國家那裡獲得利益是**不公平的**。當然，這些利益指得是生活在一個有強制執行的法律體系的社會中所帶來的安全感和穩定性，相對應的負擔即是政治義務。同一個原則卻更為人悉知的應用，是在酒吧裡買酒的情況。如果你的三位朋友都為你們四位買一輪酒，當在你剛好喝完第三杯後決定回家，他們可能會合情合理地感到憤恨不平。

如果我們接受哈特的原則，並承認每個人都從國家那收到好處，那似乎可以得出這個結論：為了公平對待其他人，我們每個人都應該遵守我們國家的法律。這有賴於一個似是而非的想法：即如果我們從法律中受益，那麼為了我們自己方便就違背法律是不公平和剝削的。

真有辦法證明每個人真能從國家的存在中獲益嗎？或許霍布斯在第一章中的論點足以讓大多數人感到信服。但休謨也曾試圖論證出這個結論，儘管休謨本人絕非一位「公平理論家」。

我們可以使用休謨的一些論點來支持我們所有人確實從國家中受益的主張。休謨的第一步是

去主張，如果我們生活在一個由正義規範——諸如有關私有財產和人身安全的規則——進行治理的社會之中，每個人都將受益。當然，我們必須做出短期的犧牲，但從長遠來看，正義會帶來回報。由於正義只有在我們都遵守法律的情況下才能蓬勃發展，那麼事實證明遵守法律實際上符合每個人的個人利益。

但遵守法律真的符合我們每個人的利益嗎？如果是的話，那麼正如休謨自己指出的那樣，我們應當需要在懲罰的威脅下被迫守法，這似乎非比尋常。如果按照法律行事符合我們的利益，那為什麼我們需要法律來強迫我們這麼做呢？

休謨的答案是，實際上人類並不擅長理性地行事。假設我們有兩種選擇：一種是立刻行動以便在當下獲得蠅頭小利，另一種則是採取其他行動，雖然能夠帶來更大的利益，但需要很長的時間才能實現。雖然採取第二種方案最終符合我的利益，但休謨相信如果任由我們自行決定，我們通常會選擇第一種方案：

即使我們完全確信後者優於前者，我們仍然無法依據這種判斷來規範自己的行為；反而屈服於我們激情之誘惑，因為激情總是傾向於那些靠近且即時的事物。

這就是為什麼人們經常做出違背他們自身已知利益的行為；他們尤其偏愛眼前的微小利益，也不願選擇維護社會秩序，而這秩序在極大程度上取決於對正義的遵守。

《人性論》（*Treatise of Human Nature*），由L. A. Selby-Bigge編輯，（[1739-1740]，第二版，Oxford: Oxford University Press, 1978），第535頁

在休謨的觀點中，即使遵守法律符合我們的利益，但這種利益十分遙遠，因此我們很可能寧願選擇不守法所帶來的短期且較小的利益。休謨預設，這是出於如果我們每個人都只追求自己的短期利益且行不義之事，社會就會分崩離析，這對我們所有人來說都是極大的不幸。然而，休謨認為，儘管這是我們的理性所告訴我們每個人的，但僅靠理性不足以驅使我們行動。休謨相信，理性是「激情的奴隸」。我們的非理性激情偏向立刻的滿足，會迅速壓過我們的理性思慮。

因此，休謨認為，既然「我們不可能改變或糾正我們天性中任何實質的東西，最多能做的就是改變我們的情境和處境，讓遵守正義之法成為我們最切身的利益」（《人性論》，第537頁）。換句話說，我們需要找到一種方法，讓遵守正義之法有助於我們的切身利益。這是我們能夠遵守法律，從而實現我們長遠利益的唯一方法。

據此，休謨認為我們應該建立一個文官體系，他們有權力去制定法律並透過懲罰來執行這些法律。遵守法律早就符合我們的長期利益，而懲罰不遵守法律的人也讓遵守法律符合我們的短期利益。我們必須被迫去守法——事實上，我們應該歡迎這一點——因為理性對於人類動機來說過於薄弱。我們需要被迫按照自己的理性私利來行動。

休謨提出這個論點的目的是為了解釋政府的優點，並解釋為什麼我們通常願意接受國家，儘管它並非奠基在我們的同意之上。要論證我們有任何類型的道德義務去服從，這是進一步的步驟，而嚴格來說，休謨並未嘗試這麼做。但是像哈特這樣的公平理論家，試圖走得比休謨更遠。我們都從國家的存在中獲益，而如果我們攫取這些利益，卻同時不接受創造這些利益的必要負擔的話，這對我們的同胞來說是不公平的。這些負擔就是政治義務。因此，我們有一種公平之義務去接受服從國家的義務。

但我們真的有這類義務嗎？如果我們收到不請自來的好處（unsolicited benefits），我們是否必須為此支付代價？回到之前的案例，如果我並沒有要求別人請我喝酒，那我是否需要為此買一輪酒嗎？假設我一開始就明確表示我無意為其他人買酒，那麼我是否可以將其他人為我買單的酒看成免費的禮物嗎？美國哲學家羅伯特．諾齊克（Robert Nozick, 1938-2002），在《無政府、國家與烏托邦》（*Anarchy, State, and Utopia*）（1974）（我們會在第四章中更詳細地進行探討）一書中主張，不請自來的好處不會產生回饋的義務。他舉了一個例：你社區中的其他成員發現了一個公共廣播系統，並決定建立一個公眾娛樂方案。每個人都被指派一天來進行廣播——播放唱片、講笑話等等——以造福所有人。你已經享受了一百三十七天來自他人的娛樂，但在一百三十八天，當輪到你的時候，請問你是否有義務放棄一天的時間來娛樂他人呢（《無政府、國家與烏托邦》，第93頁）？諾齊克認為，你顯然沒有任何道德義務去這麼做，但根據哈特所述的公平原則，你似乎確實有這類義務。畢竟，你已經受益於公共廣播系統，所以現在輪到你來承擔負擔了，為其他人奉獻你的一己之力。所以，根據公平原則來說，現在你應該要做出貢獻。

為什麼諾齊克會認為你沒有這類義務？好吧，你沒有要過這個好處，但不論你喜歡與否它都已經提供給你了。也許你寧願不要好處也不想要負擔。但不論你要不要這些好處，如果我們說在這種情況下你有遵守的義務，這就給了其他人一種強加不想要的東西在你之上，並要求你付費的許可，這說不上是正義。

也許可以透過更詳細地闡述這個理論來處理這個反例。可以這樣說，只有在你理解這些代價的情況下**主動接受**（而不僅僅是接收）這些利益時，你才會獲得一種進行奉獻的公平義務。就公共廣播系統的案例來說，只有在你接受整個計畫的時候，你才有講一天笑話的負擔。任何接受這些利益，卻試圖迴避付出貢獻之負擔的人都是剝削者或搭便車者（free-rider），所以要他們付出代價並不冤枉。似乎可以合理的說，若是將該原則修正以納入這項考量，便會產生可強制執行的義務。接受利益卻拒絕支付代價是不公平的。

然而，一旦這個原則被以這種方式進行修正的話，就會產生新的困境。現在的問題是，如果只有那些被接受的利益才會產生義務，那麼我們就必須區分那些主動接受的利益和那些僅是接收的利益。但什麼才算是接受國家的這些利益呢？畢竟，我們要如何拒絕這些好處呢？不論我們是否想要這些利益，我們都會得到它們，或是大部分的利益。換句話說，我們遭遇到的問題與我們在默示同意理論所發現的問題完全相同。我們要如何不讓接受利益，變成純粹的自動過程呢？而如果我們能夠解決這個難題，透過一個微妙的說明來解釋什麼是接受利益，那麼我們就必須面對某些人——無政府主義者，或許還有其他人——可能拒絕接受利益的可能性。即使他們理解休謨和其他人關於國家優點的論點，他們仍會看到其他的難處，所以寧可不要接受任何利益，也不要承擔任何政治義務。所以，他們不會取得任何服從國家的公平義務。於是，根據這種理解，就像以同意為基礎的理論一樣，公平原則無法提供普遍的服從義務。只有在我們依然採用哈特原本關於「接收」利益的定義時，才能做到這一點。但正如諾齊克的案例所展示的，這本身就會導致有問題的後果。所以，從這個簡單的檢視來看，雖然公平原則是一種對於同意理論的改良，但它似乎沒有解決政治義務的問題。

社會契約之激進批判

在離開本章之前，儘管現在只是扼要說明，介紹一下我們將在第六章詳細回顧的一個議題會很有幫助：在政治哲學的許多研究方法中，人們發現那些隱而未顯且未被察覺的排除（exclusion）和特權，這種情況已持續了超過兩千年。我想再次回到的具體目標是社會契約論。本章到目前為止，我們已經把社會契約論視為一種政治義務理論，用來證成我們對國家的義務。但社會契約論常被用作一種更加廣泛的政治途徑，甚至是道德途徑，來假設我們彼此之間的許多義務都可以用我們彼此之間所訂定的某種形式的社會契約論來進行解釋。一個早期的版本出現在古希臘哲學家柏拉圖（Plato, 428/427-348/347 B.C.）的《理想國》（*The Republic*）中，我們將在第三章中回顧這個文本。《理想國》是以柏拉圖的老師蘇格拉底（Socrates, 469-399 B.C.）與其他希臘公民（包括一位叫做格勞孔〔Glaucon〕的年輕人）之間的對話形式來展開。在《理想國》的一開始，格勞孔向蘇格拉底提出了一個挑戰，透過提出一種他認為對於道德本質的懷疑觀點，而他說這種觀點是一般人都信奉的。這種觀點的其中一個面向可以被認定是一種社會契約論的形式：

其實人們說為惡自然是件好事，但受害自然是件壞事，但受害的惡遠超過為惡的好；所以當人們相互為惡及受害而且有這兩方面的嘗試時，那些沒有能力避免受害及選擇危害之人認為訂定契約不相互為惡及受害是有利之事。因此他們開始訂定法律及他們之間的慣例，並稱法律的要求是合法及正義，且這是正義的出現及存在之因。它是在最好（若人為惡不受罰）及最差（若受害不能報復）之間，在這兩者之間的正義受歡迎不是因為它是好事，而是因為較弱的緣故為惡會受罰。

柏拉圖，《理想國》，由H. P. D. Lee編輯

（[380-360 B.C.], Harmondsworth: Penguin, 1955），第104頁，358e-359b[1]

柏拉圖在《理想國》中的任務是，試圖展現道德不只是一種在我們彼此之間達成的妥協下的和平協議。令人驚訝的是，社會契約論似乎在將近兩千年的時間裡乏人問津，直至霍布斯以我們在本章中所看到的形式重新引介。到目前為止，我們已經探討了對於社會契約論的批評，特別是關於它能否確實證明存在一種普遍的政治義務，該義務奠基在自由且平等的個體之間的自願協議之上。但是，一種微妙且影響更深遠的批評指出，社會安排是以社會契約為基礎的想法，存在一些奇怪之處。我們所知的絕大多數社會都充斥著多重不平等，包括階級、種族、性別、性取向、身心障礙、宗教，以及其他身分標記。但如果社會是基於自由且平等者之間的社會契約的話，人們究竟為什麼會同意成為二等公民，並接受自身的屈服和壓迫呢？

這種懷疑論的早期版本實際上來自於其中一位社會契約論者盧梭，他在《論人類不平等的起源與基礎》中指出，富人們不知何故對窮人們玩弄了一個高深的伎倆，就是招攬窮人，利用他們自身的力量來對付他們自己。我們在第一章中接觸過這個論點。因此，盧梭的看法是，如果他所生活的社會是社會契約的結果，那它在某種意義上就是一個詐欺的社會契約，窮人被愚弄去同意

1　之後關於柏拉圖的譯文皆來自《理想國篇：譯注與詮釋》，柏拉圖著，徐學庸譯注，2009，商務出版社。

了某些強烈違反他們的自身利益。正如我們已經看到的，並且會在第三章中更仔細描述，他在《社會契約論》中的目標是要做得更好，並產生某種理想的社會契約。

然而，批評者認為，盧梭某些版本的反對意見可以反過來用來指責他，以及其他社會契約論者。這類批評的第一個詳細論述或許來自當代英國政治理論家卡羅爾・佩特曼（Carole Pateman）在她的著作《性契約》（*The Sexual Contract*）（1988）中。佩特曼首先指出，在社會契約論者的著作中，女性是缺席的。而現在應當回應說，那時的作者們只是用「男人」一詞來指稱「男人或女人」，這種缺漏很容易進行修正。但可想而知，在十七和十八世紀，除了少數貴族和皇室成員之外，女性幾乎未曾參與政治生活，而且在許多國家裡，女性不能擁有財產或是從事醫學和法律等專業領域，甚至無法接受大學教育。盧梭的問題強而有力地突顯出來，女性怎麼會同意這種情況？佩特曼的答案很簡單，那就是她們沒有同意，女性的意見也沒有受到徵詢。反而，契約只在男性之間簽訂，而實際上該協議中的一項條款就是，應將女性置於男性的支配之下，以便於男性的利益。正如她所說的：「女性沒有同意原初契約，但她們並沒有被遺留在自然狀態裡。」（《性契約》，第11頁）女性被限制在家庭和家族的私人領域（private realm），受到法律以及她們的丈夫和父親近乎絕對的權威之約束，但卻無法參與創建那些約束她們的法律。社會契約的觀念是假裝向所有人承諾自由和平等，儘管盧梭指出實際的社會契約賦予富人特權，佩特曼則認為它賦予男性特權。

佩特曼的論點啟發了牙買加裔美國哲學家查爾斯・米爾斯（Charles Mills, 1951-2021）撰寫了名為《種族契約》（*The Racial Contract*）的書籍，他在書中指出，在種族分裂的社會裡，社會契約是由占據支配地位的種族所制定，並為其服務。米爾斯寫得主要是黑人在美國所遭受的待遇，雖然這個論點當然可以廣泛延伸到其他情境。就像佩特曼論點中的女性一樣，被邊緣化的黑人和棕色人種被排除在社會契約之外，並屈服於它。但他們的處境與女性的處境不同，黑人和棕色人種並不局限於家庭的家務範圍。相反地，儘管被邊緣化的黑人和棕色人種經常被排除在政治之外，卻深深嵌入經濟的公共生活之中，雖然經常是在嚴苛和剝削的條件之下，但是當不需要他們的勞動時，他們就會被拋棄、陷入失業和極度貧窮之中，而所有這一切都是為了讓已經富裕起來的、占據支配地位的白人種族成員受益。儘管米爾斯探討了種族支配（race domination）和歧視以多種形式持續至今的許多方式，最明顯的案例就是以種族為基礎的奴隸制。

當代研究身心障礙的哲學家史黛西・克利福德・辛普利坎（Stacy Clifford Simplican, 1978-），在她的《能力契約》（*The Capacity Contract*）一書中進一步延伸了這個論點，並特別著重於智能障礙人士的情況。她的核心觀點是，社會契約論者不僅在自由且平等的人們之間建立了一個契約，還預設這些人的認知能力（capacity）達到或是超越某種門檻。她指出，洛克大談「理性」的觀念，將那些有著「正常」能力的人與「白癡」進行對比。如此強調自主性、能動性（agency）與能力，徹底忽視了那些有著智能障礙的人們，將他們視為二等公民，甚至根本不予考慮他們

（《能力契約》，第65頁）。為了補充她的論點，辛普利坎指出，將女性或被邊緣化的黑人或棕色人種排除在政治之外的原因之一，就是稱說他們缺乏理性能力。對於女性和被種族化的少數群體被當成好像缺乏白人男性所具備的理性和認知能力的現象，女性主義者和種族社會運動家通常會憤怒地回應。但如同辛普利坎指出的，這一類回應想當然認為，以認知能力為由將人們排除在社會契約之外是完全正當的。她也指出，那些基於認知理由而被排除在外的人，並非為了被剝削而被排除在社會契約之外，而是被徹底無視，這是一種更深層次的排除。

對於這些社會契約論的批評確實顯得強而有力。在社會契約論的偉大傳統中，我們很難找到明確包含女性、被邊緣化的黑人或棕色人種，或是那些與所謂「正常」理性不同的人群的著作。正如米爾斯所言，「正義」實際上可能意味著「只有我們」。它忽視了那些不屬於特權群體的人，而這些特權群體才是進行理論建構並做出決策的人。接下來該怎麼辦？這是否意味著我們應該完全拒絕社會契約的途徑，改採其他的道德起點嗎？還是說修正這個理論，透過思考說如果它變得真的具有包容性的話，會有什麼不同？在這一點上我不想妄下結論，雖然隨著我們瀏覽本書的各個章節，我們會再回到其中的一些議題。目前的重點只是要注意，即便你認為你的理論是建立在普遍的自由和平等的假設上，你也很容易陷入讓一個群體比另一個群體更有特權的思考方式。

結論

回到本章的主題，我們已經檢視了幾個關於政治義務的辯護理由，但似乎全都在某種程度上有所不足。在契約論傳統中的自願主義式辯護，無法解釋那些拒絕同意者的義務。效益主義的論點則很有可能出現無法接受的後果，因為它們似乎允許我們——至少在原則上——犧牲無辜之人。公平論證只有在每個人都接受國家利益的情況下才能成功，但這種情況不太可能發生。這是否意味著我們沒有政治義務？

首先，我們應該清楚地認識到，雖然這些論點各自都無法單獨證明普遍的服從義務，但其中的一些論點確實取得了有限的成功。有些人明確表示同意國家：例如，那些擔任特殊職務的人，諸如國會議員及歸化公民。更多的人則負有公平之義務，因為大多數人都是心甘情願地接受國家的好處，而我們可以主張它們認為遵守義務是一種公平的代價。而如果效益主義的推理被認可的話，那麼很有可能國家就得到徹底證成。即使效益主義被否定，如果任何其他的論點起始於一個可接受的道德基礎的話，那麼現代社會中的大多數成員仍具有政治義務，只有相對較少的人能逃離這些政治義務。

如果無法證明每個人都具有政治義務的話，會產生什麼後果？任何國家都不會樂見境內有些居民沒有任何政治義務的情況。一方面，嘗試將那些具有政治義務的人同那些沒有政治義務的人區分開來的工作，將為政府官員帶來巨大的實際困難，特別是當有人會利用這些困難，試圖把自己冒充成那些可以逃避政治義務的群體成員的時候。看起來，即使國家已經準備好接受在理論上有些人會逃避政治義務，實際上它仍會被迫忽視這一點，並表現得好像存在普遍的政治義務一樣。毫無疑問，它可以允許一些例外，但可能僅限於特殊且明確界定的案例。或許可以允許那些明確拒絕國家援助的僧侶或團體免除某些稅賦，或是可以免除其他團體的義務兵役。但是，沒有一個團體能夠迴避所有的政治義務。

然而，假設一個國家真的將理論轉化為實踐，並接受它無權干涉生活在其領土內某些人的生活。這會為我們其他人造成困擾嗎？未必如此。有些人逃避政治意義的事實，並不意味著他們就有權傷害任何人，其仍負有一整套的道德義務。再者，至少就洛克的觀點，即便在沒有政府的情況下，所有人都有權執行道德法則。因此，如果政府確實存在，那麼我們這些認為自己是國家一分子的人，在遭受獨立人士的威脅時，就可以要求國家的力量來保護自己。雖然國家的法律對於那些不認為自己是國家一分子的獨立人士來說可能不具有特殊權威，但大多數的道德觀點賦予我們以最適當的方式自我保護的權利：在這種情況下，就是透過國家來自保。所以，一些獨立人士的存在並不意味著我們不能利用國家來保護自己免於他們的侵害。即使存在一些獨立人士，我們也可以活得很好。試想一下駐外大使及其他具有外交豁免權人員的案例。從某種意義上來說，他們所居住的國家對他們來說不具有權威，但這並不意味著這個國家的官員必須允許這些外交人員隨心所欲地行事。一名在購物中心揮舞斧頭的外交官，警方有權正當地制止他，就像我們有權正當地制止對方一樣。在這兩種情況下，我們不能做的是實施法律懲戒，或使用超出自衛所需的武力，至少在沒有進一步授權的情況下不行這麼做。

但是，當然沒有任何國家會接受生活其領土內部的人可以完全逃避政治義務。外交豁免權是一個非常特殊的案例，由國際公約來進行規範。法律將對所有人強制執行，即使在某些情況下國家的行為不當。但在以這類不正當的方式行事時，國家的行動將會獲得絕大多數公民的認可。

第三章

該由誰來統治？

引言

英格蘭人民以為自己是自由的；這是極大的錯誤，他們只有在選舉國會議員時才是自由的；一旦選舉結束，他們便陷入奴役，成為無足輕重的存在。他們在短暫的自由時刻裡所做的選擇，完全證明了他們失去自由是合理的。

盧梭，《社會契約論》，收錄於《社會契約論與其他晚期政治著作》（[1762], Cambridge: Cambridge University Press, 1997），第三卷，第十五章，第114頁

無論我們是否認為國家是正當的，事實是我們已經有了一個國家。而且，從我們目前的歷史位置來看，很難想見這種情況要如何發生真正的改變。因此，每個人——甚至是哲學上的無政府主義者——都會關心我們應該擁有什麼樣的國家和政府。這個政府應該是什麼樣子呢？該由誰來統治？一個常見的假設是只有民主才能得到徹底的證成，任何其他的政體——暴君統治（tyranny）、貴族統治（aristocracy）、絕對君主制（absolute monarchy）——都缺乏正當性。但什麼是民主？它真的那麼有吸引力嗎？

我們被告知說，民主是「民有、民治、民享」的政府。為人民服務的政府，這個觀念指得是政府是為了其公民的利益而存在，而不是為了統治階層的利益。用邊沁的話來說，民主政府是「以被治者的利益」來進行統治。不過，這樣一來，其他類型的政府也做得到。法國哲學家伏爾泰（Voltaire, 1694-1778）曾主張實行「仁慈的獨裁」（benevolent dictatorship），即一位開明的獨裁者無須諮詢人民的意見，但仍會以人民的利益為依歸來進行施政。今日，世界上有些國家的領導者是由執政黨任命的，卻肩負起以人民利益來進行治理的責任。與之相對，民主最明顯的是一種人民統治的體制：集體自我統治（collective self-rule）。那麼，這就是所謂的民主是「為了人民」和「由人民」進行統治的意涵。在最初三位一體的第一個要件——「人民的」政府，乍看之下似乎是一個空洞的概念：什麼樣的政府**不是**「人民的政府」？是無政府狀態嗎？但這裡的想法是，一個民主國家只對構成全體選民的人民擁有權力。統治一個從屬階級或領土，據說與民主的真正理想背道而馳。

所有的當代理論家至少都默默同意，民主在理想上應該要滿足這三個部分的描述。但除此之外，對於民主的涵義還存在著巨大爭議。在當代政治中存在著一個普遍的假設，即民主是「一件好事」。民主的地位經常被視為政權正當性的試金石。如果一個政府或國家被認為是不民主的，它就會遭受強烈的國際批評。甚至連「民主」這個詞也成為爭議焦點，還會被那些看來相當不民主的政權所採用。在第二次世界大戰後，德國一分為二，東德被稱為「德意志民主共和國」、西德則被稱為「德意志聯邦共和國」，不過至少對於西方評論者來說，西德顯然更接近他們的民主理念。

但民主真的配得上它現今的聲譽嗎？畢竟，在人類歷史的大部分時間裡，民主幾乎受到普遍的厭惡。民主在近代蓬勃發展過一段時間，也曾在古希臘曇花一現——儘管是一種非常有限的民主形式——但是在兩千年左右的時間裡，幾乎沒有看過民主國家的存在。如果民主真的像人們經常宣稱的那麼有吸引力，為什麼歷史上那麼多的思想家都拒絕民主呢？

此外，並非所有當代理論家都認為民主是如此地吸引人。與其說他們懷疑民主的價值，不如說他們否定民主的連貫性（coherence）。有時人們會說，「民主」並不是一種政治體系的名稱，而是一個讚美的詞彙。根據這種觀點，並不存在單一連貫的民主理論，意即沒有任何一種政治體系可以得到所有宣稱支持民主的人的認同。

這類批評可能過於誇大了，但毫無疑問具有一定的根據。民主理論包含嚴重的內在矛盾，而在探討支持與反對民主本身的論點之前，先深入探討一些在形塑民主理論過程中最根本的問題將會有所助益。

一個民主理論中的矛盾在於，民主作為「多數統治」（majority rule）體制與民主應當「考量個體」兩個觀念之間的衝突。當有人抗議說「我以為這個國家是民主的」，通常他們被認為是在指控自己受到了某種不公平待遇。例如，也許他們家因為要修建道路而被強制徵收；或許是距離他們不遠的新機場已經規劃完成；或是他們的孩子被拒絕進入當地的公立學校就讀。無論細節為何，抱怨的基礎都是個人的利益或權利沒有受到充分的重視，而據稱這種情況是不民主的。

但真的是這樣嗎？假設有51％的人想要修建這條道路或那座機場，亦或是想要排除那位孩童。那麼，民主作為一種多數統治的原則，似乎意味著這麼處置他們利益的方式並沒有任何不民主之處，因為大多數人反對他們的裁決。

在此，我們看到了寄寓於民主理論核心中的張力。法國政治理論家亞歷克斯・德・托克維爾（Alexis de Tocqueville, 1805-1859）在他的「多數暴政」（the tyranny of the majority）的表述中，很好地帶出了這一點。彌爾在進一步發展這個觀念時指出，在大規模建立民主政體之前，人們普遍假設，如果人民在為自己的利益進行統治，那麼就不可能存在政治壓迫。因為如果人民自己治理自己的話，他們究竟為什麼要通過壓迫性的法律呢？但是如同彌爾指出的，這裡的謬誤在於把人民視為一個具有單一利益的同質性群體，每個人都以相同的方式受到每一項政策的影響。由於我們並非如此——我們有著不同的目標、興趣和計畫；我們生活在不同的地方，有著不同的壽命——因此，很容易理解為什麼多數人會通過一項對少數人造成極度惡劣後果的法律。這是否是不民主的？如果你認為一個民主國家必須保護所有個體，那這是不民主的；如果你認為民主僅僅意味著多數決，那這就不是不民主的。

彌爾相信必須採取措施來防止多數暴政的產生。我們將在第四章中詳細討論他的立場。此刻的重點很簡單，民主理論家必須決定，民主在本質上是否是一種頗為粗糙的多數統治原則，還是說我們應該遵循「麥迪遜式」的觀點（以詹姆斯．麥迪遜〔James Madison, 1751-1836〕為名，他通常被稱為「美國憲法之父」），即民主需要保護少數群體。

第二個矛盾則涉及民主的「代議」與「直接」模式。在直接民主（direct democracy）中，選民投票決定是否支持或反對法律或政策，而不是選擇候選人。理想上，每項重大議題都會以公民投票的方式提交給全體選民來決定。另一方面，代議民主（representative democracy）則是大家較為熟悉的體制，在這個體制中由公民們投票決定誰在政府層級上代表他們，然後由這些代議士接著制定法律。直接民主似乎更忠於民主的純粹精神，然而在現代世界中卻鮮為人知。現代民主政體奉行代議模式，透過選舉來決定由誰來組成政府，而非直接決定當天的特定議題。但如果這種代議制度被認為是不民主的，那麼就幾乎沒有任何大規模的民主國家曾經存在過。許多當代「自由民主政體」的批評者都得出這個結論：他們會說，民主是件好事，如果我們有民主的話就好了。

這兩場矛盾的辯論——多數統治與個人權利的對立，以及代議模式與直接模式的對立——是形塑民主理論的根基，但這兩場辯論還遠遠沒有涵蓋所有的爭論領域。舉例來說，在希臘人之中，有時會認為選舉候選人是不民主的：因為這會讓不受歡迎的人獲得一個低於平等的機會。因此，應該用抽籤選出統治者。其他理論家則提議，我們應該找方法來衡量並考量不同個體偏好的強度。根據這個觀點，具有強烈偏好的少數群體應該優先於冷漠的多數群體。此外，我們也不該忽視決定誰擁有投票權的問題。在古希臘的民主政體中，只有極小比例的人口享有公民權：女性、奴隸和外邦人則被排除在外，即使是那些家族世代居住在該國領土內的人也不例外。在當代世界，自稱是民主典範的國家卻大幅限制誰可以投票。例如，英國女性直到一九二八年才享有完全平等的待遇，而許多國家仍將「非公民」排除在選舉權之外，即使他們已經在該國生活了數十年。

在另一個層面上，我們也熟悉一些關於投票程序的爭辯，這些爭辯儘管並不基本卻更加錯綜複雜。許多歐洲國家長期以來都在辯論一個問題：是應該實行比例代表制（proportional representation），即代表人數與總得票數成正比（就像歐洲議會選舉實行的那樣），還是應該在各個選區內採用「簡單多數決」（first-past-the-post）體制（就像英國實行的那樣）？這類辯論當然具有極大的重要性，而系統的選擇將帶來深遠的影響。例如，人們常說希特勒之所以能上台，正是因為德國採用了比例代表制。但從更哲學的角度來看，當務之急是要弄清楚民主應該是什麼，以及為什麼民主會被認為是有價值的。作為處理這些任務的首次嘗試，我們將探討其中一個最有力的反民主論點：柏拉圖在《理想國》中提出的論點，一般認為《理想國》成書於西元前三百八十至三百六十年之間。透過審視這篇對民主價值的懷疑性抨擊，我們將開始瞭解民主是否真如它經常獲得的讚譽那樣值得推崇。

柏拉圖反民主

設想這樣的事發生在許多艘或在一艘船上；船長在身形與力量都超越船上的所有人；但他耳背而且只看得見近處的事物，關於航行的知識是這種事中其中一種，而水手們為了掌舵相互爭吵，每個水手都認為自己應該掌舵，即使他尚未學得該技藝，也無法指出他的老師及什麼時候學的，除此之外他們說這是不可教之事，但準備好將說這是可教之事的人剁成碎片，他們總是圍著船長他轉，要求他及做一切事為的是他會將舵交給他們，有時候若他們無法說服他，但別人可以，他們會殺了這些人或把他們丟出船外，但在他們以曼陀羅草、酒醉或其他的方式縛繫住高貴的船長後，他們統治船及使用船上物資，且飲酒作樂及航行，就像他們這樣的人一樣，除此之外他們讚美任何有能力使此事發生之人，藉由說服及強迫船長他們得以統治，並稱他是水手、舵手及船專家，但指責不是這樣的人為無用，可是他們不會讚美真正的舵手，他必須注意一年中的季節、天空、星象、風及一切屬於此技藝之事，若他要是位真正的船長，但以何方式他會掌舵，是否有人願意，他們認為不可能在擁有這項技藝及技能的同時也擁有掌舵術。當這類的事發生在船上你不認為真正有掌舵技藝之人其實是位觀天象之人、瞎聊者及無用者，那些處在如此狀態的船上的水手們這麼稱呼他？

柏拉圖，《理想國》，由H. P. D. Lee編輯（[380-360 B.C.], Harmondsworth: Penguin, 1955），第282頁，488a-d

柏拉圖對民主的反對立場利用了另一個民主理論內部的明顯的矛盾。就像「君主制」意味著「由君主統治」，「民主制」意味著「由**人民**（the *demos*）統治」。但誰是**人民**？在古希臘語中，它既可以被理解為「國民」（the people），也可以被理解為「暴民」（the mob）。那麼，按照後者的理解，民主政治即暴民統治：由烏合之眾、庸俗之輩、底層百姓、不稱職者來掌控統治。

但對於這種民主的侮辱只是柏拉圖主要的反民主論證的前奏而已，他的基本武器是所謂的「技藝類比」（craft analogy）。這個論點非常簡單：如果你生病了，並且想得到健康方面的建議，你會去找專家——醫生。換句話說，你會想諮詢一位曾受過專業訓練、能夠勝任這項工作的專業人士。你最不可能做的事就是召集一群人，然後請他們投票決定正確的療法。

國家之健康不亞於任何特定個人之健康的重要性。做出政治決策——為國家利益所做的決策——需要判斷力和技能。柏拉圖敦促說，這事應該交給專家來做。如果讓人民來決定，他們會被那些說話最響亮、最有說服力的人所左右——詭辯家們（the Sophists）——因此，就像那位又聾又近視的船長一樣，他們會被野心勃勃的政客之錯誤推理所迷惑。與此同時，那些真正精通航海術的人將被忽視，就像一艘由暴民掌舵的船將迷失方向及沉沒。柏拉圖認為，國家之船亦復如是。

但是專業的統治者要到哪裡去找呢？柏拉圖在此的答案很簡單，而且對於許多他的潛在讀者來說，這個答案乍看之下還頗為諂媚。除非君王成為哲學家，或是哲學家成為君王，否則正義的社會是不可能實現的。柏拉圖認為，哲學訓練是統治者的必要資格。柏拉圖所謂成為哲學家的想法，並不只是花幾年的時間進行閱讀和思考哲學。他為「衛士」（guardians）制定了一套完整的終身教育計畫，該計畫早期不僅涉及識字技能，還包括音樂、數學、軍事和體育教育。在三十歲之前，根本不學哲學。經過五年的哲學學習之後，接著會有十五年的兵役，而那些能夠光榮完成這段過程的人，才被允許全心全意投入哲學研究裡；這段安逸的生活只有在輪到那「疲憊不堪的政治事務」時，才會暫時中斷。

深入探討柏拉圖《理想國》中的這些及其他方面會使我們偏離主題太遠，尤其我們無法深入探討柏拉圖打算讓他的衛士們所具備的知識之本質和內容。但讓我們記住技藝的類比，統治就像醫學、航海，甚至耕作一樣，是一種技能。這需要特殊的訓練，甚至並非每個人天生都有能力掌握這項技能。就像醫學應該交由專家處理，並且只有那些最適合的人才能接受醫學訓練一樣，統治亦復如是，只有那些具備統治潛力的人才能接受統治的訓練。任何其他的安排都會導致更糟的結果，而諮詢民眾意見則會導致災難。

表面上看來，柏拉圖反對民主的論點似乎是壓倒性的。如果統治是一種技能，而且是只有少數人才能獲得的技能，那麼民主政治似乎就顯得荒謬或不理性。民主政治的捍衛者就必須尋找一種回應技藝類比的方式。但是它有沒有弱點呢？

衛士的問題

首先需要指出的是，柏拉圖自己的體系其實是一種獨裁政體（dictatorship）的形式，而就像有些可以用來反對任何民主體系的一般性論點一樣，同樣也有些可以用來反對獨裁政體的一般性論點。即使我們承認柏拉圖在培育衛士的過程中，他確實創造了一個專業的統治階層，但這並不意味著我們應該將控制我們生活的權力交給他們。

重點不在於我們永遠都不該聽從專家的意見，而是把不受拘束的權力交給專家便將招致災厄。你可能會選擇聽從醫生的建議或是請教建築師，但如果「醫生的指示」具有法律效力，或是如果建築師負責分配房屋給人們，又有誰會高興呢？無論這些人在他們的工作上有多出色，我們為什麼要相信他們能代表我們做決定呢？他們也許還擅長其他事情：比如中飽私囊。

這個異議是個老問題了。有什麼辦法可以阻止衛士們——哲學家皇帝——將局勢轉變成對自己有利的局面呢？告訴我們統治者是專家，難以令人感到安心。如果我們預期我們的統治者會貪腐，那我們寧可被無能的人統治。至少這樣一來，貪腐的危害可能會小些。所以這個異議問說，在柏拉圖的體系中，誰來監督這些衛士呢？

柏拉圖並未忽視這個難題。他的回應是，主張衛士們必須被安置在一個貪腐機會最小化的位置上。舉例來說，哲學家皇帝不得擁有私人財產。因此，我們在現代世界中經常看到的那種貪污腐敗的情況似乎沒有發生的餘地：統治家族或是政黨派系犧牲人民的利益來中飽私囊的情況。顯然，這種情況會被排除在柏拉圖的體系之外——只要禁止私有財產制的規則能夠得到執行的話。

但如果我們真的假設這些統治者不能中飽私囊的話，那我們似乎陷入了相反的困境。如果衛士的生活不是大富大貴的話，為什麼會有人願意統治呢？就像柏拉圖描述的衛士們那樣，他們是哲學家，寧願把時間花在閱讀、談論和思考哲學上。為什麼他們要放棄自己的時間呢？柏拉圖的答案在某種程度上是消極的。衛士們願意統治不是為了該角色本身的內在或外在獎勵，而是為了避免被他人統治。與其讓其他人——更糟糕的是，**所有的**其他人——來統治，他們勉為其難接受這個必要的義務。

儘管如此，如果衛士們決定要違反有關私有財產的法律，或甚至透過適當的程序修改法律，又有誰擁有權力和權威來制止他們呢？柏拉圖設計來防止貪腐的法律無法讓我們完全放心。如果柏拉圖希望說服我們，適當的哲學教育能讓人抵抗誘惑，那我們可能會回答說：相較之下，賦權於選民並接受全面且適當的公共監督，才是一種更可靠的補救措施。

另一個令人擔憂的問題是，衛士們究竟是如何被指定的。柏拉圖相信，具有潛力的衛士可以在幼年時就被挑選出來，然後經過各種嚴格的考驗，從而篩選出最優秀的人選。這似乎是完全有可能的：想想將軍們是如何從軍隊中晉升的。但就這些衛士來說，我們仍然可以質疑，他們進行統治要求是否會被全體人民接受。畢竟，大多數人都從未接受過哲學教育的益處，因而可能無法判斷誰是最適合的統治者。

如果我們把這些異議加總起來，會得到什麼結果呢？它們的結論其實無非就是，我們對柏拉圖體系的想法感到非常不舒服。柏拉圖的社會無法保證衛士們永遠都能抵抗誘惑。而且，人民很可能不會接受他們的統治。但是，這些在柏拉圖提議中的問題，難以構成對民主的強烈辯護。也許另一種非民主體制才是答案。再者，如果統治是一種只有少數人才能擁有的技能，那麼把政治決策交由烏合之眾無疑是荒謬的。

知識與利益

另一個論證或許能幫助我們取得進展。柏拉圖宣稱，統治者需要專業知識。但真的能夠獲得這類知識嗎？如果真的不存在所謂的專業統治者，那麼柏拉圖對民主的反對立場便會煙消雲散。

有些批評者曾認為，對於有可能存在並擁有特殊知識水準的專業統治者的說法，我們應該抱持非常懷疑的態度。畢竟，常言道沒有人能夠絕對確定任何事情。幾乎所有的知識主張——無論在政治、科學或是哲學領域——都難免出錯。所以，如果我們將任何議題的決策交給所謂的專家，我們就是在欺騙自己相信他們的能力。

儘管貶低任何占據某種權威地位之人所謂智慧的說法，往往是一種相當令人滿意的——而且漸漸普及的——做法，但這個回應並沒有帶我們走得多遠。因為沒有人能夠確切地知道任何事情的事實——如果它是事實的話——並不能否定一個更加平凡的觀點：即有些人確實比其他人更擅長判斷。舉例來說，像許多人一樣，我常對醫生所聲稱的知識表示懷疑。但如果我相信我的腿斷了，我會向醫生尋求協助，儘管我堅信醫生經常犯錯，包括一些非常嚴重的錯誤。但那些沒有受過醫學訓練的人（例如，那些有時在大眾媒體上被揭發冒充醫生的人），可以理性地預期他們會做得更糟。所以，即使不存在絕對無誤的知識，也不能說每個人在所有探究領域都同樣精通或是生疏。這種嘗試擊敗技藝類比的方式，實際上是在斷言沒有任何專業技能可言。這實在太難以置信了。

但是，即使存在其他主題的專業知識，是否真的沒有適用於統治的專業知識呢？這同樣令人難以置信。當今的統治者需要對經濟學、心理學和人類動機具有相當細緻的理解。他們需要（即使他們不總是具備）高智商、極強的工作能力、敏銳的記憶力、出色的細節處理能力，以及社交技巧。但認為沒有人比其他人更有可能成為一位更好的統治者是荒謬的。我們可以充分論證，統治在很大程度上確實是一種技藝。

話雖如此，這個異議中確實存在一些觀點，可以將我們推向一個更有成果的方向。或許我們可以更深入探討這一點：政治決策本身有其特殊性，它與舉手表決是否應該截除一個患病肢體的情境截然不同。為了引出這條思路，我們應該更仔細地審視投票在民主體制中的本質。柏拉圖暗示，投票的意義在於表達對於國家整體來說最有利的意見。顯然，這通常是投票的功能之一。但柏拉圖似乎假設投票的功能僅止於此，而他的論點可以歸結為這個主張：將這類決策留給專家會比較好。然而，如果我們能夠爭辯說，投票不只是對公共利益表達意見而已，那麼或許我們就有可能為民主政治進行更有力的辯護。

謹記在本章一開始就提出的一個重點：民主政府是**為**人民而治，即是以被治者的利益為依歸。雖然柏拉圖反對民主制，但他也同樣認為，統治者應該把人民的利益放在心上的假設。他所否認的是，實現這一目標的方法是透過一個**由**人民統治的體制。一個為民主辯護的方式是，試著論說柏拉圖的立場是無法成立的，為民而治必須由民而治。

為什麼會這樣呢？柏拉圖本質上倡議一種仁慈的獨裁體制。但即使這位獨裁者想要促進人民的利益，又要如何得知這些利益呢？在民主政體中，人民似乎是透過投票來表達他們的利益：他們投票支持他們想要的東西。因此，投票不只是一種決策程序而已，它是一種揭露或表達該決策所需考量的資訊的方式：即人民想要什麼。如果沒有某種投票程序，又如何能發現這一點呢？

柏拉圖可能會回說，衛士們不僅仁慈也是專家，他們擁有智慧及知識。柏拉圖的君王並不是現代世界中不時出現的狂妄無知的暴君。他們是哲學家。但是，針對柏拉圖的觀點，哲學專業真的能讓他們知曉人民的利益嗎？邏輯和形上學不會告訴你人民想要什麼。倫理學甚至政治哲學也不行。哲學知識和事實資訊似乎是兩種截然不同的東西。就像美國哲學家約翰・杜威（John Dewey, 1859-1952）所言：「穿鞋的人最清楚這隻鞋會磨腳，也最清楚磨在哪裡，即使製鞋專家最知道要怎麼解決這個問題。」（《公眾及其問題》（*The Public and Its Problems*,〔[1927], Athens Ohio: Swallow Press, 2016〕，第223-224頁）

但政治決策是否真的應該順應民意呢？或許它應該回應人民的**利益**——對他們來說的最佳利益。難道說，了解人民的利益就是哲學教育所提供的知識類型嗎？也許每個人都有相同的利益。在這種情況下，哲學家細膩的分析能力讓他們置身在了解人民利益的最佳位置上。然而，不論柏拉圖如何看待這一點，不論從最深層的形上學意義上來說真相是什麼，從實際的角度來看，我們所有人都有相同利益的說法肯定是假的。想像一下，我們正在考慮興建一條主要道路。有些人會希望這條道路興建起來；其他人則有著相反的利益：例如，一位在現有主要道路上的企業主。有些人會希望這條道路走某條路線；其他人則會從另一條路線中獲益更多。興建這條道路會以許多不同的方式影響人們。這裡需要考慮許多互相競爭的利益，而閱讀哲學著作並不會為解決這個問題提供答案。

另一方面，像這樣的案例可能會讓我們非常懷疑民主的價值。在這些互相競爭的偏好或利益之間，該如何做出決定呢？很可能，因為存在兩個以上的選項（這條道路可以沿幾條不同的路線興建），沒有一個選項會獲得多數人的支持。即便其中一個選項獲得了多數支持，我們是否應該理所當然地接受多數人的偏好呢？也許這會對少數群體來說非常不公平（記得麥迪遜所強調的民主保護少數權益的要素）。當然，我們需要的是，由知曉所有相關利益的某個人做出裁決，他有著所羅門王的智慧，能做出最公平、最明智的決定。如果我們接受在第二章討論過休謨的觀點，即當人們的長期利益和短期利益有所分歧時，他們往往無法正確判斷自己的利益，那麼這點就更加必要了。所以，我們頂多得到一個要對民眾進行詳細民意調查的論點，但這不一定構成了支持民主的論據。

事實上，民主的處境比目前看來的更糟。柏拉圖主張，我們需要專業的統治者。民主的捍衛者則回說，專家需要了解人民的利益，而只有投票才能顯示這些利益是什麼。對此的回應是，只有投票才能顯示人民的利益不僅是假的，而且民意調查可能會更有效地達成這個目標。另一個更令人擔憂的問題是，我們永遠無法確定民主投票是否能告訴我們關於人民的偏好或利益的任何資訊。

要了解這點，讓我們試想一下一個小規模的案例。假設有一群人正在爭論是否應該同意在他們共同使用和管理的公共空間裡抽菸——也許是一間學生宿舍。又假設他們都同意受到多數決的約束。這是否意味著，若且唯若多數人偏好那裡成為公共吸菸區，這群人才會投票允許抽菸呢？乍看之下，這似乎很明顯，但稍加思索就會發現不必然如此。確實，有些人會按照自己的預期，將問題理解為「你會希望那裡允許抽菸嗎？」來投票。這些人確實會按照自己的偏好來投票。但其他人會將投票視為在回答「你認為抽菸**應該**被允許嗎？」這樣的問題。據此，一些吸菸者會投票否決自己的快樂，認為抽菸者讓他人承受其行為的不良影響是錯的；一些非吸菸者也會投票否決自身的偏好，認為抽菸是一種個人選擇的問題。換句話說，這些人是以無私的方式來投票，所以他們的投票並未揭露個人利益。

有鑒於此，若是假設民主是一種讓眾人得知個人利益或偏好的方式是危險的。有些人會把選票投給他們最想要的東西；其他人則將自身的偏好或利益擱置一邊，並基於道德理由來投票。我們永遠無法確定任何特定選區的成員們，他們的投票動機為何：事實上，他們自己也可能不確定。

人們有可能出於不同動機來投票的這個事實，這會帶來什麼結果？如果人們並不總是依照自身偏好投票的話，那我們就不能把投票過程視為一個自動揭露多數人偏好的機制。那投票揭露了什麼？如果人們是出於混合動機來投票——有些人是出於偏好，有些則是出於對共善的考量——那麼這只不過告訴了我們多數人投票支持了某個選項，而不是另一個選項，除此之外無法得出更多結論。那我們就無法有把握地說，多數人相信勝出的選項符合他們的利益；我們也不能說，多數人相信這個決定是為了共善。簡而言之，混合動機下的投票是一團混亂。更糟的是，在現今的條件下，這似乎已經成為常態。

投票與共善

混合動機投票的問題似乎迫使我們決定選民應該具備哪種類型的動機。至於，我們能否確保選民實際上具有那種類型的動機則是另一個問題，或許是更困難的問題，但讓我們先來考慮理論上的問題。

如果我們不想接受混合動機投票，那麼我們似乎必須在兩種模式之間做出選擇：一種模式是選民按照自己的偏好投票，另一種模式是選民按照自己對共善的衡量或意見投票。我們看到，前者的問題在於，民意調查會是一種更靈敏的方式來獲取個人偏好的詳細訊息。但也許可以用第二種想法來辯護民主，即所有人都應該依照他們對共善的想法來投票。

然而，如果我們假設人民應該按照他們對共善的想法來投票，那麼我們就需要為民主提供一個新的論點。上一個論點是，如果沒有投票，統治者就無法得知人民想要什麼。但是，如果人們按照他們對共善的想法來投票，那麼投票同樣無法告訴我們這些需求。這只會告訴我們多數人認為什麼是共善，而非實際上的多數偏好所在。

但這提出了一種不同的方式來辯護民主。如果我們允許人們按照他們對共善的想法來投票，並遵循多數人的決定，那我們肯定有很大的機會是對的。這個支持民主的論點是，民主現在看來是一種發現共善的絕佳方式。

不幸的是，這個論點似乎正中柏拉圖的下懷。為什麼我們要期望一群烏合之眾的投票結果，會比將事情交給受過特殊訓練的專家來處理更好呢？我們不妨要求一般民眾駕駛船隻、做醫療決策、放牧等等。有什麼可能的理由可以讓我們相信，人民會表現得比專家更好呢？

令人驚訝的是，還真有一個理由。法國哲學家和政治理論家馬里・尚・安托萬・尼古拉・卡里塔（Marie Jean Antoine Nicolas Caritat），即孔多塞侯爵（Marquis de Condorcet, 1743-1794），提出了一個非常有趣的數學論證，該論證似乎顯示出允許人們就共善進行投票的好處。孔多塞指出，如果我們假設每個人平均來說都有超過一半的機率得到正確的答案，那麼允許多數決就成為一種取得正確結果的絕佳方式。如果有大量的人參與投票，那麼得到正確結果的機率就會趨近於必然。在一個一萬名選民的選區裡，假設每個人對的機率都大於錯的機率，那麼多數決幾乎肯定會得到正確的結果。

孔多塞的論點看來似乎足以反駁柏拉圖。但重要的是，該論點只在兩個條件下有效。首先，平均個體必須有超過一半的機率是對的（當進行大規模投票時，孔多塞本人對於這個條件感到非常悲觀）。其次，每個個體都必須有動機按照他或她對共善的看法來投票，而非出於特殊利益。如果第二個假設失敗，那麼我們又回到了我稱為混合動機投票的混亂之中。如果是第一個假設失敗，事情就會更糟。如果平均來說，人們錯的可能性大於對的可能性，那麼幾乎可以肯定，多數投票會導致錯誤的結果。

所以，只有在這兩個條件得到滿足的情況下，我們才能回應柏拉圖——這有可能嗎？有一位哲學家對這些觀點有堅實的直覺掌握，他就是盧梭（儘管他早在孔多塞提出他的數學論證的二十年前，就發表了他關於民主的主要著作）。確實，我們可以合理地將盧梭的《社會契約論》視為一種嘗試——先不提別的東西——顯示民主在什麼條件下會優於柏拉圖的衛士制。但是在我們仔細檢視盧梭的立場之前，我們應該先考慮另一個對於柏拉圖的補充性回應。

民主的價值

到目前為止，我們已經考慮過，民主是否比柏拉圖的衛士制更能實現共善的問題，但這個詰問其實有點奇怪。許多人會爭辯，即使證明民主體制在實現共善的面向上不如其他制度，我們仍應該支持民主。換句話說，我們迄今為止只檢視了一種支持民主的工具性論證（instrumental justification）的問題：民主是否是一種實現我們所珍視的其他東西的方式呢？但或許我們應該考慮另一個問題：民主是否存在某種**內在**善（*intrinsically* good）呢？也就是說，即使民主並非總是能實現可欲的結果，有沒有可能民主仍然是好的（至少在某種程度上）？

尋著這個想法可能會讓我們再次反思關於「技藝類比」的觀點，該觀點的前提是統治是一種技能——旨在實現某些外在目標的技能。根據柏拉圖的看法，應該要純粹以民主能夠實現可欲之結果的程度來對它進行。但正如我們所知，我們重視技藝不只是為了它們的結果，至少有時候也是為了它們本身的價值。在這個脈絡下提出這樣的類比可能略顯平凡，但試想一下把操作某種技藝視為某種嗜好的情況。即使一個人的嗜好是某種非常實用的東西，例如木工，這個嗜好也鮮少是因為它是最有效實現特定結果的方式而受到珍視。這可能是張非常漂亮的桌子，但是當你計算你製作它所花費的時間時，毫無疑問百貨公司裡有更好也更便宜的選擇。嗜好讓人們得以充實並鍛鍊他們的體能和心智，並且培養自我價值感，而這類價值與嗜好可能產出的物品價值無關。

那麼，儘管這點也很重要，或許不應該單純以民主實現共善的程度來評判它。我們應該重新審視「技藝類比」的觀點。柏拉圖將統治類比作航海：掌舵國家之船。如果讓暴民來掌舵，我們可以想像接下來會發生什麼樣的混亂：柏拉圖形容這會是一場「醉生夢死的快樂巡航」。我們將永遠無法抵達我們想去的地方。

但航行是否必定要有如此明確的目標，就是要有效地抵達一個預先選定的目的地呢？試想一場訓練航行。在這種情況下，我們可能會讓每個人輪流掌舵。確實，為何國家之船的航程不能是場醉生夢死的快樂巡航呢？至少如果每個人都玩得開心，並且都能平安返家的話，那又何妨呢？

這裡要指出的嚴肅且重要的觀點是，政治決策中可能涉及的價值，與實現既定目標的價值不同。民主的捍衛者會說，民主之所以有價值不僅在於，或不必然在於民主政體比其他類型的政治體制做出更好的決策，而是因為民主程序本身就具有某種價值。民主最常被認為表達了我們所珍視的兩個價值：自由與平等。這裡所理解的自由，是指給予人們在政治決策中發言的權利，特別是那些影響到他們的決策。平等則體現在這種自由是賦予所有人的（雖然我們仍須注意一個在第二章中提出的問題，我們會再回到這個問題：「所有人」包括了誰？）對盧梭來說，政治秩序的問題是「尋找一種結社形式，以充分的共同力量捍衛和保護每一個結社者的人身和財產，而藉由這種結社形式，每個人雖然與所有人進行聯結，仍然只服從自己，並保持和以往一樣的自由」（《社會契約論》，第一卷，第六章，第49-50頁）。值得注意的是，盧梭認為他可以解決這個問題。任何政治體制要如何容許「每位成員只服從自己」？現在是時候轉向盧梭，看看他是如何從工具性層面（作為實現共善的一種方式）以及民主本身（作為自由和平等的一種表現）來捍衛民主。

盧梭與普遍意志

如果孩子們在平等的環境中共同成長、如果他們被灌輸國家的法律和普遍意志的格言、如果他們被教導尊重這些法則甚於一切事物、如果他們周圍的事物和榜樣不斷提醒他們，那滋養他們的慈母、她對他們的愛、她賜予他們的無價之寶，以及他們應該如何報答她，讓我們不要懷疑，這樣他們將學會珍惜彼此如同兄弟，永遠只想要社會所想望的事物，用公民和國民的行為取代虛無和空洞的詭辯，並且有一天成為國家的捍衛者和父親，因為他們將是那個國家的孩子，已經長久如此。

盧梭，《論政治經濟學》，（[1755], Cambridge: Cambridge University Press, 1997），第21-22頁

如我們所見，柏拉圖認為統治需要特殊的訓練或教育。盧梭並不懷疑這一點，但他不認為這種訓練只應該提供給少數人。如果每個人都能獲得適當的技能，然後積極承擔民主的職責，成為「主權者」的一部分（盧梭用這個術語來指稱，集體行動並對自身擁有權威的公民群體），那就太好了。因此，一個民主國家應該要高度重視公民教育。

盧梭的公民因此會被訓練成「不會意求任何背離社會意志之事」。這對國家的健康與存續至關重要。對盧梭來說，公民身分也意味著積極的公共服務：「一旦公共事務不再是公民的主要職責，而他們寧願用金錢來服務而非親自投入，國家就已經接近毀滅了。」（《社會契約論》[1762]，第三卷，第十五章，第113頁）與公共服務相輔相成，盧梭也要求其公民在政治決策中扮演積極的角色。透過某種形式的直接民主，所有公民皆能參與立法之創建。然而，這個主張需要謹慎對待，因為盧梭似乎在某些段落中反對民主。

> 在最嚴格的意義上，真正的民主從未存在過，也永遠不會存在。由多數人統治、少數人被統治，這違反了自然秩序。難以想像人民能夠始終聚集起來處理公共事務，而昭然若揭的是，如果

不改變行政管理的形式，人民是不可能成立委員會來處理公共事務的。

《社會契約論》，[1762]，第三卷，第四章，第91頁

因此，盧梭總結道：「如果有一群上帝的子民，他們會以民主的方式來自行治理。如此完美的政府並不適合人類。」（《社會契約論》，第三卷，第四章，第92頁）

我們該如何理解盧梭的立場呢？我們應該從「普遍意志」（the general will）這個困難的概念著手。首先，盧梭區分了「眾意志」（the will of all）——每個個體的特殊意志之產物——與普遍意志。回想一下之前做過的區分，基於個人利益投票與基於你認為正確的事情投票。以第一種方式行使你的投票權——為了你的利益——就是追求你的特殊意志。投票支持你認為在道德上正確的結果或是共善，在盧梭看來就是依照你對「普遍意志」的想法來進行投票。

那什麼是普遍意志呢？以下有一個有助理解的實例：假設一家公司有一千名員工，且該公司有一百萬英鎊的固定總額可以用來加薪。每個人的利益都是盡可能多地獲得這筆錢，所以在極端的情況下，我們可以說每個個體的特殊意志就是試圖爭取額外的一百萬英鎊。將這些「特殊意志」加總起來，我們得到的是「眾意志」：總共十億英鎊的要求，當然這筆錢是無法提供的。但假設由一個工會來代表這些員工，而該工會平等地為所有成員的利益著想。該工會只能提出索取

這一百萬英鎊的要求，然後在所有成員之間平等分配，每人分得一千英鎊，除非有強烈的理由進行不平等分配。這個結果代表了普遍意志：這項政策平等地符合所有成員的利益。這並不符合任何人的特殊利益，但卻符合共同利益。因此，我們可以從中看出所有公民的特殊意志與普遍意志之間的差異。普遍意志要求平等地符合每個人利益的政策。因此，我們可以將普遍意志視為普遍利益。

盧梭也宣稱，普遍意志必須「在其目標以及本質上」都是普遍的（《社會契約論》，第二卷，第四章，第62頁），亦即它必須平等地適用於所有公民。盧梭的意思是，普遍意志必須只制定那些至少在原則上會影響所有公民的法律，而不是針對特定個人或群體的行政命令。我們應該依法而治，而非由統治者來決定一切。對盧梭而言，這麼做的重點在於確保普遍意志能表達共同利益。盧梭認為，在這種情況下，任何人都沒有理由投票支持一條壓迫性或不必要的法律，因為每個人都平等地受到所有法律的影響。人民作為主權者，制定法律來表達普遍意志。

那麼，該如何應用這些法律呢？畢竟，這些法律經常需要針對某些群體，甚至是個別人士採取行動。法律懲罰就是最明顯的例子。盧梭的答覆是，這些法律的應用不是主權者的事，而是行政機關或政府的事。行政機關安排日常的行政事務，而盧梭的觀點是，從普遍積極參與的意義上來說，以民主方式組織這項任務會是荒謬的。一種「選舉式貴族制」（elected aristocracy）——我們或許會認為這是一種不同類型的民主制——似乎是盧梭的首選安排，在這種安排中「最有智慧的人應該統治芸芸眾生（the multitude），前提是確保他們是為了芸芸眾生的利益而統治，而非為了他們自己的利益」（《社會契約論》，第三卷，第五章，第93頁）。

請注意盧梭的體系與柏拉圖的不同之處。即使盧梭將他的計畫描述為由最有智慧的人來治理眾人，但重要的是要記住政府或行政機關的角色非常受限。政府並不制定法律，而是只應用或管理法律。這並不像它聽起來那樣微不足道：例如，政府有宣戰的權利。這是一種特定的行為——它指名一個特定的對象，因而作為主權者的人民無法在此事上立法。他們能做的只是制定可以宣戰的一般性條件，便由政府決定是否符合這些條件，並採取適當的行動。所以，在柏拉圖的哲學家皇帝與盧梭的選舉式貴族制之間的關鍵差異在於，盧梭的統治者沒有制定法律的權力。

那麼法律是如何制定的呢？盧梭主張「主權者只有在人民集會時才能行動」（《社會契約論》，第三卷，第十二章，第110頁）。這就是他的體系與當代民主體制的不同之處。因為法律並非在國會中制定，而是在人民大會中制定。正是在這樣的集會中，得以彰顯普遍意志：

當一項法律在人民大會中提出時，他們實際上被詢問的並非他們是否贊成或反對這項提案，而是這項提案是否符合屬於他們的普遍意志；每個人透過投票來陳述一己之見；而票數的統計結果則產生了普遍意志的宣言。因此，當與我相反的意見占上風時，這只證明是我錯了，我所認為的普遍意志並非真正的普遍意志。

《社會契約論》，[1762]，第四卷，第二章，第124頁

當然，對於盧梭的提案有許多異議。我們可能會特別懷疑，召集所有人民齊聚一堂的可能性。但在考慮這些困難之前，讓我們先回到一開始審視盧梭立場的原因。重點是，孔多塞曾證明過，在某些條件下投票是一種用來發現真理的絕佳方式。如果我們假設人們平均來說有超過一半的機率是對的，那至少在一個相對較大的選民群體中，多數決就很有可能得到正確的答案。但是，為了再次強調讓這個說法得以適用的必要條件，我們必須先確定人們是在投票選擇他們認為正確的解決方案——而不只是投給對他們最有利的結果——而且平均來說，人們確實有超過一半的機率是對的。我們介紹盧梭時，他已直覺地掌握到這些條件的重要性，並勾勒出一個符合這些條件的體系。現在我們應該檢視這個體系是否真的達到了這些條件。

首先，有什麼能證明這個假設，如果人民是基於他們對普遍利益的觀點來投票，他們就很可能是對的？有些答案必定是我們原先的觀察，即教育對盧梭和柏拉圖來說一樣重要。個體需要接受公民教育。確實，教育對民主的重要性已被廣泛強調。就像非裔美國哲學家和社會學家杜博依斯（William Edward Burghardt Du Bois, 1868-1963）所言：

> 例如，我們經常輕易地說：「無知的人不應該投票。」我們會說：「沒有一個文明國家的公

民會因為過於無知而無法參與政府事務。」而這句話其實是一個邁向以下事實的步驟：任何擁有無知公民且協助治理的國家，都不算是文明的國家。

〈論人的統治〉，收錄於《黑水》（*Darkwater*）[1920] New York: Dover, 1999，第81頁

同樣重要的是，盧梭希望以這種方式來安排政治社會，即感知普遍意志不該是困難的，至少只要一個人的視野不被特定利益所蒙蔽。共同利益對所有個體來說都是相同的，並且所有人都同樣受所有已通過之法律的影響。

但這怎麼可能呢？有些人富有，有些人貧窮；有些人是雇主，有些人是員工。怎麼可能每個人都平等地受到法律的影響？階級差異（class differences）無疑會導致不同的、甚至是對立的利益。法律並未針對任何特定對象的這個事實，並不足以顯示法律會以相同的方式對待所有人。這引發了兩種懷疑論（scepticism）的思路。首先，究竟為什麼我們要認為存在一個普遍意志——一項平等地影響每個人的政策？其次，即使存在這樣的普遍意志，我們又要如何確定它是什麼呢？

盧梭預見了這兩個難題，並提出了一個激進的解決方案。盧梭斷言，如果他的制度要能實行，那麼就必須避免巨大的不平等。「至於財富，沒有公民〔應該〕富有到可以買下另一個公民，也沒有公民窮得不得不賣掉自己」（《社會契約論》，第二卷，第十一章，第78頁）。如果階

級差異讓形成普遍意志變得不可能，那就必須消滅階級。所有人都應該立於平等的基礎之上。至少，沒有人應該富有到足以買下其他人的選票，也沒有人應該貧窮到會被引誘售出自己的選票。盧梭並沒有詳述如何實現和維持這種平等，但從民主的角度來看，一個無階級的社會顯然擁有巨大的優勢。這將更可能確保每個人都以相同的方式受到相同法律的影響，此外，找出最佳法律的複雜性也將大幅降低。當然，盧梭也承認，即使是一些秉持誠意行事的人也會犯錯，但「優點和缺點……互相抵銷，而剩下的差異之總和就是普遍意志了」（《社會契約論》，第二卷，第三章，第60頁）。

即使人民定期集會，他們也不會經常被要求做出決定。一個好的國家需要通過的法律是很少的。因此，人民可以運用他們所有的權力，讓自己知道在他們被要求投票的情況下需要做些什麼。

在盧梭看來，阻礙普遍意志出現的最大障礙並非個人無法察覺到它，而是他們缺乏足夠的動機去按照它來行動。當「派系興起，並且〔形成〕以犧牲大局為代價的局部聯合」時，這種困難就會感受最深（《社會契約論》，第二卷，第三章，第60頁）。

要了解這一點，讓我們回到上面用來說明普遍意志和眾意志之區別的案例：我們設想一筆一百萬英鎊的資金，要分給一千名員工。如果這些員工由一個工會來代表，那麼假設沒有任何理由偏袒某位員工，工會就會直接要求將這筆錢平分，而每人應得一千英鎊。但假定現在不是一個工會，而是十個工會，每個工會代表一百名工人。毫無疑問，這些工會中的每一個都會提出超出其「公平份額」（fair share）的要求。用盧梭的話來說，成為這類工會的成員會扭曲一個人的視野。個體很可能會被一些虛假的論點所動搖，這些論點「展現」了為什麼自身工會的成員應該得到更多份額。就像盧梭所說的那樣，這些工會中的個別工會對其成員而言都具有一種普遍意志，但對整體而言卻具有一種特殊意志。當「利益團體」形成，人們為其特定團體的利益投票時，就沒有理由相信普遍意志會從投票過程中顯現出來。

盧梭的主要回應是，建議要麼不應該存在任何政黨或派系，要麼如果有的話也應該有非常多的政黨或派系；這種情況與我們現在習以為常的、以政黨為基礎的民主制類型大相逕庭。如此一來，特定群體的利益對整體決策的影響應該不大。

儘管如此，我們仍然需要了解為什麼公民會投票支持普遍意志，而非他們自身的特殊利益。盧梭對於這個問題的主要解方是，必須讓個體對整個群體產生非常強烈的認同感。他有多種手段來確保這一點，最明顯的手段是我們之前已經見過的：公民德行（civic virtue）教育。人們需要從小被教育成為具有正確價值觀的公民，好讓他們學會「如兄弟般珍惜彼此」。這種教育鞏固了社會聯繫，並擴大每個人的視野，使他們對國家整體產生興趣，從而自然而然地尋求促進普遍意志。

我們可能會認為這是個有點陰險的想法：它帶有灌輸的意味。儘管盧梭執迷於保護個人自由，一些批評者聲稱在他的思想中注意到了法西斯主義或極權主義的色彩。人們必須透過教育進行塑造，使他們忘記自我，將國家置在首位。對於這個批評，通常有兩點可以進行回覆。首先，盧梭假設早在一個民族適合接受法律之前，就應該已經存在習俗和傳統的聯繫，將一個民族整合在一起。所以，教育是一種將社群中已有的連結加以正式化並鞏固的方式，而不是在一個多元化的群體上強加一種人為的秩序。其次，如果盧梭聽到他所倡議的某些措施不符合現代自由主義者的口味，他也不會過度擔心。這一點在他提出的另外兩種確保社會團結的措施中更加明顯：「審查制度」（censorship）和「公民宗教」（civil religion）。

盧梭假定，國家需要一名「官方審查員」，其角色是去鼓勵人們依照公德（popular morality）行事。盧梭並沒有討論在現代意義上的審查制度，像是對於言論或圖像的壓制，雖然這無疑也包括在這位審查官的職責之內。盧梭主要的關注點是，強制執行並阻卻各類行為。本質上，這位審查官的工作是去嘲諷，從而阻卻某些類型的反社會行為。盧梭舉例告訴我們，「一些來自薩摩斯的醉漢玷汙了督政官的法庭：隔天公共法令允許這些薩摩斯人保持汙穢。這樣的縱容比任何懲罰都更加嚴厲」（《社會契約論》，第四卷，第八章，第142頁）。透過這種方式，這位審查官肩負起高舉公德，並在必要時澄清公德的義務。

作為確保社會團結的最後一項手段，盧梭提議每個國家都應該由他所謂的「公民宗教」來規範。簡言之，盧梭對於宗教的論述有三個部分。首先，他要求每位公民都應該信奉某種宗教或其他宗教，因為這將「使他熱愛自己的義務」。其次，宗教多樣性應該受到寬容，但僅限於那些本身包含寬容（toleration）原則的宗教，否則一些公民將被迫成為敵人，這與社會和平的理念背道而馳。最後，除了私德之外，最具特色的是每個人都應該信奉公民宗教。這種公民宗教應該包含一些條款，這些條款「並非……宗教的教條，而是……合群的情感，沒有這些情感就不可能成為一位好公民或一位忠誠的臣民」（《社會契約論》，第四卷，第八章，第150頁）。

總結來說，如果盧梭的體系得以實行，它似乎有很大的機會滿足我們為了讓孔多塞的論點得以應用所設定的兩個條件。這兩個條件是：人們必須基於道德理由而非他們的自身利益來投票，並且，平均來說人們得到道德上正確答案的機會超過一半。在盧梭的理想國度中，這些條件似乎都會得到滿足。當然，這並不意味著遵守盧梭的提案是能夠滿足這些條件的唯一方式：或許我們可以設計另一個替代體系。但讓我們專注在盧梭身上，即使我們承認他的體系符合孔多塞的條件，這是否是一個我們應該採用的體系呢？

自由與平等

讓我們回顧之前的討論，我們注意到本質上存在兩種對柏拉圖的回應：一種是論證民主在原則上是一種達成「正確結果」的方式，至少和專家統治一樣好，甚至更好。我們這種工具性的論證形式，對應於我們剛才討論過盧梭的論點。第二種類型的回應是考慮民主的內在價值。在本質上，我們可以將其視為民主在多大程度上表達或促進了自由和平等的價值的問題。討論這個問題將有助於我們進一步決定是否應該冀求讓盧梭的體系付諸實踐。

首先，盧梭的政體是如何表達平等的思想呢？一種平等進入其論點的方式是，若是沒有大致上的財富平等，就會形成派系。這不僅會混淆選民們的判斷，也可能會對普遍意志之存在構成一種障礙：一個平等地符合所有選民利益的政策。富人們會尋求一套特別有利於他們的法律，而且會以金錢和影響力來安排對他們有利的事務。所以，就像我們注意到的，盧梭假設真正的民主是以一個無階級的社會為前提。

然而，普遍意志的觀念本身則具有更強烈的平等主義色彩。正確的政策是讓所有公民平等受惠的政策。那麼，從表面上看來，很難設計出一個更重視平等的制度，特別是當它與民主原則結合的情況下，即所有公民在嘗試決定任何特定情況下的普遍意志之本質時，都具有平等的發言權。

不幸的是，在盧梭體系中的平等表象多少有些誤導。盧梭在提到公民時總是使用陽性詞語，這並非只是語言上的偶然。盧梭相信女性是從屬的存在，而他似乎早已簡單假設公民身分的特權應該只延伸至男性。盧梭假設男性公民與女性非公民之間天生存在不平等，這反而使得公民平等的學說走了味。

英國重要的女性主義先驅和女性權利倡議者沃斯通克拉夫特（1759-1797），在其一七九二年出版的《女權辯護》（*Vindication of the Rights of Women*）中挑戰了盧梭體系中的這種不一致問題。沃斯通克拉夫特慷慨激昂且令人信服地論證，將女性排除在公民身分之外是毫無依據的，這在當時是一種令人震驚的激進觀點。但是，儘管取得了這個極為重要的實踐與理論進展，即便是沃斯通克拉夫特也很難得出一個完全包容的觀點。獲得解放的女性公民被假定擁有女傭，而沃斯通克拉夫特似乎完全忽視了這些女傭也應該擁有投票權的想法。直到相對近期，人們普遍預設，唯有那些在該國擁有一定財產份額的人才有資格投票，而不能相信那些沒有財產的人會「負責任」地行使他們的投票權。

然而，同樣打動沃斯通克拉夫特、盧梭，乃至古希臘人的另一個動機則是一個更平凡無奇的想法：那些作為積極公民的人沒有時間自己洗衣服或做飯。如果你既要讓自己充分掌握資訊，又要出席公共論壇或集會，要履行身為一位積極公民的義務是非常耗時的。任何從事公共生活的人都需要家庭支援人員的協助。希臘人想當然地認為民主與奴役是一致的，盧梭認為民主與性別不平等是一致的，而沃斯通克拉夫特則認為民主與剝奪窮人的公民權是一致的。有兩件事情帶來了改變，使普選權（universal suffrage）得以可能。一個（相當令人沮喪的）觀點是，擁有投票權並未帶來得讓自己充分掌握政治及經濟事務的沉重責任；另一種觀點是，至少在已開發國家裡，家用電器已大幅減輕了家務勞動的負擔。要說洗衣機使包容性民主（inclusive democracy）得以可能，可能有些誇張，但它確實幫了大忙。

然而，儘管盧梭將女性排除在公民權之外，他的政治思想的真正邏輯卻意味著，這種排斥毫無充分的理由。那麼，我們可以在盧梭提議的基礎上，建構一個真正平等的模型。

談完平等後，那麼自由呢？不難發現在盧梭所設想的政體中，存在對自由的重大限制。這個核心限制其實是創造社會聯繫的硬幣另一面，尤其是在宗教方面，思想自由受到嚴格的限制：首先，無神論（atheism）被禁止；其次，對於缺乏寬容精神的宗教，亦不應予以寬容；其三，所有人都必須宣誓效忠公民宗教，而那些虛偽之人必將遭殃：「若有人在公開承認這些〔公民宗教的〕教條後，卻表現得彷彿不相信它們，應處以死刑；他因在法律面前撒謊，而犯下了最嚴重的罪行。」（《社會契約論》，第四卷，第八章，第150頁）當我們在此之上加上審查官的存在，其職責是強制執行公共或習俗道德（customary morality），那麼個體似乎就喪失了任何不循常規的自由。毫無疑問，這也包括了對人們進行「生活試驗」（life experiment）的限制，借用我們在第四章探討彌爾《論自由》時將再次遇到的術語。

考慮到這種具有限制性的不自由背景，我們不禁要問，盧梭如何能堅稱他已經解決了這個問題，即找到一種結社形式使得「雖然每個人與所有人聯合在一起，〔每位結社者〕卻只服從他自己，並維持像以前一樣的自由」（《社會契約論》，第一卷，第六章，第49-50頁）。答案是，盧梭抱持一種後來被拉脫維亞裔的英國哲學家以撒·柏林（Isaiah Berlin, 1909-1997）稱為「積極」的自由概念。我們將在第四章更詳細地檢視這個觀念，其是自由不只是能夠按照自己的欲望行事，且不受他人約束（一種「消極」的概念），而是需要某些類型的行動。通常，積極自由（positive freedom）的理論家會將自由定義為「過著理性的人會選擇過的生活」來定義自由。在盧梭的情況下，這種生活——理性的生活——只有在公民社會中才能獲得。「純粹食欲之驅使是奴役，而順服自己規定給自己的法則是自由」（《社會契約論》，第四卷，第八章，第54頁）。當然，我們為自己規定法律的方式是透過作為主權者的一員來投票。根據盧梭的觀點，只有依照主權者所創造的法律行事——依照普遍意志來行事——我們才可以說是真正自由的。

有批評者曾指出，根據這個觀點，一個人可以被「強迫自由」；事實上，這是盧梭自己使用的語句。考慮下這個案例，某個人相信普遍意志要求採取某個政策（政策A），而多數人則採取另一個政策（政策B）。讓我們假設，政策B代表了普遍意志。在這種情況下，這個人將被迫依照政策B來行動，而由於自由等同於按照普遍意志來行動，那麼這意味著這個人就被強迫自由。盧梭會說，任何其他行為——舉例來說，做自己喜歡做的事——就是受到自身衝動的奴役，而不是真正的自由。盧梭的反對者則指出，在這個基礎上，即使是高度壓迫的政體，也可以因其支持自由而得到辯護。因此，即使我們可以從不平等的問題中拯救盧梭的體系，但我們是否能說——就像盧梭想要我們說的那樣——它提升了自由的價值，就沒那麼肯定了。

對盧梭的激進批判

這個批判已為當代作家所接納並進一步延伸，他們雖然深受盧梭著作的影響，但認為他對國家的理想需要在許多面向上加以改進和修補。首先，我將提出三個密切相關的批判。

第一個批判集中在普遍意志的觀念上。即使在一個緊密統一、高度平等的社會中，確實可以形成一種普遍意志，也相對容易地察覺，但當代社會不見得符合這個理想，也未必應該追求這樣的理想。經濟階級並非形成唯一一種普遍意志的障礙；我們也分屬不同的宗教，具有不同的道德和哲學觀念，並且來自不同的文化、民族和種族背景。現在，這並不表示永遠無法制定出平等地符合所有人利益的政策：儘管我們之間存在差異，但我們都有類似的基本需求。但是，超越這些基本需求的部分，我們珍視不同事物的這一事實——例如經濟進步或自然環境保護——也可能導致衝突。在許多議題上，很難相信會存在一項平等地符合所有人利益的政策。即使有，也未必能輕易找到。或許，我們必須直接拋開盧梭的關鍵假設，即公民們能將他們各自的意志形成一種普遍的意志。

其次，盧梭對待那些持少數觀點者的態度令人不敢恭維。異議者要被「強迫自由」；那些先是肯定公民宗教的原則，旋即又違背這些原則的人將被處以死刑；在國家緊密一致的背景下，異議就是犯罪，而犯罪就是叛國。如果多數意見總是能準確反映普遍意志，而異議者不是錯的就是反社會的話，這或許還存在一些辯護的餘地。但倘若不存在普遍意志的話，那麼這個論點在許多意義上都是駭人聽聞的。

最後，盧梭的批評者並不接受自由應該等同於服從，即便是服從你為自己制定的法律。或者，換個角度來說，在盧梭的體系中，為自己制定法律僅僅意味著在決策過程中擁有一些發言權而已。但是，假設你又成為了少數，而你的觀點並未成為法律。那麼，雖然強迫你遵守法律可能具有正當性，但聲稱這種強迫讓你「自由」，亦即你被引導去遵守一項由你自己創造的法律，似乎就太離譜了。即使少數人參與了決策程序，任憑他們存在，法律卻並非因為他們才被創建。

現在這些批判的力道變得清晰可見。為了讓盧梭能夠辯稱民主是在工具性的層面上得證的——即民主是一種取得道德上正確結果極為可靠的方式——他必須把社會團結的紐帶拉得非常緊密。事實上，緊密到使這個體系變得壓抑的令人喘不過氣。那些讓民主在工具性層面上站得住腳的措施，同時也使其在本質上變得不可取。即使在一種修正後的形式下，它可能會實現平等，卻不會實現我們所認識的自由，也不會實現多元主義（pluralism）或是多樣性（diversity）。我們必須為普遍意志所付出的代價實在太高了。

盧梭的體系需要修正。而事實上，根據這些批判，我們可以指出在盧梭的理想政體中的另一個奇怪之處，而這個奇怪之處在這次討論中迄今未被提及。那就是，盧梭允許真正政治參與的程度。儘管盧梭的公民經常被要求投票，但有點矛盾的是，他似乎不鼓勵他們在政治中扮演過於積極的角色。首先，正如我們所見，他並不提倡民主集會；其次，基於只有模糊的認知才會妨礙全體一致的假設，導致盧梭總結說：「漫長的辯論、分歧、騷亂，預示著特殊利益的上位和國家衰落的開始。」（《社會契約論》，第四卷，第二章，第123頁）

然而，一旦我們放棄「我們能夠經常且輕易察覺到普遍意志」的假設——實際上，倘若我們一併放棄這個「存在普遍意志」的假設——那麼政治就會呈現出新風貌。現在似乎亟需傾聽所有的聲音、論點和立場。選民仍可被視為旨在為社群謀求「最佳」利益，但或許在任何情況下，何謂「最佳」利益都是一個極具爭議的問題。此外，哪些政策最有可能實現這一目標，也很可能會引發極大的爭議，並且在不斷變化的情勢中會有顯著的差異。

盧梭的批評者爭辯說，廣泛的政治辯論並非國家衰敗的跡象，而是對民主政治的運作來說至關重要。當然，當我們聽到不同聲音、不同觀點的貢獻時，審議（deliberation）會進行得最好，這種想法早在批評盧梭之前就已經存在。事實上，這個觀點的經典表述可以在古希臘哲學家亞里斯多德的著作中發現，儘管他對普通公民的態度略顯輕蔑：

> 雖然多數人之中或許沒有一個是真正的賢者，但當他們聚集在一起時，可能比少數賢者更優秀。這並不是說每個人單獨來看會更好，而是他們整體而言會更好，就像許多人共同準備的餐食，往往比一個人獨自準備的更豐盛。

亞里斯多德，《政治學》，第三卷和第四卷 [350 B.C.]，由 Richard Robinson 翻譯。Oxford: Oxford University Press, 1984（1281a44-b9），第36頁

當存在眾多聲音時，投票失敗的少數人很可能會改變他們對何謂正確事物的看法，但他們沒有義務這麼做。一般來說，我們會期望即使是投票反對某項政策的那些人也能遵守法律，但他們可以持續大聲疾呼，如果他們有足夠的強烈感受就可以鼓動變革。有時，即使是公民不服從（civil disobedience）也能以民主為由來得到證成。如果你誠摯地相信多數人做出了一個錯誤決定，那麼你可能不只有權利，還有義務讓人們注意到這點，即使這可能意味著違抗法律，甚至在極端情況下訴諸暴力，不過這種情況應該是非常罕見的。為了維護社會團結，而將良心上的不服從視為叛國，這肯定是個錯誤。持有異議的公民們也應有一席之地，他或她不應該為了和平而被沉默：多數人或許是錯的。但即使多數人是對的，也應該聆聽異議者的聲音。

參與式民主

這些異議實際上引導我們走向新的民主模式，這些模式深受盧梭的影響，但更尊重個人、辯論和少數群體的觀點。這些模式被稱為「參與式民主」和「審議式民主」（deliberative democracy）。這些理論有許多變體，但最激進的模式至少在四個面向上擴展了盧梭的模型。

首先，他們宣稱我們必須為個人參與政治討論及決策制定，找到比盧梭所允許的更多空間，以及對反對意見給予更多尊重。例如，審議式民主的理論家堅持，民主需要廣泛的公共辯論和聽取公民的觀點，以豐富和深化政治過程。

其次，他們預設盧梭在主權者與行政機關之間的區分需要重新考慮。出於實際的理由，我們有可能無法所有人都參與每一項政治決策。但是，一旦我們放棄存在一種普遍意志的假設，就沒有理由將個人決策限制於立法領域。或許所有公民都應該參與決定行政機關最重要的「特定法案」，特別是當我們記得盧梭認為宣戰是行政機關的一項行動，而非主權者的行動時。

盧梭認為，讓公民廣泛參與詳盡的審議過程是不切實際的，但現代通訊科技的進步讓我們得以重新審視這個問題。無論是在橡樹下還是在公共廣場上，沒有必要將所有人聚集在一起，我們現在有許多除了市鎮會議之外的替代方案，任何公民都能以多種數位形式來發布政治演說。透過應用程式來投票，無論是在一張你最愛的扶手椅的舒適位置上、在公車上，還是在你的手機上，都轉化了參與的可能性。

其三，「政治溝通」的定義正在被重新思考。許多早期審議式民主的支持者強調理性政治辯論的觀念，用德國哲學家及社會學家尤根・哈伯瑪斯（Jürgen Habermas, 1929-）的話來說，我們應該將一切都交由「較佳論證的力量」決定。雖然這聽起來比任由權力和地位進行支配來得進步，但批評者指出，這種觀點鞏固了那些最能提出理性貢獻的人的特權：高學歷分子、自信者，以及那些以辯論謀生的人，諸如職業政客、學者、新聞記者和律師。其他理論家——像是美國政治哲學家楊（1949-2006）——則強調涵蓋那些我們可以視為不那麼有序的言論形式的重要性：公開抗議、詩歌、吟誦、口號、歌曲、音樂和其他藝術作品，這些言論形式雖然不具備理性論證的形式，但可以觸動人心，改變他們的看法和情緒，讓人敞開心胸接受新的知識及可能性。

最後，參與式民主觀念的倡議者主張，政治決策實際上應該「一路向下」。人民不僅應該在立法事務上被諮詢，也應該在所有影響人民的決策中受到諮詢。有人提議，我們不僅應該在公共論壇上遵循民主的決策原則，也應該在工作場所、家庭以及公民社會的其他機構中遵循該原則。當人們最切身相關的事務——你工作環境的性質、你明天是否還有工作——都取決於另一個人，也就是你的老闆所做出的抽象決定時，對產業政策的議題進行投票又有什麼用呢？就像卡爾．馬克思（Karl Marx, 1818-1883）所觀察到的，也正如遭受邊緣化和壓迫的人們在切身經歷中深刻體會到的，平等的政治權利固然值得為之奮鬥，但如果你在日常生活中仍然遭受不平等對待，那麼這些權利便十分有限。移除法律上的障礙或限制，不必然會實質改善任何人的處境。

參與式政治的理論家主張，只有在所有相關事務上積極且民主地參與，才能為所有人實現真正的自由與平等。他們認為，只有當我們能夠參與制定或至少真正影響，那些在所有領域中結構化我們生活的各種決策時，我們才算是真正自由的。而將其置於第二章討論政治義務的脈絡下，只有在完全參與式的民主體制中，社會契約理論中的自願主義假設才能得到滿足。在這樣的社會中，我們才能真正被視為自願貢獻的社會成員。因此，依此觀點，甚至只有在這些條件下，我們才會產生服從國家的義務。

參與式政治的想法表面上看來十分吸引人。我們是國家和地方決策的主體——我們必須遵守規則——因此，我們當然也應該作為這些決定的制定者發揮自身的作用：扮演這些決策的制定者一職。只有當我們真正制定了我們所遵守的法律時，我們才能真正調和自由與權威。但是，要指出這個方案的問題並不困難，也更能理解盧梭為何要在他的體系中設下那些限制。

第一個困難是，完全的參與式政治幾乎是無法想像的，而且即使可以想像，其效率也可能極其低下。彌爾同意亞里斯多德的觀點，即群體在審議上遠勝於單一個體，但他也指出個體在行動上遠勝於群體。如果一個群體希望其決策得以執行，它最終仍必須將此事委託給某個個體。

對此，有人會反駁說，沒人真的提出要「全體人民」以某種方式來執行自己的指令。當然，這必須任命行政人員，但全體人民或至少所有受影響的人都會參與制定決策。同樣地，雖然群體審議比個體審議更好，但這並不意味著群體越大，審議效果就越好。確實，一個精挑細選的小群體很可能比一個大群體更能進行有效的審議，而大群體會帶來雜音、離題和混亂。儘管我們剛才已經看到「失序」如何貢獻於論辯的論點，但它也是有代價的，因為最好的論點可能永遠都不會被聽到。因此，在民主體制中，專家學者肯定有一席之地，而一種完全的參與式政治可能會難以讓這類人擔當適當的角色。這是一種溫和版本的柏拉圖式憂慮。

第二個問題比較微妙，但仍然很明顯。在電腦化的政治幻想中，我們載入應用程式來尋找當天的問題清單。但問題是，為什麼我們應該對這組議題而不是另一組議題進行投票呢？換句話說，是誰設定了議程（agenda）？這不是一個微不足道的問題。最有權勢的人往往不是決定「支持」或「反對」的人，而是首先提出問題的人。如果參與式政治的議程是由被指派的官員來設定，那麼它的吸引力就會大打折扣。

對此的回應是，有人會說「人民」可以設定議程。他們將會投票決定該就哪些議題進行表決。但這次預備會的議程又將如何設定呢？透過投票嗎？如此循環下去，這讓我們可以在每個層次上實行參與政治的想法開始顯得幼稚，甚至是不連貫的。

毫無疑問，存在許多解決這個問題的方式。也許我們可以抽籤任命一位「當日議程主席」，由他來設定當日議程。但是，仔細思考後會發現，這一類缺乏連續性的體系看來更像是一場災難的配方。盧梭的觀點是，當全體人民需要做出的決定越少時，社會就會運作得更好，這個觀點開始變得更具吸引力。但就連盧梭對於設定議程的問題也說得不多。他能提出的最佳方案是，建議那些起草投票所依據的法律的人，他們本身應該被排除在選舉權之外。這似乎是為了爭取一個強大、獨立、超然的文官體制的一種方式：這種想法與參與的目標相去甚遠。

最後，盧梭早已指出了最明顯的問題了。愛爾蘭劇作家、幽默大師及政治思想家奧斯卡・王爾德（Oscar Wilde，1854-1900）曾挖苦說：「社會主義的問題在於，它會占用太多的晚間時光。」許多參與式民主的批評者引用這句話，認為在這個脈絡下更加貼切。重點在於，雖然我們在乎要積極參與與我們息息相關的決策，同時我們也關心許多其他事情。我們是否應該為了在每個影響我們的決策中擁有發言權，進而放棄我們所珍視的其他東西——聽音樂、與朋友和家人交談，甚至是看電視——這一點仍並不清楚。一旦我們將政治參與擴展到工作場所，參與政治將不僅占用我們的夜晚，還會占據了我們白天的大部分時間。在大聲疾呼所有人都在政治中扮演積極、平等的角色時，我們冒著即使不會餓死，至少也會導致工作日的生產力大幅下降的風險。

儘管如此，審議式民主或參與式民主的觀念不必然是全有全無的問題。當代美國政治理論家布魯斯・艾克曼（Bruce Ackerman）和詹姆斯・費希金（James Fishkin）提出了一項將更多的審議引入政治的提案，就像我們現有的那樣，他們稱之為「審議日」（Deliberation Day）——即在總統大選前設立一個國定假日，讓選民們可以就選舉議題進行有組織的辯論。雖然這個特殊的提案尚未實施，但在民主政治中引入更多審議的想法已經從理論家的筆下，進入到實際民主生活中的真實實驗。費希金花了數十年的時間推廣審議式民主，並且協助影響世界各國政府嘗試「審議式民調」（deliberative polling），審議式民調是把具有代表性的人口樣本聚集在一起，就某個議題的各個方面提出深思熟慮的論點，然後進行投票。費希金報告稱，審議式民調已經在超過二十七個國家中使用，涵蓋的議題從任命官員到憲政改革，再到如何使用地方預算（稱作「參與式預算」〔participatory budgeting〕）。無論是像審議日一樣，讓每個人在短時間內進行參與，還是像審議式民調一樣，讓人口中的代表性樣本在較長時間內進行參與民主的實驗空間還很大，這代表民主的實驗空間還很大。

總而言之，儘管讓全體選民參與處理每一項嚴肅議題是十分吸引人的完全參與式民主的構想，但要如何讓它以一種值得奉獻的方式運作起來，遠非易事。即使從維護自由和平等的角度來看，參與式社會是最好的選擇，但從促進繁榮和讓人生計畫得以實現的角度來看，它似乎就做得沒那麼好。艾克曼和費希金提出將審議納入當代政治的提案，是種朝向更大程度的個人參與的有趣舉動，但世界各地現存的選舉制度當然不是直接民主，而是代議民主，它們有其各自的優點和缺點。我們現在必須轉向代議民主。

代議民主

參與的程度應該是社會的整體進步程度所允許的最大程度；而最終的理想莫過於所有人都能分享國家的主權。但是，既然在一個超過小型城鎮的社會裡，除了一些非常瑣碎的公共事務之外，所有人都無法親自參與任何公共事務，那麼完美政府的理想型態一定是代議制。

彌爾，《論代議政府》，收錄於《效益主義》，

由H. B. Acton編輯（[1861], London: Dent, 1972），第217-218頁

任何的政府體制——即使是最激進的參與式或審議式民主——都需要行政人員來執行政策，執行人民的決定不可能由全體人民來完成。進一步的問題是，這些行政人員應該被賦予什麼樣的權力。一種可能性是行政人員應該被賦予很少的權力，並盡可能將權力保留給人民。在柏拉圖的體系中，情況則是完全相反，人民沒有任何角色，而行政人員——衛士們擁有完全的權力。盧梭採取第三種方式來決定此事：由人民制定法律，行政人員則執行法律。但還有另一種更為人熟悉的模型可用。儘管這需要一個龐大的文官體制的協助，人民選出代議士，由他們制定法律並付諸實行。這就是彌爾所捍衛的代議民主制的觀念。

對彌爾來說，代議民主制是民主制得以在現代世界存續的唯一方法。要理解彌爾為何如此主張，我們應該首先詢問他認為政府的適當職能是什麼。政府存在的目的為何？對彌爾來說，政府有雙重的目的：不僅要管理公共事務，還要「改善」公民。既要判斷政府的好壞、看它在處理公眾關注的事務上的效率，也要看它對於個人的影響，是否在道德上和智識上改善了個人水準。彌爾意識到政府存在許多的部門——法學、民事和刑事立法、金融和商業政策——每一個部門都有其成功和失敗的標準。雖然對彌爾來說，每一個部門的最終標準都是相同的——它如何促進普遍的幸福——但這個進一步的主張對目前的主要論點來說不是必要的。

當我們被告知政府必須要有效地管理社會事務時，這一點並不令人驚訝。但是，彌爾對政府另一項適當職能的概念則較具爭議。政府是否有任何義務，甚至是任何權利去關心其公民的道德福祉呢？一個當代自由主義的主要論題便是公民們的道德福利與政府無關，因而發覺彌爾——當代自由主義理論的奠基者之一——提出這個主張是很奇怪的。不過我們暫且不論這個問題，因為我們會在第四章更深入地討論它。

彌爾認為，相較於他所謂的良性專制統治（despotism）或絕對君主制，這也包括柏拉圖的衛士制，他的體系優勢是顯而易見的。他承認，政府的管理職能可以由專制者來履行，儘管他聲稱，這履行的不如民主制度。但他反對專制統治的主要論點是，這種制度可能造就的人類類型。

彌爾主張專制統治會導致被動和不作為，是因為它所產生的人民不需要在國家事務上知會或教育自己。這不只影響個體本身，也可能影響國家的繁榮。「讓一個人對他的國家無所事事，那他就不會在乎國家了」（《論代議政府》，第204頁）。或者，如果臣民確實開始了解和教育他們自己，並主動參與國家事務，那麼他們不會長期滿足於臣屬地位。

如果需要進一步證明民主的優點，彌爾要求我們：

將世界上自由國家在其享有自由的時期，與當代處於君主專制或寡頭專制統治下的臣民進行對比：將希臘城邦與波斯的總督管轄區進行對比；將義大利的共和國、法蘭德斯及德國的自由城

> 市，與歐洲的封建君主制進行對比；將瑞士、荷蘭和英國，與奧地利和革命前的法國進行對比。這些自由國家在繁榮上的優越性是顯而易見的，不容置疑：而它們在良善治理與社會關係上的優越性，不只從這種繁榮中得到證明，還彰顯在歷史的每一頁之中。
>
> 《論代議政府》，第210頁

彌爾的關鍵假設是，人類唯有在獨立的條件下才能茁壯發展。他們需要能自我保護和自我獨立才能避免遭受壓迫，讓他們的生活變得有價值。因此，彌爾深信所有公民都必須在主權的行使上發揮其應有的角色。

但是，主權的行使該走向何方？彌爾辯稱，不應是直接民主。如果被追問，他或許會勉強承認，直接民主是改善公民道德與智識素養的最佳方式，但就其作為一種政府形式的效率而言，這將是一場災難。其中一個論點是現代社會的規模實在過於龐大，使得直接民主幾乎不可能實現。但更重要的是他用與柏拉圖相去不遠的語彙指出，如果我們讓人民對其所指派的專業行政人員施加巨大的影響力，事情就會錯得離譜。

> 在最好的情況下，它是讓沒經驗的人對有經驗的人做出判斷，讓無知的人評判知識：這種無

知甚至從未意識到自己是無知的存在，因而同樣表現得漫不經心且傲慢無禮，輕視甚至反感所有自稱擁有比它自己更值得傾聽的判斷力的人。

《論代議政府》，第232頁

然而，代議民主制的批評者認為，與其說這是從直接民主走向現實主義的可喜之舉，倒不如說是完全遠離民主的有害之舉。這很明顯是盧梭的觀點（還記得他說「英國人民」對他們的自由有所誤解）。代議民主是否只是虛晃一招，背後隱藏著「民選獨裁」（elective dictatorship）？代議民主制的批評者經常抱怨「菁英掌控」（elite capture）的現象，即一群富有、受過高等教育的專業菁英操縱了體制，為他們自己奪取權力，並為其支持者及其他有著相似背景和品味的人謀求利益。如果情況確實如此，同時我們很難否認在菁英掌控的批判中至少帶有一定的真實性，那麼代議民主制就很難被推舉為一個權力平等的體制，或是一個預設並促進公民道德與智識發展的體制。

彌爾會同意代議民主制可能無法達到其目的，但他熱衷於提出一個更好的體制，特別是像杜博依斯和許多其他人一樣，強調教育公民成為合格公民的重要性。要做到這一點，最重要的手段就是透過參與公共事務。這當然無法意味著每個人都能參與國家層級的治理，但還有其他的可能性。因此，舉例來說，彌爾強調陪審團服務和參與地方政府的重要性，這兩者都需要公民掌握一系列技能，而這些技能對於那些「一生只會揮筆灑墨，或在櫃台售賣商品的人」來說，恐怕是難以獲得的（《論代議政府》，第217頁）。

儘管如此，彌爾還是指出了民主政治面臨的許多威脅：一是該體制可能會鼓勵不值得或不適合的人出來參選。彌爾同意柏拉圖的觀點，即最適合統治我們的人，就是那些最不願意統治我們的人；或是，反過來說，那些最有可能在政治上取得成功的特質——奉承、表裡不一、操弄——正是我們最不希望在我們統治者身上看到的特質，而且很可能為「菁英掌控」鋪路。

歸根究柢，代議民主制必須面對我們在柏拉圖的衛士制中所看到的問題：如何保護我們自己，不受那位可能試圖奪取權力的不肖領袖的迫害。這個問題在麥迪遜、亞歷山大・漢彌爾頓（Alexander Hamilton, 1757-1804）和約翰・傑伊（John Jay, 1745-1829）所撰寫的《聯邦黨人文集》（*The Federalist Papers*）中被詳細思考過，並於一七八七年至一七八八年間以筆名「普布利烏斯」（Publius）在紐約市的多家報紙上連續登載十個月，其目的是要說服紐約州的選民批准美國的新憲法。聯邦派支持他們所稱的「共和國」體制，這大致上就是我們所稱的代議民主制。另一方面，某些反聯邦派轉而支持參與式民主，並向聯邦派提出了一個問題：如何保障代議民主制不致淪為「民選暴政」（elected tyranny）。聯邦派在這方面的主要建議是承繼「權力分立」（separation of powers）的觀念，這是由洛克與法國政治和法律理論家孟德斯鳩男爵（Charles-

Louis de Secondat, Baron de Montesquieu, 1689-1755）所建立的概念，孟德斯鳩提議政府的立法、行政和司法職能應由獨立機關分別掌管。從理論上來說，這意味著任何一個政府部門的活動都會受到其他兩個部門的制衡，從而保障人民免於其統治者腐敗的威脅。

彌爾認同權力應該分散在國家的各個機關以形成「制衡」體系，好讓野心家幾乎沒有機會濫用他們的權力，但他也提出進一步的措施來防止民主程序遭受濫用。首先，他提議應當對人們得以在競選活動上花費的資金上限，我們怎麼能相信任何準備支付大筆金錢來贏得選舉的人呢？他們肯定會尋求從這項投資中取得回報。其次，有點出乎意料的是彌爾認為政府成員不應該領取薪資，不然國會席次「就會成為低端投機者覬覦的對象」（《論代議政府》，第311頁）。對於那些沒有獨立的經濟來源、但明顯適合且具有才能的人，可以透過其選民的私人捐款來得到支持。

然而，代議政府所面臨的最大障礙是選民的可能行為。對彌爾來說，關鍵是選民應該依據他們對普遍利益的想法來投票，意即他們應該把票投給他們認為最有可能改善公民素質，並且為所有人的利益來有效管理國家事務的候選人。在此，他以陪審團服務作為類比：

〔公民的〕選票並非一種他可以任意選擇的東西；他的選票就像陪審員的裁決一樣，與他個人的願望無關。嚴格來說，這是一個義務問題；他有義務根據他對公共利益的最佳和最有良心的看法來投票。

《論代議政府》，第299頁

在此，我們看到真正的陪審團服務作為一種參與形式所具備的額外重要性，它透過高度精煉且集中的民主訓練來培養選民的素養。

彌爾擔憂的是一位選民可能會投下「卑鄙且惡劣的一票……基於其個人利益、或階級利益、或自己心中某些卑劣的感覺」（《論代議政府》，第302頁），或者也可能是因為選民過於無知，以致於無法正確察覺公共利益。

彌爾認為，為了解決上述這些問題中第一個問題，一項補救措施是進行公開投票而非祕密投票。由於人們有義務為公共利益投票，那要求他們理應為自己的選票負責是合理的。因此，投票應該做成公開記錄。公眾的不滿會成為一種力量，阻止人們出於自利的理由來行使投票權。然而，彌爾也意識到，這麼做的危險在於強迫。之所以引進祕密投票，是因為有權有勢的地方人士會對其他人施加壓力——尤其是他們的員工——讓他們以特定方式投票，並威脅如果不遵從指示的話，就會失去工作或其他好處。祕密投票讓這種威脅化為烏有：沒有人能得知誰把票投給了哪位候選人。彌爾或許天真地相信，這種威脅的危險性小於選民投下「卑劣」或自利選票的可能性，因為後者會扭曲投票結果。然而，彌爾的立場顯然是有待商榷的。

彌爾的另一項補救措施是——為防止階級和個人利益的扭曲效果——他希望這也能中和愚昧

和無知的效果，認為某些人應該被排除在選舉權之外，至少暫時如此。這包括那些無法「閱讀、書寫，以及我再補充一下，進行基本算術運算」的人。他接著指出：

我認為根據第一原則的要求，領取教區救濟金應該是喪失選舉權資格的強制性條件。一個人若是無法透過自身勞動來養活自己，就無權享有幫助自己從他人手中獲得金錢的特權。透過依賴社會上其他成員提供實際生計的人，就放棄了在其他方面與他們享有平等權利的主張。

《論代議政府》，第282頁

當然，現今提議那些領取福利補助的人應該被排除在投票過程外似乎會是件醜聞，儘管對彌爾來說，這是一項「第一原則」。

為了避免選票被不夠格的人支配，彌爾的進一步建議是，雖然每個符合他條件的人都有資格發言，但「每個人都應該有平等的發言權，則是一個完全不同的命題」（《論代議政府》，第283頁）。彌爾認為，那些特別有資格做出自身判斷的人應該被授予超過一票的選票。他認為，特別聰明或受過良好教育的人應該獲得兩票或更多的選票（他沒有給出最終的細節）。

彌爾最擔憂的是，並沒受過教育的窮人們——數字上的多數——會出於一種無知和階級利益的混合犯下可怕的錯誤。他們會選出一個試圖透過提高富人的稅收、保護國內產業不受競爭的影響、減少就業的不確定性，以及其他民粹主義的措施，來改善勞工地位的政府。彌爾反對的理由是，長期來看，這類政策會壓抑產業與經濟活動，並且妨礙儲蓄與投資，讓包括工人在內的每個人的處境都變得更糟。彌爾稱說，工人們很可能誤解了他們的利益所在，然而由於他們占據多數，因此會使國家朝災難的方向傾斜。

我們會在第五章回到「財產的正義分配」的議題。此案例的細節對於當前的論點來說其實並不重要。重點只在於，彌爾希望確保代議民主制包括預防措施，以防止它被愚蠢和階級利益所左右。因此，我們可以看出，彌爾對民主的主要途徑是以工具性的論據來捍衛民主，並指出若民主身陷可能導致不良結果的危險時所應採取的步驟。

複數投票（plural voting）和剝奪部分選舉權會達到彌爾想要的目標嗎？或許可以，但他的思想在此處確實存在某種張力。為了保護產業，我們可以讓選票偏向富人或（如彌爾所認為的）受過教育的人。他更傾向於後一種選擇，因為至關重要的是那些只有一票的人理應能接受：支持其他人獲得超過一票的推論。每個未受教育的人都會接受，受過教育的人「比他自己更了解這個主題，其他人的意見應該比他自己的意見更有價值。這符合他的期望，也符合他在所有其他生活領域中所習慣接受的事物進程」（《論代議政府》，第284頁）。儘管如此，那些擔心「菁英掌控」的人會正確地看到在這些論點中閃爍著明亮的警示信號。

但是，這個論點與另一個論點形成了對比：

> 我可以指出，如果選民們默許對自己能力的衡量，並且真心希望由他所信賴的人為他做出選擇，就不需要為此目的做出任何憲法規定；他只需私下詢問保密人，他最好把票投給哪位候選人。
>
> 《論代議政府》，第294頁

這句話是在第一句話之後僅十頁提出的，是在討論一項提案的背景下發生的，該項提案認為我們應該有兩階段的選舉，類似於現行美國總統選舉的安排。首先，我們投票選出一群選舉人，然後由他們選出國會議員。彌爾對這個建議不屑一顧，他認為對此唯一可能的證成理由會是，或許我們應該把選舉我們的統治者這類重要的決定，留給那些我們認為英明的人。彌爾的回應是，如果我們認為這類人是英明的，我們只需要詢問他們該如何投票，然後遵循他們的指示行事。彌爾的批評者對於他所提出的複數投票制也曾做出了完全相同的回應。如果沒受過教育的人敬重受過教育的人，那麼我們就不需要給受過教育的人額外的選票，因為沒受過教育的人只需要尋求他們的意見即可。但若是他們不尊重這些意見，那麼他們就不會接受複數投票。複數投票不是沒必要，就是無法得證。

保護少數

彌爾聲稱，雖然剛才討論的案例是，無知的多數人最終會追求被誤認為是他們自身階級利益的東西而傷害了自己，但這類案例或許提出了困擾著彌爾的關於民主的主要問題：被選票否決的少數人地位。我們已經看到，彌爾特別在意如何防範「多數暴政」。當然，我們之中的多數人都可以接受時不時地成為失敗的一方。但有時候，根深蒂固的多數派會一次次地贏得選票，讓少數群體永久地被選票否決及忽視。因此，在《論代議政府》中，彌爾極力確保少數群體在國會中的代表性。他宣稱支持一種非常複雜且精心設計的比例代表制，其中涉及到若是你偏好的候選人落選時，將你的選票轉移給另一個選區候選人的可能性。透過這種或類似的方式，我們應該能確保許多少數群體在國會中的代表性。

然而，代表性是一回事，保護則是另一回事。一個在國會裡擁有代表的少數群體仍然可能在表決中被多數否決。即使少數群體擁有代表，基於階級、種族、宗教、身心障礙或其他因素的壓迫，仍有可能在多數統治的體制下發生。也許，在一個投票體制中防止壓迫的最佳方式是，給予道德上高度開明的人非常多的選票，但這又讓我們回頭接近柏拉圖的觀點。

事實上，彌爾的解決方案——我們會在第四章中看到——就是限制政府活動的正當範圍。有些事情壓根不關政府或多數人的事。政府不能正當干預人們生活的特定領域，而每個人都具有政府不得干預的權利和自由。

然而，要對彌爾的民主模式做出最終判斷，我們會發現它包含了一種與盧梭的民主模式相同的矛盾。盧梭觀點的問題在於，只有在嚴格限制公民自由的情況下，民主才能可靠地產生符合普遍意志的決定。換句話說，如果民主要被工具性地證成的話，那它就無法實現其所追求的自由與平等這兩種美德。對彌爾而言，被犧牲的不是自由而是平等。有些公民會因為教育或經濟的原因而被排除在選舉權之外，而其他人則會被賦予超過一票的投票權。彌爾的體系比他願意承認的更靠近柏拉圖的理念。或許，彌爾應該更加相信沒受過教育的窮人的能力和美德，並歡迎楊的論點：即我們應該尋求以多種形式來對民主辯論進行貢獻，而不只是局限在傳統的理性論證之中，或者任何民主體制都注定要妥協。

民主的新模式

今日，民主制為我們帶來了一個新的兩難局面。民主的理論論點——人民應該自己統治自己——似乎非常有力。然而，我們在實際民主體制中的經驗卻常常令人感到非常失望。即使在其最好的情況下，代議民主制也會將政治事務交由專家處理，而專家與其所統治的人民之間相距甚遠。或許正因如此，要對抗精英掌控是很困難的，即一小群人積攢權力職位，並且被指責為了他們自己及其盟友的特權進而忽視一般民眾的利益。對於「一如既往的政治」的厭惡經常引發某種民粹主義的統治形式，其中在魅力非凡的「反政治人物」掌權後，奉行迎合多數人喜好的政策，經常對少數群體和受壓迫群體造成傷害。而貪腐問題日益受到關注，也出現了所謂的「民主倒退」（democratic backsliding）的問題，即民選領袖透過剝奪少數群體的投票權，讓政治對手失去正當性，並且攻擊和削弱挑戰他們的人和機構，諸如法院、媒體，甚至是大學來鞏固自身權力，結果卻是大眾對民主的信心正處於低谷。

對於當前民主困境，有許多可能的回應方式。其中一種吸引了許多公民的方式是政治冷感（political disaffection）；讓政客們繼續做他們在做的事，而我會低著頭並盡我所能地過好生活。一個更大膽、更樂觀的替代方案是，考量其他民主模式是否可行。我們已經看過透過大眾參與來重振民主的提議，這種形式至少可以將直接民主的某些面向帶入我們的體制中。另一個我們只能簡單考慮的方案是，重新思考代議民主的觀念。

代議民主需要透過投票來選出代議士，這一直是個普遍的假設——通常不受質疑。在日常生活中，民主和選舉幾乎被認為是同一件事。然而，我們看到在古代世界中，政治領袖在某些情況下是透過抽籤選出的，就像我們今天以抽籤選出陪審員一樣。我們是否能在古希臘人的啟發下，找到不涉及選舉的代表模式，或者更溫和地說，用其他代表模式來補充選舉呢？這麼做會帶來什麼好處嗎？當代法國哲學家海倫・蘭德摩爾（Hélène Landemore）（1976）曾主張她所謂的「開放民主」（open democracy），以重拾「人民的力量」的概念。這個想法是尋求一些機制，減少職業政客的權力，並尋求更大的空間讓一般民眾擔任核心角色，或許可以透過抽籤，甚至是自願參與，再加上輪流擔任職位來實現。

在某些方面，這類提案與艾克曼和費希金所提出的「審議式民調」形式類似，旨在作為選舉的補充，提供更細緻的觀點代表性。但蘭德摩爾希望更進一步，質問民主與選舉之間的隱諱連結。或許一個由抽籤選出但經過篩選以確保代表性的公民議會，它來代替我們做出決定，至少在公民們的眼裡與民選代表一樣具有正當性。確實，世界各地已經有許多鼓勵隨機挑選的個體，在他們之間進行深度的政治討論和審議的實驗。在冰島、愛爾蘭和法國等地，這類團體不只被要求表達意見，而且實際上也被要求起草有關憲政改革、墮胎、同性戀權利和氣候變遷應對等議題的政策。一旦我們對新的可能性敞開心胸，或許就能保留民主的核心觀念——民有、民享、民治——同時改革我們習以為常的制度，讓「人民的力量」成為現實。畢竟，我們難以對我們所知的民主制度的目前形式感到滿意。

結論

到目前為止的討論結果是，要找到一種捍衛民主的工具性途徑，同時又能將平等和自由的價值建立在一個可行的體系中，確實充滿挑戰。不論我們如何限制自由與平等，都沒有理由認為民主體制一定會比其他類型的體系做出更好的決定。事實上，我們可以設想將廣泛的市場研究和英明的行政人員結合起來的體系，這些體系幾乎必定會做得更好。這或許是為什麼當代理論家們試圖擴展民主的觀念，將除了定期選舉之外的一系列不同機制納入其中。然而，鮮少有哲學家或公民們願意完全放棄民主。為什麼不呢？

答案顯然是，民主對我們而言，並非純粹作為一種決策程序而受到重視，至少還有另一個原因。那可能是什麼原因？以一九九四年的南非選舉作為一個個案研究，這是發生在我正在撰寫這本書的第一版時。這次選舉——就其本身的事實及結果來說——舉世歡騰。這是南非黑人第一次能在全國選舉中投票，但為什麼這被視為如此重要？這場慶祝的原因當然不僅在於，南非黑人比過去更有可能受到正義的對待，雖然這無疑是歡慶的部分原因。相反地，主要的想法似乎在於，單就他們現在擁有投票權這個事實本身，就是一種記錄了南非黑人終於被視為值得尊重的個體的方式。人們被納入選舉權的範圍就具有象徵性或表達性的價值。在這種情況下，它象徵著南非黑人和白人至少在某種程度上，作為政治上的平等者並肩而立。那麼，擁有一張選票似乎很重要，無論人們在擁有選票後如何使用它。

若要在另一個脈絡下思考這個問題，思考一下在二十世紀初期一個常用來否決女性投票權的論點。當時常有人說，女性不需要投票，因為已婚女性的利益與她們丈夫相同，而未婚女性的利益則與她們父親相同。這個論點有許多不妥之處，不知該從何說起。首先，先提出這個明顯的異議：即使關於共同利益的說法成立，為什麼不應該為每個持有該利益的人登記權益呢？其次，即使這種說法成立，為什麼這是一個給予男性投票權並剝奪女性投票權的理由，而不是反過來呢？其三，這種說法很可能不是真的。已婚女性並不總是與她們的丈夫有著相同的利益，或是未婚女性的利益也未必與她們的父親一致。（更別說許多女性沒有丈夫或〔仍活著的〕父親）。但最具決定性的是第四個異議：無論女性的利益是否與男性相同，給予男性投票權的同時卻否定女性的投票權就是一種侮辱和貶低。普選權是一種表達下面這個觀念的方式，即我們相信女性和男性一樣，應該被視為值得尊重的公民，允許一個群體投票卻否定另一個群體的投票權是一種極大的羞辱。

而類似的考量也適用於對於投票權的種族主義限制。就像將自己從奴役中解放出來，並成為廢奴運動（the abolitionist movement）領袖的弗雷德里克・道格拉斯（Frederick Douglass, 1817/18-1895）在一八六五年所說的那樣：

> 作為一位有色人種，我想要選舉權，因為我們的政府是一個特殊的政府，奠基於一個特殊的觀念，而這個觀念就是普選權。如果我身處在一個君主制政府，或一個專制或貴族制的政府中，在那裡少數人掌權，多數人服從，我也不會因為我沒有行使選舉權而蒙上特別的污名。這不會對

我造成太大的暴力。我若與大眾相融，我便能分享大眾的力量；我應該得到大眾的支持，我應該與我的同胞們擁有相同的動機一起努力；這並不是什麼特別的負擔，也不是什麼特別的剝奪感；但在這個以普選權為規則的地方、在這個以普選權為政府基本理念的地方，將我們排除在外就等於把我們變成例外，把我們打上低人一等的烙印，並招致我們周圍的人對我們的攻擊；因此，我想要黑人的選舉權。

〈黑人想要什麼〉[1865]，重新印製於《重建：美國第一次偉大的種族平等鬥爭之聲》（*Reconstruction: Voices from America's First Great Struggle for Racial Equality*），由 Brooks Simpson 編輯，New York, Library of America（2018），第 31 頁

儘管如此，主張所有擁有選舉權的人都應該作為公民受到尊重是一回事。但是，我們是否也必須說，每個人都應該受到平等的尊重，或每個人都應該作為平等者而受到尊重呢？我們才剛看到一項提案，雖然原則上所有人都應該擁有發言權，但有時應該否定某些人的這項權利，而其他人則應該擁有不止一票：彌爾的複數投票方案。有趣的是，似乎沒有任何主要的思想家在這個議題上同意彌爾的觀點，甚至鮮少有人認為有必要提出論證來支持他們的反對立場。為什麼會這樣？簡單地說，因為彌爾的提案違背了這個觀念，即民主是一種對所有人表達**平等**尊重的方式。

這或許就是許多國家撤銷罪犯投票權的原因：他們的行為使他們喪失了獲得平等尊重的權利。

我們還能說些什麼來捍衛我們現在所擁有的這種民主體制呢？或許我們能補充的是以下觀點。在當代世界裡，我們必須接受，我們無法在沒有強制性權威結構的情況下生存。但如果我們有這類結構，我們就需要有人在這些結構中擔任職位：換句話說，就是統治者。在過去幾個世紀裡，人類可能曾經願意接受有些人擁有天生的統治權。也許這些人被認為是上帝所指派的，但這不是一種我們現在願意接受的推理方式。我們會接受個人有權統治，但前提是他們是由人民選任的，而且更重要的是，人民可以在不流血的情況下將他們罷黜——這也是奧地利裔英國哲學家卡爾．波普（Karl Popper, 1902-1994）所強調的一個論點，他因逃避納粹統治下的奧地利暴行，先是逃到紐西蘭，然後再逃往英國。也就是說，只有民主體制才能讓我們接受「為什麼應該由這些人來統治？」或「是什麼使他們的統治具有正當性？」這些問題的答案。透過民主手段，我們當然也能在一定程度上控制統治者的行為，特別是如果我們遵循那些提出審議式或其他更廣泛民主模式的人所建議的話。或許這是我們所能期望的最佳結果，無論是在政治結構上，或是作為現代民主的最後一道防線。

第四章

自由的位置

彌爾論自由

> 對於一個文明社會的任何成員，在違反其意願的情況下，可以正確行使權力的唯一目的，就是防止對他人造成傷害。不論是在物質上或道德上，他本身的利益都不是充分的理由。
>
> 彌爾，《論自由》，收錄於《效益主義與其他論文》，由Mary Warnock編輯（[1859]，第二版，Glasgow: Collins, 2003），第94-95頁

一個簡單原則

一旦有了民主政治，政治哲學家還有什麼工作可做呢？一種樂觀的看法是，只要我們有了民主的決策程序後，政治哲學的基本工作就結束了。所有的決定現在都可以交由選舉機制的公平程序來進行處理。可悲的是，就像我們在第三章中觀察到的，即使民主是我們所能想到的最佳制度，它也不是萬靈丹。彌爾則認為民主本身也有其危險：即多數暴政的威脅。如果認為民主政治的存在就能防止不義的發生，那就太天真了。「人民」制定法律的事實，並未排除多數人將通過壓迫少數群體或對少數群體不公平的法律的可能性。因此，必須以某種方式來保護少數群體。

彌爾解決這個問題的方法可能看似令人訝異。在論證了代議民主制的優點之後，他接著提議

我們應該嚴格限制其權力。他的著作《論自由》（事實上，比《論代議政府》更早出版）所關注的問題是「社會能對個人正當行使的權力的本質與限制」（《論自由》，第88頁）。彌爾認為，我們應該為個體保留相當大的權力。國家的干預有其界限，而公共輿論作為一種形塑信念和行為的手段也有其適當的限制。

國家應該擁有多大的權力呢？我們已經看到有許多可能的觀點。在天秤的一端是無政府主義者，他們聲稱國家根本沒有任何正當的權力可言。這似乎等同於這個觀點，認為個體自由沒有任何可以接受的限制，或者至少沒有國家可以施加的限制。而天秤的另一端，絕對主義政府的支持者——如霍布斯——認為國家完全沒有責任去顧及其臣民的各種自由，可以強制執行任何它希望的規則與限制。

這兩個極端之間存在著一連串的可能性。既不接受無政府主義，亦不接受絕對主義（absolutism），彌爾認為他的任務是定義自己的立場。許多人認為無政府主義是個體自由的最高實現，作為一位自由鬥士，彌爾為什麼會拒絕無政府主義？就像我們在第二章所見，彌爾認為如果人們被賦予完全的自由，那麼必然會有人濫用這種自由，利用政府的缺席來剝削或以其他方式來傷害他人，因此他寫道：「對任何人來說，所有使存在具有價值的一切，都取決於對他人的行為實施約束。」（《論自由》，第91頁）無政府狀態意味著沒有法律的生活，而根據彌爾的看法，屆時我們的生活就幾乎不值得活下去。彌爾理所當然地認為，暴政不再被視為一個嚴肅的選項，因此開始尋求自由與權威的正確組合。

國家可以基於哪些理由來干預人們的自由，禁止他們按照自己的意願行事，或強迫他們違背自身的意願行事？彌爾觀察到，不同的社會以不同的方式「解決」這個問題。例如，有些社會制止人們信奉特定的宗教，甚至完全壓制宗教；其他社會則對新聞及其他媒體實施審查；還有許多社會禁止特定的性行為。在世界許多地方，男性之間的性行為直至一九六〇年代仍是違法的，同時在某些地方仍然如此；雖然在許多國家性工作本身並不違法，但性工作者招攬顧客的行為通常是違法的，而且相關的管制規範始終存在爭議且經常變動。所有這些都是透過行使國家權力來限制人們的自由。但是，國家是否有權以這些方式干預人們的生活和自由呢？

彌爾尋求的是一項或一組原則，讓我們得以根據每個案件的真實功績來做出判斷，而不是任由問題受制於武斷的習俗與公德——也是彌爾最大的敵人。他的答案既激進又簡單得令人耳目一新，彌爾的自由原則（在本章開頭所引用的）宣告，僅若一個人威脅要傷害他人時，你才可以正當地限制他的行動自由。對於許多現代讀者來說，這項原則（也被稱為「傷害原則」〔the harm principle〕）可能看來顯而易見。但在歷史上的大多數時間裡，它都不是顯而易見的。幾個世紀以來，人們因崇拜偽神，或是根本不崇拜神明而遭到迫害。但是除了祂們本身不朽的靈魂之外，他們對任何人或任何事造成了什麼傷害嗎？對現在我們而言，彌爾的觀點甚至不再清晰可見。假設有位朋友正逐漸染上毒癮，你是否只有在防止他人受到傷害時才能強行干預呢？這個案例揭開了對彌爾原則的詮釋及可信度的嚴肅議題。無論是過去還是現在，可能都沒有任何社會曾嚴格恪守過這個原則。確實，正如我們即將看到的，連彌爾本人也迴避了一些它最不符常規的後果。

然而，在進一步討論之前，值得回顧一下彌爾自由原則的陳述中所提到的一個要素。他說，這項原則適用於「文明社會的任何成員」。那麼，他是否打算接受對未開化群體的自由進行限制呢？事實是他確實接受。他明確地指出，這個原則只適用於「其機能成熟」的人（《論自由》，第95頁）。兒童及「野蠻人」被排除在外，因為「自由作為一項原則，並不適用於人類尚未能夠透過自由及平等的討論而得到改善之前的任何事物狀態」（《論自由》，第95頁）。

彌爾在此的觀點是，自由只有在特定的條件下才有價值。如果這些條件並不適用，那麼自由就會造成極大的傷害。兒童不應該自由地決定是否學習閱讀，而且彌爾也認同維多利亞時代的觀點，認為某些民族是「落後的」，因而也應該被當作兒童來對待。毫不意外，彌爾因為預設了生活在殖民統治下的人民若是沒有自由會過得更好，而遭到許多的批評，甚至是嘲諷。當我們意識到彌爾主要不是以哲學家或作家的身分謀生，而是以一名東印度公司的官員來謀生，該公司實際上是印度的殖民統治者，這種批判更加切中要害。儘管如此，在該論點的這個階段，重要的不是彌爾對於非歐洲血統民族的智識發展狀況的看法是對是錯（我們將在第六章再來探討一些正義與種族的問題），而是他為應用自由原則所規定的條件。自由是有價值的，因為它是一種促進改善——道德進步——的手段。在某些情況下，自由很有可能將會產生相反的效果，因此進步必須透過其他方式來達成，例如仁慈的統治。但彌爾毫不懷疑的是，當社會進入成熟期——當社會成員已經進步到一種適當教育及文明化的程度時——國家對個人行動的干預應該受到自由原則的規範。而且與他同時代的一些人不同，彌爾堅信全世界的所有人都有潛力提升到一種適當的發展狀態，以獲得他們的自由。

一個例證：思想自由（freedom of thought）

一個彌爾最珍視的信念就是思想和討論應該要完全自由。他在《論自由》中用了將近三分之一的篇幅來探討這些至關重要的自由，同時也接受有時應該要限制你在公共場合可以說的話。

對彌爾來說，首先要注意的是有一個觀點不受歡迎的事實，但並不是使它沉默的理由：「如果全人類除去一個人之外都持有同一個觀點，而只有那一個人持有相反意見，那麼全人類使那一個人沉默的理由，並不會比他如果有權力沉默全人類的理由更加正當。」（《論自由》，第100頁）事實上，彌爾認為，我們有很好的理由歡迎那些即使不受歡迎觀點的倡議。壓制它們就等於「剝奪整個人類，不論是後代還是當代」。怎麼說？好吧，彌爾認為，不論這個具爭議性的觀點是真是假或是兩者兼有，我們永遠不會因為拒絕讓它發聲而從中獲益。如果我們壓制一個真實的觀點（或一個部分真實的觀點），那麼我們就失去了用全部或部分錯誤來換取真理的機會。但是，如果我們壓制一個虛假的觀點，我們就會以另一種方式失去：我們將無法挑戰、重新思考，甚至重新確認我們的真實觀點。所以，無論該觀點的真偽為何，壓制都沒有任何好處。

壓制一個錯誤的觀點真的有害嗎？我們必須先問，我們怎麼能這麼確定它是錯的。即使那位想成為審查員的人自稱確信習俗觀點的真實性，但就像彌爾提醒的，在**我們確信某種觀點**與**該觀點是確定的**，兩者之間仍存在一個巨大的鴻溝。無法認清這個區別就等於假設了絕對無誤（infallibility），但歷史提供了充分的證據，證明這個假設是錯誤的。許多曾經被認為毋庸置疑的的信念，在後來的世代中不僅被認為是錯誤的，也被認為是荒謬的。舉例來說，想一想那些現在還宣稱「地球是平的」這個曾經很普遍的信念之人。

更戲劇性的是，彌爾提醒我們，古希臘哲學家、柏拉圖的老師蘇格拉底因為不敬神靈和敗壞道德而被處決，以及耶穌因褻瀆聖靈而被處決的案例。兩者皆由誠實、秉持善意行事的法官來審判，但兩人都是在假定絕對無誤的社會中喪生，而在這種社會中，法律禁止人們宣揚與既定傳統相悖的觀點。當然，今日的民主國家不允許因持有錯誤的觀點而對人進行司法處決，即使令人震驚的是，政治人物及其他人因其觀點而遭受謀殺的事件仍在發生。然而，重點是蘇格拉底哲學與基督教的道德體系都受到官方打壓，因為它們與「確知」為真的既定觀點互相衝突。這說明了人類有能力犯下巨大錯誤的想法。彌爾認為，我們永遠無權宣稱自己是絕對無誤的。

還有一個案例可以說明並延伸彌爾的觀點。古代亞歷山大的圖書館是古代世界的寶庫之一，據說在其鼎盛時期，藏書量超過七十萬冊。但在公元六四〇年，亞歷山大在阿姆爾（Amr）的領導下被阿拉伯人攻陷，根據後來的作家阿布爾法拉吉烏斯（Abulfaragius）的傳說（顯然是一個非常不可靠的消息來源），這就是該圖書館的下場：

> 著名的逍遙學派哲學家、文法學家約翰（John the Grammarian）當時正在亞歷山大，並且深受阿姆爾的器重。他懇求阿姆爾將皇家圖書館贈與他。阿姆爾告訴他自己無法滿足這樣的請求，但承諾會向哈里發請示其同意。據說，奧馬爾（Omar）在聽到將軍的請求後回覆道，如果這些書籍的內容與《可蘭經》的教義相同，那麼它們是多餘的，因為《可蘭經》已包含了所有必要的真理；而如果這些書籍的內容與《可蘭經》相悖，那麼它們應該被銷毀；因此，不管這些書的內容為何，他下令將它們燒毀。按照這一命令，這些書籍被分發到城市中的公共浴場（當時為數眾多），在接下來的六個月裡用作供火的燃料。
>
> 引自《大英百科全書》，第十一版，1910-1911，卷一至卷二，第570頁

遺憾的是，奧馬爾並沒有《論自由》這本書，不然他本來可以停下來聆聽彌爾的觀點：「推定一個意見是真實的，因為在它每次接受辯駁的機會中，它都未被駁倒，與假設其真實性因為不允許它被駁斥，兩者之間存在著極大的差異。」（《論自由》，第102頁）

但在我們過於得意之前，應該注意一下盧梭對那間圖書館的故事之評論：

> 我們的博學之士認為將這種推理視為荒謬至極。然而，假設以額我略一世（Gregory）取代〔奧馬爾〕，以《福音》取代《古蘭經》，那間圖書館仍會被燒毀，而這可能還會被認為是那位傑出的教宗一生中最偉大的行動。
>
> 《論科學與藝術》（*Discourse on the Arts and Sciences*）[1750], Cambridge: Cambridge University Press, 1997，注釋二十六

《論科學與藝術》是盧梭在一七五〇年為第戎學院舉辦的競賽所撰寫的，該競賽探討的問題是「科學與藝術的復興是否對道德產生了一種淨化作用」。為什麼燒書是額我略一世一生中最偉大的行動呢？盧梭提到，他是在巴黎和萬塞訥之間的路上得知這些事情的真相，當時他正準備拜訪曾因煽動叛亂而入獄的哲學家狄德羅（Diderot, 1713-1784）。他說他意識到，藝術和科學的發展非但沒有促進人類進步，反而帶來的不幸多於幸福，更進一步敗壞了公共道德。由於無法完成他的旅程，於是他坐下來潦草地寫了這篇極具爭議性的論文草稿，並以此獲獎。

很難想像會有比彌爾的立場更加對立的觀點。盧梭建議我們祈禱：「全能的上帝啊！祢掌握

著一切心智，將我們從父輩的啟蒙和致命的藝術中拯救出來，讓我們回歸無知、純真和貧窮，這是唯一能帶給我們幸福且在祢眼中珍視的財富。」（《論科學與藝術》，第26頁）在盧梭的這段修辭背後，隱含著一個對彌爾計畫的嚴肅異議。假設得知真相總是比保持無知更好，這個預設是對的嗎？彌爾的論點似乎隱約預設了知識將帶來幸福，但我們為什麼要相信這一點呢？就像一個人有時會在不知道他或她的熟人對他們的真正看法，在無知中過著幸福的生活一樣，想必有時社會也會從無知或錯誤的信念中受益。或許真相太難以承受，或許會瓦解社會的紐帶。這種觀點常被用來說明對上帝和來世的信仰的意義，意即人們之所以應該相信，不是因為有神和來生——可能有，也可能沒有——而是因為除非這些信念廣為人知，否則社會就會陷入自私和不道德之中。因此，我們不該允許無神論的傳播，因為如果它流行起來，社會就會瓦解。不論我們是否接受這個論點，我們不需要太多的想像力就可以得出這個結論：如果我們從未發現一些科學真理，人類可能會過得更好。例如，那些導致廣島和長崎毀滅的原子彈發展，或是那些會導致災難性氣候變遷或破壞自然環境的科技。

那麼，我們有時候是否應該接受對思想自由進行限制呢？這個論點認為我們不應該基於真理而是基於效益，即資訊或意見對社會幸福的影響。根據這種觀點，即使某個意見是真的，我們仍有充分的理由去壓制它。這個反對思想自由的論點似乎非常有力，但彌爾的回應同樣有力——一切都取決於這個理論：某個觀點對於普遍幸福來說是必要的，而與之相對的觀點則會破壞幸福。

但是什麼讓我們如此確信，比如不信神會讓社會走向解體和苦難？或是知道原子的結構所帶來的害處多於益處？我們在這個議題上就像在任何問題上一樣容易犯錯。就像彌爾說的：

> 一個意見的有用性本身就是個見仁見智的問題：與該意見本身一樣具有爭議，可以公開討論，並且需要討論。我們同樣需要一個絕對無誤的意見裁判來判定一個意見是否有害，就像判定一個意見是否虛假一樣。
>
> 《論自由》，第104頁

確實，彌爾提醒我們，基督教本身曾被羅馬人以其對社會存續的危害為由來加以迫害。不過，這個立場並不像彌爾所描述的那麼清楚。如果我們無法確定相信真理是更有可能帶來幸福還是傷害，那麼基於這個論點，我們就沒有更多的理由去允許思想自由而不是禁止它。彌爾必定是在假設，至少在一般情況下，相信真理是獲得幸福的一種方式。

如果真是如此，那麼壓制一個錯誤的觀點究竟能帶來什麼傷害呢？事實上，彌爾辯稱我們有非常強烈的理由反對這樣做，即使我們能確知它是錯的。如果我們打算對我們觀點提出挑戰，那麼「無論它有多真，如果它沒有得到充分、經常、無畏地討論，它就會變成死的教條，而不是活的真理」（《論自由》，第114頁）。就像彌爾說的，我們「會在崗位上入睡，只要戰場上沒有敵人」（《論自由》，第120頁）。這裡的危險是，如果這個觀點並未持續受到挑戰及辯護，它的真正意涵可能就會遺失或削弱，從而變得「喪失了它對性格和行為的重要影響，該教條就變得只是一種形式上的表述，無益於善」（《論自由》，第114頁）。但或許更大的危險在於，當受到一個相反的虛假觀點以火光四濺的方式進行挑戰時，那個公認真理的擁護者將無法自行辯護。他們不只看來愚蠢，還可能會讓那個虛假的觀點獲得其所不應得的歡迎，有時甚至會迎來災難性的後果。

根據某些說法，這就是演化論（evolutionary theory）在美國的遭遇。達爾文主義的信徒雖然意識到該理論存在一些明顯的缺陷，但他們並沒有認真看待這個想法：任何有智慧、受過科學訓練的人也可能無法接受演化論在某種形式上的廣泛真理。結果，當組織縝密且技巧高超的宗教基本教義派（religious fundamentalists），開始包裝並蓄意將那些對達爾文主義的複雜又似是而非的異議，與他們自己所提倡的「創世科學」——對舊約的字面信仰——進行混淆時，達爾文主義建制派還沒準備好迎接挑戰。因而，創世論者發展了一種追隨方式，與他們理論的科學價值（零）不成比例。許多美國人——在某些南方州的多數人——都相信不應該在學校裡教授演化論。

到目前為止已經考慮過兩種情況：新觀點為真和新觀點為假的情況。在每一種情況下，允許表達該觀點都是有利而無害的。還有第三種情況——也是所有情況中最常見的情況——即該議題的兩個面向都有部分真理，這一點就更明顯了。讓真理最終得以浮現的唯一方就是，允許對該議題的所有面向進行充分且自由的討論。所以，彌爾得出的結論是，在任何情況下人類都會從表達與現行正統觀點相對的看法中受益，因而從來就沒有必要進行審查。

對言論自由的限制

雖然從來就沒有審查的必要，但彌爾承認在某些情況下限制表達自由（freedom of expression）是對的。他提出的一個案例是這樣的：

> 認為玉米商是窮人的飢餓源或認為私人財產是搶劫的想法，如果單純透過報紙傳播時，應該要不受干擾，但當這些意見被口頭傳達給一群聚集在一位玉米商家門前的激動暴民們時，或以公告的形式在同一群暴民中傳閱時，則應當受到公正的懲罰。
>
> 《論自由》，第131頁

在這種情況下，表達自由幾乎必定為他人帶來傷害。因此彌爾認為，這一事實使其屬於政府可以適當管制的活動範圍內。

或許令人驚訝的是，在熱情地為言論自由辯護之後，彌爾竟然如此輕易地接受了對言論自由的限制。但彌爾的觀點似乎並非基於言論自由本身就有價值的觀點，而是基於言論自由是一種讓真理得以顯現的手段，而真理的顯現又會帶來社會進步，最終帶來更大的幸福。根據這種觀點，在真理能夠顯現的情況下，保護思想自由和討論自由是至關重要的，但當言論被用於有害的目的時，同樣的論點似乎就不適用了。這取決於具體脈絡，而當言論被用來煽動一群暴民施暴就越界了。彌爾的標準似乎是，如果言論極有可能導致暴力或人身傷害，那就可以禁止。但正如他所言，在某些情況下也可以將相同的想法公開表達以利於參與辯論。

許多研究言論自由限制的理論家都想走得比彌爾更遠。如果可以藉由限制表達來減少暴力和人身傷害的可能性，為什麼不把某些形式的心理傷害也包括在內呢？而一些人主張，有些觀點是極度有害的——無論是在鼓吹暴力，還是在其他方面引發極端的心理傷害——它們甚至不該被發表。歷史上，曾有些國家將不敬神靈——批判國家的既定宗教——列為刑事犯罪，而且有些國家至今仍將此列為犯罪。但那些同情彌爾的人不會接受這種限制。以最近一個顯著的案例來說，又該如何看待否認納粹大屠殺（the Holocaust）的行為呢？假設有一群反猶太主義的運動分子開始辯稱從未發生過納粹大屠殺，而全世界都被一個尋求同情和特別待遇的猶太人陰謀所欺騙。他們是否應該能在網路上發表他們的觀點，或是在全國性報紙上占用版面來陳述他們的論點呢？他們是否應該被允許聚集在猶太教堂或猶太老人院外，發表演說並發傳單呢？讓我們假設他們並沒有鼓吹暴力，而是將自己描繪成對尋求真相的歷史辯論做出貢獻的人。

在一個言論受到憲法保護的國家，除了容忍這些行為之外，可能很難找到任何其他的證成，儘管或許會有警察在場，以確保一切保持和平。在與言論與表達自由相關的法律更公開地自行辯論的國家裡，則必須決定哪些行為是可以的、哪些是不可以的。在德國和奧地利否認大屠殺是一項刑事犯罪；而有些人，例如臭名昭彰的英國歷史學家大衛・艾文（David Irving, 1938-），因為他們的反猶太言論及出版物否認納粹大屠殺的存在或是否認它，而被禁止進入這些國家，甚至被判刑入獄。更普遍地說，許多國家都通過了反對仇恨言論（hate speech）的法律。根據印度出生的英國政治理論家、英國上議院議員比丘・帕雷克（Bhikhu Parekh, 1935-）的說法，仇恨言論是針對一個人，或者更常見的是一個群體，並將他們與極度不可取、帶有汙名化的特質聯繫起來。因此，成為仇恨言論的目標群體常被視為不受歡迎的與正當的敵視對象，甚至有可能被驅逐或是滅絕。這類言論的蓄意目標在於貶低並煽動仇恨，而成為仇恨言論的對象——特別是當仇恨言論反覆出現，甚至習以為常的時候——可能會令人深感不安，不只會影響到一個人的安全感，還會影響心理健康，甚至是身體健康。

是否存在可以容忍仇恨言論的情況呢？許多國家如今認為仇恨言論不該被容忍，並制定法律將最嚴重的情況定為刑事犯罪。立法禁止仇恨言論的反對者有時候會援引彌爾的論點來捍衛言論自由和「觀念市場」（the marketplace of ideas）。據說在觀念市場中，好的想法可以通過自由競爭的方式來驅逐惡質的想法，但彌爾是否會樂於看到他的論點被這樣使用則並不清楚。儘管如此，應該在多大程度上禁止仇恨言論，以及哪些案例才算是仇恨言論，這些問題仍然存在著廣泛不同的觀點。

美國女性主義哲學家和法學家凱薩琳・麥金儂（Catharine MacKinnon, 1946-）提出了一種不同類型的論點，要對至少在某些人看來的言論自由進行限制。麥金儂與她的同事安德莉亞・德沃金（Andrea Dworkin, 1946-2005）共同起草了立法範本，以取締某些形式的色情作品（pornography），他們將其定義為「透過圖片或文字使女性處於從屬地位的圖像式露骨性內容」（凱薩琳・麥金儂，〈色情作品、公民權利與言論〉，《哈佛民權：公民自由法律評論》〔*Harvard Civil Rights-Civil Liberties Law Review*〕，第二十卷：1〔1985〕：第2頁）。對麥金儂和德沃金來說，重要的是，並非所有裸露和性的影像都會被視為她們所定義的色情作品。她們的立場並非迂腐守舊，而是旨在保護女性免於從屬於男性。

在美國，言論受到憲法保障。儘管看似奇怪，但色情作品被歸類為一種言論形式，因此受到保障。據此，在這個脈絡下必須要找到一個論點證明，色情作品在她們定義的意義上，如何因其違反憲法本身而失去保障。色情作品的批評者通常認為，將人們描繪成裸體或進行性行為是件猥褻的事，並指出色情作品據稱會對使用它的人造成傷害。然而，麥金儂的憂慮更為深刻。她提出一個的論點：許多女性、孩童、變性者和男性，在製作色情作品的過程中受到身體和心理上的傷害——被強姦、毆打、陷入毒癮，甚至在違反其意願的情況下被扣留，並且這些傷害可能非常嚴重，就算它們已經被其他法律所涵蓋。

但在關於言論自由的辯論中的核心論點是，色情作品在美國的情況下應該被視為一種對公民權利的侵犯及性別歧視（sex discrimination）的形式。麥金儂認為，色情作品對社會中性別角色的認知產生了深遠的影響。在麥金儂的理解中，色情作品將女性描繪成處於某種從屬狀態，強迫她們進行暴力性交，雖然她們並未同意這些行為卻樂在其中。這類色情作品將順從與支配色情化。麥金儂和其他女性主義哲學家認為，例如「消費」這種色情作品的男性很可能會逐漸習慣對於女性的某種特定觀點，甚至可能聽不懂女性拒絕性行為的意願，或是理解其他形式的反抗。她已經被「沉默」了。根據這個論點，對這種定義下的色情作品進行限制是必要的，目的是以平等的公民權利之名來保護言論——減少沉默。基於這種觀點，這類色情作品應與其他形式的非法歧視一樣，成為可以引發民事訴訟的行為。

這個論點在評論者間引發分歧，有些人認為它令人信服，有些人則對是否真的存在字面意義上的「沉默」表示懷疑。不論這是否可能，我們在此的任務並非要試圖解決這個議題。反而，重點是在指出，揭露圍繞在言論和表達自由的辯論中一些複雜的問題。舉例來說，當大學社團決定「平臺驅逐」（deplatform）某位講者，因為該講者的觀點被某些學生視為仇恨言論時，該名講者的辯護者往往會訴諸彌爾的論點來捍衛言論自由，這並不罕見。然而，如我們所見，彌爾自己也認為表達自由是有限制的，而其他人則試圖進一步推進他的論點。關於表達自由的爭議引發了複雜的議題，而試圖藉由引述一位偉大哲學家的話來解決這些問題，往往是一種挫折感或優越感的象徵，而非嚴謹思考的體現。

傷害他人

我們看到彌爾建議，倘若表達自由極有可能會造成傷害，就可以對其加以限制。這與他的一般立場非常符合，即我們只能為了防止對他人造成傷害，或是威脅要造成傷害時，才可以干涉成年人的自由。讓我們回到傷害他人的這個主題。在嚴重的情況下，我們可以正當地使用法律的力量，而在其他情況下，社會壓力則是更適當的約束方式。但彌爾所謂的「傷害」（harm）究竟是什麼意思呢？假設有一群人想要成立一個新的宗教，並且私下進行朝拜。彌爾的觀點是，只要他們不試圖強迫任何人加入他們，那社會的其他人就無權干涉。為什麼呢？因為這種行為並未傷害任何其他人。但是，另一個已確立宗教的狂熱信徒馬上就會反對：他們當然會對我造成傷害。首先，他們的異教徒行為對我造成極大的冒犯和痛苦。其次，他們正阻撓了我讓全世界皈依我宗教的計畫。因此，說他們沒有造成傷害也不是真的。

可以用另一種方式來表達這個異議。我們可以將行為分為兩類：純粹涉己（self-regarding）行為與涉他（other-regarding）行為。涉及他人的行為至少會影響或牽涉到另一個人。單純涉及自己的行為只與行為者本身有關，或是即使涉及他人，也是在他們自由同意的情況下發生。那麼，彌爾的自由原則歸結為這個主張：雖然我們可以管制與監督涉及他人的行為，但我們無權干涉涉及自己的行為。到目前為止，一切都還不錯。但彌爾的批評者現在要求舉出一個純粹涉己行為的例子，看看是否落入這個受到保障的領域。而且，幾乎無論我們舉出什麼樣的案例，批評者都能找到一些受到該行為影響的第三方。舉例來說，當我今天決定要穿黑色皮鞋還是棕色皮鞋，這看起來像是一種涉己行為（如果有任何類似行為的話）。不過，棕色鞋油的製造商顯然會更希望我穿棕色皮鞋。此外，如果我在這個場合穿錯了鞋，我那些品味高雅的朋友們可能會為我感到難過和尷尬。所以，即使像是這樣一個微不足道的案例，似乎最終也是涉及他人的。如果我們努力嘗試，也許可以找到一些純粹涉己行為的案例。舉例來說，如果我一個人住，或許很難看出我決定是趴睡還是仰睡，會對其他人造成什麼影響（雖然枕頭製造商可能會有意見，就像健康服務業也可能認為某種睡姿更能有效避免背痛）。但如果我們必須訴諸這類例子，那就不知道彌爾在做什麼了。如果我們將自由原則詮釋為賦予個人自由，但僅限於以如此有限的方式來理解的涉己行為，那麼這個原則就失去了一種嚴肅的應用範圍。

彌爾可不想讓人這樣理解他。他堅決認為，自由的領域不能任由社會的「好惡」來決定。所以，他很明顯地必須區分那些社會或其成員不喜歡、感到不快或是冒犯的行為，以及那些造成傷害的行為。對彌爾來說，僅是造成冒犯或不喜歡並不構成**傷害**。那麼，彌爾所謂的傷害究竟是什麼意思呢？

彌爾在他對自由原則的陳述中經常使用「利益」這個術語。舉例來說，他說他的觀點授權「個體的自發行為受到外部控制，僅限於每個人那些涉及他人利益的行為」（《論自由》，第95-96頁）。因此，傷害有時被解讀為「利益的損害」。用這種方式來理解，自由原則本質上就是「為所欲為，只要你不傷害他人的利益」。

這提供了我們一些幫助，但不幸的是似乎沒有人有辦法在這個意義上對「利益」給出一個充分的定義。這個術語最常用於與經濟利益相關的情況。如果某人在某項計畫中擁有經濟利益，那麼他們的盈利或虧損取決於該計畫的成功與否。然而，彌爾並不只關心人們的財務福祉，所以我們必須補充一點，個體至少擁有對其個人安全與保障的利益。因此，謀殺、襲擊、強姦、偷竊和詐騙都算是傷害遭受襲擊或受騙者利益的行為。那麼，自由原則會非常正確地允許我們限制個人的行動自由，以防止這類行徑。

但我們在此必須小心。彌爾並不是說，每當他或她威脅要傷害你的利益時，社會就可以正確地干涉某個人的行動自由。我們已經看到一個可以說明這點的案例。我穿黑鞋的決定可能會在某種微小的程度上傷害棕色鞋油製造商的利益，但彌爾並沒有賦予他們干預的權利。事實上，彌爾自己也指出了許多更嚴重的案例，在這些情況裡我們認為理所當然的行為傷害了他人利益：「任何在一個人滿為患的行業中取得成功，或是在一場激烈競爭的考試中勝出的人；任何在爭奪雙方都渴望的目標的任何競賽中優於他人的人，都是從其他人的損失、他們白費的努力和失望中獲益。」（《論自由》，第163頁）事實上，彌爾的用意是，儘管這些競爭形式都能夠嚴重傷害失敗者的利益，但它們都不會被自由原則排除在外。那麼，我們顯然還沒有徹底釐清自由原則。在彌爾的觀點中，傷害他人的利益不足以（不是一個充分條件）證成限制的正當性。確實，我們稍後會看到，有理由去質疑彌爾是否甚至會認為這是一個必要條件。為了取得進一步的進展，我們必須開拓我們的視野。

證成自由原則

〔每個人〕都應當對其他人遵守一定的行為準則。這種行為包括……不損害彼此的利益；或更確切地說，無論是透過明確的法律規定還是透過默契，某些利益應被視為權利。

《論自由》，第147頁

自由、權利與效益

在剛才引用的這段話中，彌爾訴諸了一個新的觀念：應該被視為權利的利益，或稱為「基於權利的利益」（rights-based interests）。或許這可以幫助我們理解自由原則。舉例來說，雖然法律使我有權保有我的財產，以防止你企圖以武力奪取我的財產，但我卻沒有類似的權利來保障我免於經濟競爭之苦。確實，有許多利益通常似乎不會產生權利的主張。當我富有的姑姑將我從她的遺囑中剔除時，我的利益可能受到損害，但她並沒有侵犯我的權利。

這似乎是個很有前景的方法，但這裡有兩個嚴肅的問題需要考慮。首先，我們要如何得知自己擁有哪些權利？假設我主張我的企業有權受到保護，免於競爭對手的侵害。那彌爾能說些什麼來證明我沒有這樣的權利呢？其次，看到彌爾在該論證如此關鍵的地方使用權利的概念是很奇怪的，因為他在該篇文章的前面寫道（或是我們應該說是吹噓？）：「應該說，我放棄了從抽象權利的觀念中，獲得任何可以為我論點取得的優勢，因為抽象權利是一種獨立於效益的東西。」（《論自由》，第95頁）但這要如何與訴諸「基於權利的利益」的觀念相符？這段意圖的聲明顯然與剛才提到的段落中對於權利的明確呼籲互相矛盾。

或許有人會認為，最仁慈的做法就是直接忽略彌爾的聲明，即避免訴諸一種「抽象權利」的概念，但這麼做並不可行。只要我們稍微檢視一下權利的概念，就會發現彌爾有充分的理由做出這樣的聲明。

在自由主義的圈子裡，人們通常把擁有某些基本權利視為一項根本的公理（axiom）。這些權利通常包括生命權、言論和思想自由、集會自由、遷徙自由，以及選舉權和競選公職的權利。一些理論家（雖然並非全部）還會加上一種體面生活標準的權利（住房、食物和醫療照護）。這些權利現在多半被統稱為「人權」（human rights）或「普世人權」（universal human rights）。在過去，這些權利則會被稱為「人之權利」或是「自然權利」。任何違反人權或自然權利的行為——特別是政府——在道德上都是錯的，並且應予以補救。我們所有人都有權利，並且這些權利必須受到尊重，這是一個熟悉且令人欣慰的觀念，而漠視其公民權利的國家通常會受到強烈的國際批評。

儘管如此，自然權利的觀念是很有問題的。事實上，使自然權利理論最初如此吸引人的其中一個特徵，後來卻變成了它的主要弱點：該理論宣稱自然權利是基本的、根本的或公理的，而且是所有進一步決定的最終基礎。這一點固然很吸引人，因為它讓這個理論看起來是如此的嚴謹且有原則。但缺點是我們在捍衛這些權利的同時，卻沒有更根本的東西可說。假設一位反對者懷疑是否存在任何自然權利，我們該如何回答呢？除了說這位反對者必定是不誠懇或是糊塗的之外，我們似乎無話可說。在那些同意存在自然權利之人的爭論中，使用自然權利的術語可能是一種成功的策略，但除此之外，它似乎讓我們陷入迷途且無所遁形。

另一個相關的難題是，如果自然權利具有根本的地位，也因此不是基於一些其他的論證來得出的，那我們要如何得知我們擁有哪些權利呢？英國哲學家和改革家邊沁（1747-1832）曾利用了這個難題指出，如果人們擁有自然權利是「不證自明的」（self-evident），為什麼不同的理論家對於這些權利應該是什麼卻有不同的想法呢？在不同政治哲學家的論述之間存在著重大的不一致之處，這不只引發了如何在不同說法之間進行裁決的問題，還導致了一個令人不安的想法：關於我們擁有哪些自然權利的陳述，往往只不過是個人意見而已。

邊沁對於自然權利觀念最著名的抨擊始於以下觀察：權利似乎是一種法律觀念。我們認為權利和義務是由法律來分配的，法律賦予你投票的權利、接受福利的權利、受到警察保護的權利等等。在邊沁看來，權利就是這麼一回事：「在我看來，權利是法律的孩子……自然權利則是一個從未有過父親的兒子。」（《無負擔的供給》〔*Supply Without Burthen*〕[1795]，第73頁）如果這是正確的話，那麼自然權利的觀念——一種獨立於當地法律的權利——就成了「踩高蹺的無稽之談」（《無政府主義謬論》〔*Anarchical Fallacies*〕，寫於一七九六年，於一八一四年首次出版，第53頁），但這種事根本不可能。

當然，不是每個人都會接受邊沁的論點。像洛克這樣的理論家就直接否定了邊沁的主要假設：即權利只能由法律法令來創造。不過，彌爾偏好邊沁的觀點，並且非常懷疑自然權利的觀念，亦即他不打算使用抽象權利觀念。但是，那他又要如何運用基於權利的利益的概念呢？他的意思是「那些**早就**被法律**尊重為**權利的利益」嗎？只要稍做思考就足以屏除這個想法。畢竟，彌爾自認他提出的學說具有激進的、改革性的結果，批判了當前的狀況。接受目前的權利體制會讓他重回習俗和偏見之中，而這正是彌爾極力避免的情況。

如果彌爾既不能接受自然權利，也不能依賴傳統權利，那麼他還剩下什麼呢？答案就在於他如何完成他宣稱反對抽象權利的那個段落，部分引述如上。在他表示不會將抽象權利的概念作為一種「與效益無關的東西」來使用後，他補充道：「我認為效益是所有倫理問題的最終依據；但它必須是最大意義上的效益，以人類作為一種進步存在的永久利益為基礎。」（《論自由》，第95頁）

彌爾打算捍衛一種權利觀點，其使權利既非自然的、亦非根本的，也不是一種對當地法律的單純呼應，而是源自於效益主義的理論。我們在第二章中初步了解了效益主義理論，而我們也看到了用來證成權利的「間接效益主義」論點。在展示這套理論如何能闡明彌爾的自由學說之前，值得再簡潔地回顧一下其主要思路。

彌爾在他的著作《效益主義》（*Utilitarianism*）（1861）中解釋並捍衛了效益主義體系。根據他的定義，效益主義是這樣的理論：「認為行為越傾向於促進幸福，則越是對的；越傾向於產生幸福的反面，則它們越是錯的。所謂幸福，是趨樂避苦；所謂不幸，則是痛苦及快樂之匱乏。」（《效益主義》，第186頁）大致上，我們可以將這個觀點概括為：效益主義要求我們最大化世界上幸福或快樂的總和。（這不太能作為一種彌爾觀點的總結，因為他宣稱某些快樂——例如，智識上的快樂——就品質上來說，比起其他較為身體性的快樂更有價值，不過我們可以忽略這個複雜的問題。）

我們要怎麼把權利的觀念與效益連結起來呢？彌爾宣稱：「那麼，依我所見，擁有一項權利，就是社會應該保護我及我所擁有的某種東西。如果反對者繼續問說，為什麼社會應該這麼做呢？除了普遍的效益之外，我給不出其他的理由。」（《效益主義》，第226頁）

簡言而之，其基本觀念是制定一套能將整體幸福最大化的權利體系，意即我們賦予人們特定的權利，以便在這些權利的結構內，能比在任何其他替代體制下獲得更多的幸福。也許思考這個問題的最佳方式，就是把你自己置於一位效益主義立法者的位置上。假設你負責制定法律體系，並且你想要法律以能讓幸福最大化的方式來制定它。老實說，人們可能會認為在這種情況下，你應該只制定一條法律：「採取行動以最大化幸福」。但這並沒有那麼明顯。

我們必須記得在第二章中在直接效益主義與間接（或規則）效益主義之間所做的區分。一位直接效益主義者相信，只要某個行動會比任何其他可用的替代選項帶來更多幸福，個體就應該採取那個行動。根據這個觀點，我們可以看到人們有時候會說，如果懲罰一位無辜者可以安撫一群憤怒的暴民，並化解潛在的災難性局面的話，那這種做法是可以接受的。這位直接效益主義者必須衡量這位無辜受害者的痛苦、欺騙被公諸於世的可能性、允許暴民試圖找尋有罪一方的可能影響，以及任何可能影響該情境所產生的痛苦與快樂之平衡的其他因素。如果計算的總和顯示，透過懲罰無辜者會讓我們獲得最大的幸福，那麼這就是我們應該採取的行動。

間接或規則效益主義者遵循一種更巧妙的策略。在這個觀點上，雖然接受法律和道德的目標是幸福應當被最大化，但也主張並非每次都能透過允許個體自行追求幸福最大化來實現這個目標。考慮到之前的案例，假設有時候藉由讓某些人成為代罪羔羊確實能提升效益，又假設每個人都知道這一點。如此一來，每個人都會意識到，他們有可能會選中成為代罪羔羊並遭受迫害。知道這一點很可能會造成一種焦慮和陰鬱的氛圍，成為代罪羔羊的可能性將不利於整體的幸福。因此，從長遠來看，間接效益主義者可能會計算出，透過確保任何人除非被證明有罪，不然都不會受到懲罰，才是最符合整體幸福的方式。雖然在一些非常少見的特殊情況下，我們可能會從代罪羔羊的行為中得利，但隨著時間的推移，從效益主義的角度來看，透過給予每個人免於迫害的豁免——一項權利——我們會做得更好。這就是如何推導出一種效益主義的權利理論的概述。雖然短期來說，違反權利確實可能會讓我們做得更好，但是當我們考慮到長期的影響時，效益主義建議我們應該遵守權利。換句話說，效益主義可以為賦予權利的規則或法律提供基礎。

事實上，間接效益主義可以更進一步，雖然彌爾本人並沒有這麼做。英國道德哲學家亨利・西季威克（Henry Sidgwick, 1838-1900）是一位最深思熟慮的早期效益主義者，他建議雖然效益主義是正確的道德理論，但若能保密的話有時可能會更好。也許應該給大多數人一些非常直接、簡單的格言來遵循：不說謊、不謀殺、不欺騙等等。他這樣認為的理由是，若是普通人得知了效益主義的真理，他們很可能會嘗試按照直接效益主義的方式來進行衡量。這不僅會導致我們轉向規則效益主義的理由而是件壞事，此外，大多數人也會因為缺乏關心或能力，或是透過放大他們自身的利益而做出糟糕的衡量。（比較一下休謨在第二章對我們推理能力的看法。）西季威克認為，最好將效益主義當作一種「密傳」的學說，只向啟蒙後的菁英揭露。（這種觀點曾被反對者稱為「官府效益主義」。它以居高臨下的方式對待公民，就像歐洲列強在帝國時代對待其殖民地的臣民一樣。）

如我所述，彌爾沒有走得這麼遠，而且他自己的間接效益主義確實隱含在他的觀點中，而非明確地表述出來。但是，一旦我們理解了間接效益主義的觀念，就能看出一種效益主義的權利理論是如何化為可能的。如此一來，效益主義立法者便可從中得到啟發。間接效益主義的洞見在於，從整體幸福的角度來看，效益主義立法者與其制定一條單一的法律——使幸福最大化——不如制定一個更大的法律體系，以保障和尊重個人的穩固權利可能會更好。確實，邊沁和彌爾很可能認為他們主要是在對法律制定者而非大眾發表見解。畢竟，邊沁在這個主題上的主要著作叫做《道德與立法原則導論》（*An Introduction to the Principles of Morals and Legislation*, 1789）。

而現在我們可以開始看看這些片段是如何組合在一起的。根據彌爾的觀點，最大的幸福是透過給予人們一個以權利為基礎的私人利益領域來實現，在該領域內不允許任何干預；同時允許一個只要基於效益主義便可干預的公共領域。

這要如何解決在哪裡劃定涉己行為（私人領域〔private sphere〕）與涉他行為（公共領域〔public sphere〕）之間的界線的這個問題呢？彌爾本人並未明確說明，但是有一個現成的答案。

首先，我們將私人領域認定為「基於權利的利益」；我的私人領域是由我的權利所構成的。接著，我們提出一個困難的問題：是什麼使「基於權利的利益」（我對個人安全的利益）與其他利益（我不被我姑姑的遺囑中剔除的利益）之間產生區別呢？效益主義理論提供了這個問題的答案。如果我們通過一項法律來保護人們在路上行走時不受攻擊的利益，這將促進整體幸福；但如果我們訂定限制，規定姑姑是否能將她的侄子們從遺囑中剔除，這將會減少整體幸福。

其他案例或許有助於闡明這一點。就像我們先前看過的細節，彌爾想要保護思想自由。為什麼呢？因為這最有可能獲得真理，而且（彌爾暗示）對真理的認識會提升幸福。因此，我們被假設在思想自由上有一種基於權利的利益。但是，彌爾並不想保護個人的生意免於公平競爭的影響。為什麼不呢？因為根據彌爾的看法，自由貿易的效益主義優點表明，沒有其他體制可以在相同程度上促進幸福。（舉例來說，在封建體制裡，個人購買許可證以獲得成為特定商品的壟斷供應商的權利，導致了效率極低。）因此，人們應該擁有在商業上競爭的權利，而不是保護其財務利益免於競爭的權利。這個立場有點複雜，因為彌爾欣然接受我們必須對我們的財產擁有權利，以保護它免於盜竊和欺詐。但是，在彌爾看來，間接效益主義並沒有延伸至不受經濟競爭的保障。

這種對自由原則的效益主義辯護看來很有道理。效益主義的權利理論恰好補足了缺失之處：這種權利學說既不是建立在彌爾所認為的自然權利理論的虛假基礎上，也不是建立在變幻無常的習俗之上。它似乎讓我們完全理解彌爾的提議。然而，藉由效益主義來辯護彌爾自由原則的想法卻遭受強烈的批評，而且要找到效益與自由看似衝突的例子並不困難。正如某位批評者所說：「一個成功戒掉毒癮的癮君子，從效益主義的角度來看，完全有理由阻止一些不謹慎的年輕試驗者在一條可能被證明無法回頭的道路上邁出第一步。」（羅伯特・保羅・沃爾夫〔R. P. Wolff〕，《自由主義的貧困》〔*The Poverty of Liberalism*〕，1968，第29頁）換句話說，效益主義似乎鼓勵的正好是，自由原則明確排除家父長式干預（paternalistic intervention）：謹記，自由原則不允許任何人干涉他人，即使是為了他們自己的利益。因此，有人認為自由主義的權利無法以效益主義的方式來加以證成。

這個異議指出，即使有可能建構一種效益主義的權利理論，也並不意味著這個效益主義理論會是一種自由主義理論。從長遠來看，為什麼我們應該要認為彌爾所構想的社會會比他試圖取代的、受習俗道德治理的社會更幸福呢？或者，在其他的一些社會裡，受過啟蒙且富有經驗的長者被賦予權利來指導其年輕成員的生活呢？

要理解彌爾對這個問題的回應，我們需要再次審視《論自由》中的一段文字，在這段文字中，彌爾宣佈他效忠於效益：「我認為效益是所有倫理問題的最終依據；但它必須是最大意義上的效益，以人類作為一種進步存在的永久利益為基礎。」（《論自由》，第95頁）「最大意義上的效益」大概意味著，我們應該將所有類型的快樂和所有形式的幸福——智識的、情感的及身體的——都計算在內。但為什麼他要加上「以人類作為一種進步存在的永久利益為基礎」呢？彌爾的觀點中還有一些其他的面向，我們必須先了解這些面向，才能讓一切塵埃落定。

個體性（Individuality）與進步

解決這個問題的關鍵在《論自由》的第三章，標題為「論個體性，作為福祉的要素之一」。在這裡彌爾試圖表明，透過賦予人們一個開闊、不受干擾的私人權利領域，將能最好地促進普遍幸福。在這一章中，彌爾辯稱自由對於原創性和個體性來說是不可或缺的。而且，彌爾宣稱「個體性的自由發展是福祉的主要要素之一」（《論自由》，第132頁）。在此，彌爾想要提出幾個觀點，而將這些觀點置於彌爾最早也是最令人印象深刻的批評者之一——英國律師及哲學家詹姆斯．菲茨詹姆斯．斯蒂芬（James Fitzjames Stephen, 1829-1894）——首次於一八七三年出版的著作《自由、平等、博愛》（*Liberty, Equality, Fraternity*）中批評背景之下，可能會有所幫助。

斯蒂芬稱說，認為自由本身總是好的，十分荒謬。相反地，他宣稱自由更像是火。詢問火本身是否是好的，並不理性——這一切都取決於它被用於什麼樣的目的。斯蒂芬巧妙地選擇了他的類比：受控的火為我們帶來了許多最重要的科技成就——例如內燃機；但不受控的火卻是一種龐大的恐懼，更常是一場巨大的災難。斯蒂芬預設，自由亦復如是。

彌爾準備接受自由並不總是能帶來「改善」的事實，但是他強調「唯一歷久不衰的改善來源就是自由」（《論自由》，第143頁）。促進自由對於人類幸福的貢獻，遠甚於任何其他可能的競爭政策。彌爾之所以這麼說有幾個理由：

首先，他認為即使人們確實會犯錯，但個體對於是什麼事情才能讓自己感到快樂，仍比其他人**更有可能**是對的。畢竟，他們比其他人更關心這個議題，也可能比其他人在這個議題上思考得更多。儘管如此，彌爾承認比現在所行使的自由來說，人們可以行使更多的自由，因為他注意到人們通常會濫用他們的自由，並且在行動之前通常會問說：「什麼才適合我的地位？像我這樣地位和經濟狀況的人通常會做些什麼？或者（更糟糕的是）那些地位和環境比我優越的人通常會做些什麼？」（《論自由》，第136頁）彌爾宣稱，獨立的判斷必然導致更優越的結果，但他並不是說任何人都不該試圖影響他人的行為。相反地，他熱烈強調，如果我們覺得他們正在採取愚蠢或有害的行動，我們每個人都有義務嘗試去說服別人改正他們的錯誤。我們可以與人講道理並懇求他們改變，也只能這樣做。不過，動用武力則完全不可接受：

> 他人可以向〔另一個人〕提供有助於判斷的思量、或勸告他以增強其意志，甚至強加於他：但最終的審判者仍屬於他自己。他可能不聽勸告和警告而犯下的所有錯誤，都遠不及允許別人強迫他去做他們認為對他有益的事所帶來的惡果。

在彌爾看來，這類措施仍必須避免發展成一致的社會壓力，雖然他並未明確說明在實踐中我們如何做出這種區分。不過，整體來說，彌爾的立場是讓人們自行決定通常會比堅持他們遵從社會的建議，更能讓他們感到幸福。

《論自由》，第148頁

支持自由的第二個理由是，自由不只從長遠來看會帶來更好的決定，而且行使選擇之自由本身對人性的全面發展也是至關重要的。彌爾指出，那些受習俗所奴役的人永遠無法發展成圓融、興盛的個體；這不必然是因為他們會不開心，而是因為他們無法發展一項人類最獨特的能力——選擇的能力。

彌爾擁護自由和個體性的第三個——也是最重要的——理由是這樣的：

正如在人類未臻至完善之時，存在不同的意見是有益的，因此也應該有不同的生活試驗；在不傷及他人的情況下，應予以各種性格充分發展的自由空間；而不同生活模式的價值應該透過實踐來證明……〔這是〕個人和社會進步的主要因素。

《論自由》，第132頁）

彌爾主張「隨著其個體性發展的比例，每個人對他自己來說變得更有價值，因此也能對其他人更有價值」（《論自由》，第137頁）。彌爾的想法是，給予個體參與「生活試驗」的許可，是最能促進人類進步的方式。那些抓住這個機會的人很可能會進行「成功」的實驗，從而達到其他人可以選擇效仿的生活方式。換句話說，楷模可以向他人展示如何過（或不過）自己的生活，而創造力較低的人也可以從這些楷模中為自己尋找各種新的可能性。

正是在這一點上，我們看到了或許是彌爾最樂觀的一面，而我們也看到他訴諸「在最大意義上的效益，以人類作為一種進步存在的永久利益為基礎」的意義。彌爾的觀點是，人類是進步的存在，因為人類能夠從經驗中學習，從而為所有人帶來長遠的利益。透過某些個體的生活試驗，我們可能會學到具有重大價值的東西，為人類帶來永久的利益。我們之中那些過於膽怯以致於不敢自己實驗的人，也可以從那些更勇於冒險的人身上學到東西。透過觀察和嘗試這些向我們呈現的各種可能性，我們都將能學到什麼樣的生活才能帶來真正的人類繁榮。自由作為一個實驗的條件是至關重要的。這似乎就是為何彌爾深信，自由長遠來看會為人類帶來最大幸福的主要原因。

彌爾是否過於樂觀了呢？斯蒂芬顯然持此觀點提出即刻批評，彌爾錯誤地認為賦予人們自由很可能會促進活躍的試驗，但不受他人干預的自由同樣可能會導致懶散和對生活失去興趣。而我們也可以提出一個更深層的觀點，這對彌爾的計畫構成了更大的威脅。

在我所呈現的彌爾詮釋中，他的立場很大程度上建立在一個假設之上：人類是進步的存在，能夠從經驗中學習。然而，最近幾個世紀的經驗是否證實了這個觀點是錯的？如果是的話，那麼彌爾的立場就失去了核心，因為人類不斷重蹈覆轍。如果人們不願意從他人的經驗中學習，那麼彌爾鼓勵「生活試驗」的理由也隨之瓦解。如果我們不準備向他人學習，那他們向我們展示新的生活方式又有什麼意義呢？在缺少這種對生活試驗的捍衛方式，根據彌爾所提供的論證，證成個體性和自由的理由也會大大減弱。確實，有些人認為，人類一般來說處於彌爾為「兒童與野蠻人」所保留的狀態：無法透過自由和平等的討論來得到改善。而且，正如彌爾自己所主張的，這樣的人並不適合享有自由，至少按照效益主義的計算方法是如此。也許，這種對人類改善之可能性的悲觀態度過於誇大了。但是，如果真相介於中間的某處，假設人類的改善能力不如彌爾想像的那麼強，那麼支持自由的效益主義論證就會相應地被削弱。由此可知，進步是彌爾學說的基石。

自由是一種內在善

難道彌爾試圖以效益主義的方式來捍衛自由原則是錯的嗎？實際上，彌爾將自由呈現為**工具性價值**（*instrumentally* valuable）：其價值在於，作為一種實現社會最大可能幸福的方式。但或許他應該主張自由是種內在善，它本身就是好的。如果我們採取這樣的觀點，就像許多當代自由主義者宣稱的那樣，那麼我們就避免了這個問題：最大化幸福或許需要一個非自由主義社會。無論其結果為何，自由是有價值的。

有些人會反駁說，世上並不存在純粹的內在善：至少一切事物的價值部分是由其他東西而定，而不是由它本身而定。但是，彌爾自己也接受至少有一種內在善：幸福。效益主義者宣稱，幸福是唯一的內在善，一切事物都必須以其對幸福總和的貢獻來得到證成。但如此一來，為什麼我們不可以說有**兩種**（或更多種）內在善：幸福與自由呢？事實上，有些評論者很想說這才是彌爾的真實觀點，即使他本人否認了這一點。

彌爾會拒絕這樣詮釋他的觀點。他清楚地認知到，自由之所以是好的，主要是作為一種改善的手段，而在自由無法達到這個效果的情況下——例如在兒童和野蠻人的情況下——那就沒有支持自由的理由。只要它能提升我們的幸福，自由就是好的，但屆時它只是「幸福的一部分」，而不是一種獨立的價值。此外，不受限制的自由會導致無政府狀態。效益主義提供了一種我們應該擁有哪些自由，以及不該擁有哪些自由的說法。例如，彌爾認為我們應該擁有在貿易中競爭的自由，但卻沒有在未經他人同意下使用其財產的自由。他的立場允許我們對自由設定限制，同時對自由表示極大的敬意。

這並不是一個對彌爾方法的總結性論點。並非只有效益主義才能對自由做出限制：或許自由可以為了其他自由或公平而受到限制，還有其他不依賴效益主義來捍衛自由的方式（我們將在第五章看到羅爾斯的非效益主義方法）。彌爾的論點只是其中一種嘗試捍衛自由主義的方式。然而，自由原則為我們提供了一個合理的——儘管是有問題的——自由主義政治哲學的陳述。這是我們應該接受的觀點嗎？並非每個人都這麼認為。

自由主義的問題

安樂死或是應他人要求下殺害他人、自殺、自殺未遂和自殺協議、決鬥、墮胎、兄妹之間的亂倫，都是可以私下進行且不會冒犯他人的行為，也不一定涉及敗壞或剝削他人。

德富林男爵（Lord Devlin），〈道德與刑法〉[1958]，收錄於他的《道德之強制執行》（*The Enforcement of Morals*），Oxford: Oxford University Press, 1965，第7頁。

毒藥、酒醉、和不雅行為

如果我們嘗試以自由原則來管制社會，生活會變成什麼樣子呢？就像我在本章開頭提到的，彌爾本人並未完全擁護他的觀點中一些最令人震驚的看法。在他的最後一章裡，彌爾羅列了一些對自由原則的「明顯限制」，其中一項限制是為了預防犯罪而對自由進行正當的限制。舉例來說，彌爾認為，如果人們購買毒藥的唯一理由是為了謀殺，那麼社會就完全有理由禁止毒藥的生產與銷售。然而，事實是許多毒藥也具備其他的功能，所以彌爾建議法律應要求藥劑師備案，記錄銷售的全部細節，包括購買者的姓名及其所聲明的用途。如此一來，要是日後發現有人中毒了，警方就已經有了一份主要嫌疑人的名單。嚴格來說，一位出於無辜意圖的消費者可能會抱怨這項安排具有侵擾性，侵犯了個人自由。但彌爾的看法是，從這個體系得到好處來看，這種侵擾是微不足道的，因此這是自由原則之普遍性的一個明顯例外。

另一個例外是，雖然酒醉通常不被視為犯罪，但根據彌爾的看法，任何曾因酒醉時對他人施暴而被定罪的人都應該被禁止飲酒。在此情況下，對彌爾而言，傷害的危害超過了個人飲酒的權利。

雖然有些自由主義者可能會擔心這些案例——特別是後一個案例——過於限制了人類的自由，但彌爾的觀點是，為了避免嚴重的傷害，即使這種傷害是一種相當遙遠的可能性，限制還是得證的。然而，另一個案例則引發更嚴重的原則性問題：

有許多行為，由於只對行為人本身造成直接傷害，因此在法律上不應禁止，但如果公開進行則會有害風化，進而屬於冒犯他人的範疇，可以被正確地禁止。這類違法行為包括有失體統的行為；對此行為無須多言，因為它們與我們的主題只有間接的關係，而對於許多本身不受譴責，也不該受到譴責的行為，反對將其公開的聲音同樣強烈。

《論自由》，第166頁

彌爾在這個微妙主題上的行文不如往常清晰，但這段文字的用意是很清楚的。某些行為——例如，已婚伴侶之間的性行為——如果是私下進行，就不會受到任何道德準則的譴責，但如果是公開進行，則鮮少會有人接受（彌爾當然也不會接受）。

但彌爾如何能讓這個觀點與自由原則一致呢？「公然猥褻」究竟造成了什麼傷害？畢竟，彌爾堅持認為，單純的冒犯並不構成傷害。在此，彌爾雖然沒有明確表示，卻似乎允許習俗道德凌駕於他對自由原則的堅持之上，或許很少有人會批評他的政策選擇。但是很難看出他如何能讓這種立場與他的其他觀點保持一致：事實上，他似乎並未認真嘗試這麼做。

一旦我們開始考慮這類案例，我們就會開始明白，遵循彌爾的「一個簡單原則」將會導致一個前所未見的社會，甚至是一個我們絕對不願意看到的社會。英國法官德富林男爵（1905-1992）在他的〈道德與刑法〉一文中，很好地帶出了自由主義立場中一些明顯矛盾之處，這篇文章發表的部分目的是要回應一九五七年的《沃爾芬登報告》（the Wolfenden Report），該報告建議將成年人之間自願的同性戀行為除罪化，也認為不應將賣淫列為違法行為。這些建議似乎完全符合自由原則。然而，正如德富林所觀察到的，當代社會的許多法律都很難根據自由原則來進行辯護，像是禁止決鬥、兄弟姊妹間的亂倫，以及安樂死的法律。

為了說明他的觀點，德富林聚焦在性工作的問題上。為什麼自由主義者願意允許它的存在呢？標準的答案可能是，這根本不是法律應該干涉的事：性工作只是性工作者和顧客之間的事情。但是德富林隨即又問：該如何解釋為什麼像英國這樣的國家對性工作保留了非常嚴格的法律限制，而僱用性工作者並從中營利仍然是違法的，這與其他大多數的商業活動領域不同，聘僱的可能性是理所當然的：

> 如果賣淫……不是法律的事，那麼法律與皮條客或是老鴇又有什麼關係呢……？該份報告書建議，應保留將這些活動定為刑事犯罪的法律……並將它們……歸入剝削的範疇……但一般而言，皮條客對娼妓的剝削，不比經紀人對女演員的剝削更多。
>
> 〈道德與刑法〉，第12頁

德富林自己的看法是，只有藉由假設社會擁有共同的道德原則，並透過刑法來強制執行這些原則，我們才能理解這些問題。如果有人違反這些原則，他們就會被視為冒犯了整個社會。

雖然彌爾肯定會否定德富林的主張，即法律應該始終維護習俗道德，但毫無疑問，如果在面對德富林的案例時，他也會感到不舒服。這並不是說，像彌爾這樣的自由主義者永遠找不到反對安樂死或經營妓院的理論證據。真正的問題是，如果自由原則的本意真如彌爾所說的那麼嚴肅，那為什麼自由主義者要擔心它與習俗道德發生衝突？彌爾號稱堅持「一個簡單原則」，但這並未反映出他的信念實際上有多複雜。

馬克思主義對自由主義的異議

一種截然不同的批判來自於馬克思主義傳統。卡爾．馬克思（1818-1883）在這個主題上的著作中，最著名的是他早期的文章〈論猶太人問題〉，該文發表於一八四四年，當時馬克思才二十六歲。一八一六年，普魯士通過法律限制猶太人的權利，使其權利遠次於基督徒的權利。例如，馬克思自己的父親亨利希（Heinrich）在反猶法律生效後一年就皈依了基督教，因為該法使他無法同時保有律師和猶太人的身分。萊茵議會在一八四三年曾投票支持猶太人解放，但國王否決了這項擬議的立法。因此，猶太人問題在普魯士的自由主義者和知識分子之間引發了激烈的辯論。

〈論猶太人問題〉是為了回應馬克思的朋友兼同事布魯諾．鮑威爾（Bruno Bauer, 1809-1882）而寫的，鮑威爾所寫的文章出人意料地反對猶太人解放，儘管他是從無神論者而非保守的角度出發。鮑威爾的立場是，宗教對基督徒和猶太人來說都是一種阻礙。如果德國人民要獲得解放，那麼國家及其公民都必須從宗教中解放出來，代表宗教必須被徹底廢除。

馬克思聲稱自己不同意鮑威爾的觀點，雖然實際上他所做的是將鮑威爾的言論置於一個更深層、更理論化的脈絡中進行探討。根據馬克思的觀點，鮑威爾忽略了一個關鍵的區別：政治解放（political emancipation）與人的解放（human emancipation）。這與未能認識到馬克思所謂的「國家」與「市民社會」之間的區別是相輔相成的。

對政治解放的訴求，就是對平等權利的訴求。在宗教解放的背景下，所謂解放的國家是指其法律不再包含宗教上的障礙或特權的國家。對馬克思來說，美國就是一個政治解放幾乎完成的案例。但馬克思錯了：他顯然忽略了一個事實，那就是當時的美國仍然是一個奴隸社會，而且還要再過八十年，女性才能獲得與男性平等的選舉權。不過他的觀點是，即使在一八四三年，大多數美國州的法律都認為人們是平等的，不論他們的宗教信仰為何。然而，歧視可能存在於另一個層次。即使國家的法律是「宗教中立」的，個人仍可能充滿對宗教偏執與仇恨，造成某些宗教的成員在就業、教育和其他領域遭受歧視。在日常活動、經濟生活的私人世界裡——也就是市民社會，即使在政治解放的國家，歧視仍舊存在。因此，馬克思斷言：「國家可以從一種侷限裡解放出來，而不是人實際上擺脫這種侷限。」（《論猶太人問題》，第51頁）意即政治解放並不等於人的解放。

這為馬克思對自由主義的批判奠定了基礎，並得到性別、種族與身心障礙領域的哲學家們的呼應。自由主義尋求一種包含平等、自由、安全與財產的權利體制：也就是政治解放。然而，擁有這樣的權利卻無法達成人的解放，實際上自由主義的權利是一個人類解放的阻礙。因為自由主義的權利是自我中心的權利分立：根據馬克思的說法，這些權利鼓勵每個人將他人視為其自由的限制。馬克思的想法是，真正被解放的社會是一個個體們將他們自己視為一個平等社群中充分合作的成員，並以此行動的社會。自由主義透過在國家層次上營造出一個仿冒的「平等」公民共同體來戲仿了這一點，掩蓋了市民社會中不平等者之間基於自我中心的日常競爭活動，在這樣的社會裡，人們「將他人視為工具，將自己貶低為工具，並淪為外在力量的玩物」（〈論猶太人問題〉，第53頁）。賦予公民的這些權利進一步強化了公民社會的利己主義及對抗。但我們應該從馬克思身上得到的主要觀點是，在一部政治憲法或法律中正式賦予人們平等的權利，並不等於在日常生活中平等對待他人。此外，要求平等的法律可能會被用來防範對於不平等的真實不滿，或是一種對其廉價且不誠懇的回應。

對馬克思來說，政治解放——基於平等的法律權利的自由主義——比起先前那種階層分明、充滿歧視的國家來說仍是一大進步。但這距離他的理想——一個解放一路延伸至市民社會的共產社會——仍相去甚遠。當然，馬克思相信，這種變革只能透過革命行動來完成。相較之下，自由主義在馬克思看來是一種膚淺、表面的學說。

社群主義（Communitarianism）與自由主義

馬克思是對的嗎？如今，對於馬克思已經讓我們充分理解了所謂的人類解放的真正含義或如何實現人的解放，鮮少有詮釋者懷有任何信心。然而，馬克思批判的基本觀點已經被一些自由主義的當代批評者以一種截然不同的方式所接納，他們自稱是社群主義者，而非共產主義者。社群主義者與馬克思一樣，對自由主義中原子論（atomism）或個人主義（individualism）持反對態度。但與馬克思不同的是，他們對此的解方並不在於某個想像中的未來社會，而是在現有社會的文化和傳統中尋求答案。

據社群主義者的說法，自由主義將人們視為孤立的個體，他們在自己受保護的小範圍裡，以自己認為的方式追求自己的利益。自由主義的個體認為，他們對於自身社會的習俗、文化、傳統和慣例並無特殊的依附感，除非他們自己選擇了這樣的依附關係。作為回應，社群主義者則主張，我們是徹頭徹尾的社會存在（social beings），而我們的身分認同、自我理解與我們所處的社群密切相關，這並非只是自由選擇的問題。如果我們未曾置身於特定的、在地的、社會的環境中，並擁有相關的承諾與忠誠，那我們就真的會變成不同的人了。彌爾本人在《效益主義》中對於這個觀點蜻蜓點水地提到：

> 這種社會狀態對人類來說是如此自然，如此必要，又如此習以為常，以致於除非在某些不尋

常的情況下，或透過一種自願抽離的努力，人類從未將自己視為一個獨立於團體之外的成員；而隨著人類逐步脫離野蠻獨立的狀態，這種聯繫就會越來越牢固。因此，任何對社會狀態而言，至關重要的條件是就越來越成為每個人對他所生處的、亦是人類命運的事物狀態之概念中不可分割的一部分。

《效益主義》，第207頁

然而，社群主義者會指控彌爾未能理解他自己的話的重要性。相反地，只有從孤立的個人主義觀點出發，自由才會像彌爾所理解的那樣顯得彌足珍貴。對彌爾來說，自由讓我們得以擺脫習俗與從眾壓力所帶來的沉重束縛。但社群主義者認為，這種看法不僅預先假設了一個錯誤的人性觀（即我們**有可能**擺脫這些「束縛」）；它也帶來了最危險的後果。藉由否認我們社群的重要性，我們就踏上了一條將導致個體疏離的道路，並最終造成社會解體。社群主義者宣稱，自由主義對人類本性與社會關係提供了一幅錯誤的景象，因而對人類在政治上可能達成的目標，提出了一種誤導且有害的願景。相反地，我們必須承認習俗道德的重要性——這是維繫社會凝聚力的紐帶。我們也必須承認，任何人都不應期望被賦予這樣的權利，做出任何會嚴重破壞社會道德的事情。當然，我們不必將習俗道德視為靜止不變的——關於它是什麼及它應該變成什麼，這肯定會存在爭議，但道德改革的空間仍受到我們既有的習俗和傳統的限制。

對於社群主義者的主張，一個可能的回應是，他們所提議的是一種高度壓抑的社會形式，這種形式給予個人自由的空間太小。不過社群主義者也認為，自由主義者對於真正自由的本質有所誤解。許多自由主義者假設了我們在第三章看過的，柏林所謂的自由的「消極」定義：只要你能夠自己選擇要如何生活，你就是自由的。但社群主義者認為，這是一個粗糙、甚至是錯誤的觀點。藉由讓人們自行其是，並沒有讓他們獲得自由。相反地，我們必須將人們帶往一個他們能夠在如何生活的問題上做出**對的**選擇的位置：即理性的人會做出的選擇。

消極自由與積極自由之間的區別，有時會被表述為「免於……的自由」（freedom from）與「去做……的自由」（freedom to）之間的區別。就這個解釋來說，消極自由是免於限制的自由，而積極自由則是行動的自由。然而，這並不是一個非常有用解釋差異的方式，正如人們常注意到的，自由始終是一種「三位關係」，這意味著自由連結著一個人（第一位）、一個限制或一組限制（第二位），以及一個行動或目標（第三位）。舉例來說，當我們說「我今天晚上可以自由外出」時，就是說我不受任何的限制（例如法定的宵禁、其他承諾或計畫）去執行今天晚上外出的行動。另一方面，如果我已經承諾要留在家裡，這就會成為一種使我無法自由外出的行動限制。

有一種更好地理解積極自由和消極自由之間區別的方式，需要我們回到盧梭。我們已經看到，消極自由本質上就是按照自身欲望來行動的自由。但我們在第三章中看到，盧梭相信跟隨你的欲望並不總是讓你自由。這聽起來可能有點奇怪，但是稱某人為其欲望的「奴隸」並不荒謬。舉例來說，我們可以這樣形容一位藥物成癮者，或是一個強烈迷戀某位電影明星的人。為了變得自由，那位藥物成癮者或狂粉需要能夠形成更合理的欲望並依此行動。他們必須達到自我控制或自我主宰（self-mastery）。能做到這點，就享受積極意義上的自由。

社群主義者有可能會贊同這種「積極自由」的另類觀點。而在這一觀點的詮釋中，徹底的社會化是認識你的真實利益，以及讓你實現積極自由之可能性的開端。但是，沒有人會對任何會破壞自身社會及自身身分認同的事情感興趣。因此，有人認為，即使你被禁止參與任何危及習俗道德之重要部分的行為，你的（積極）自由也毫不受限。

彌爾與社群主義者會以互相懷疑的態度來看待對方的自由學說。如果說彌爾的消極自由定義導致孤立和疏離，那麼社群主義者的積極自由定義則導致了以自由之名行壓迫之實。但是，彌爾與社群主義者之間的爭論似乎真的會歸結到這一點：究竟哪個社會才會更快樂——一個是遵循（修正後的）自由原則形式，還是一個遵循（修正後的）社會習俗與傳統形式？事實上，我們可以看到，這兩種觀點甚至可能在中間相遇：也許兩者之間的折衷才是最好的選擇。

結論

我認為可以公平的說，彌爾重視（消極）自由，並且相信一個自由主義社會可能會比許多非自由主義社會更快樂。這是對的，但如我們所見，他自己對自由的辯護，在很大程度上是建立在人類有能力取得道德進步的觀點之上。這被彌爾奉為一種信念，但如果他錯了，那麼基於效益主義的理由，一個社群主義社會很可能比一個自由主義社會更可取：如果沒有人會從生活試驗中學習的話，那或許生活試驗將帶來更多的害處而非益處。那麼，自由的捍衛者要麼必須證明人們有能力取得道德進步，要麼必須為他們的觀點找尋另一個基礎。

我忍不住要以一則軼事來結束這一章。在一九八〇年代中期，我遇到一位西班牙律師，他曾在高度獨裁的佛朗哥時代學習法律和哲學。我問他是否有可能學習政治哲學，而他說他確實上過這一類課程。在那一年的大部分時間裡，他們都在研究古希臘，但在最後幾週裡，他們也涵蓋了現代。在研究了霍布斯、洛克和盧梭之後，他們還花了一些時間討論黑格爾（Georg Wilhelm Friedrich Hegel），然後就馬克思進行了兩小時的專題討論。不過他們只花了幾分鐘的時間討論彌爾，因為佛朗哥政權選擇審查的是彌爾，而不是馬克思。這完全合理：馬克思的學說不太可能讓富裕的外地法律系學生改變主意，但彌爾在言論自由和自由的觀點卻是另一回事。

第五章
財產的分配

分配正義的問題

我們假設一個具有理性但不了解人性的生物，會自己思考什麼樣的正義或財產規則最能促進公共利益，並在人類之間建立和平與安全：他最直白的想法會是，將最大的財產分配給具有最廣泛美德之人，並根據每個人的行善傾向賦予他們相應的能力……但是，如果人類要執行這樣的法律……將立即造成社會的完全解體。

休謨，《道德原則研究》（*An Enquiry Concerning the Principle of Morals*），收錄於《探詢集》（*Enquiries*），由 L. A. Selby-Bigge 編輯，（[1751]，第三版，Oxford: Oxford University Press, 1975），第 192-193 頁

自由與財產

財產該如何分配呢？正如休謨所指出的，這是一個充滿困難的課題。對這個問題的直白回答可能都過於天真，會導致災難性的後果。

在彌爾的觀點中，公民的自由要求保護每個人免於傷害。對彌爾來說，侵犯財產是一種傷害的形式：竊盜、欺詐或損壞。但是，他認為我們沒有權利要求免於正常運作的市場所帶來的影

響，亦無權利免於經濟競爭的影響。彌爾擁護自由放任的資本主義（laissez-faire capitalism）——至少目前在個人道德不完善的狀態下是如此。（在一部晚期著作《社會主義章節》〔*Chapters on Socialism*, 1879〕中，他表明社會主義〔socialism〕對於道德完善的未來人類會是一個更適合的經濟組織形式）。彌爾也預設了，個人有義務支付他或她那一份政府的營運費用，也應該被課稅來支持那些無法自給自足的人。

對這些政策承諾在多大程度上是接受自由價值的結果呢？同時在評估財產制度的正義性時，還有什麼其他價值是與此相關的？事實上，彌爾在為其分配正義的觀點辯護時，直接了當地訴諸了效益主義。其他人——諸如洛克——則認為在推演一個正義的財產制度時，我們應該訴諸自然財產權，而另一些人則再次賦予平等的觀念一個更加根本的角色。

讓我們暫時思考一下，接受自由的價值是否會對分配正義的問題帶來任何影響。一個自由主義社會該如何分配財產呢？眾說紛紜。其中一種傳統說法是追隨洛克，預設了重視自由需要承認非常強烈的自然財產權。在自由至上主義者（libertarian）對此觀點的發展中，最雄辯的闡述是由哈佛大學哲學家羅伯特・諾齊克（Robert Nozick, 1938-2002）於一九七四年出版的《無政府、國家與烏托邦》（*Anarchy, State, and Utopia*）——這些權利如此強大，以致於政府無權干涉它們。在諾齊克的「最低限度的國家」（minimal state）裡，政府有義務維護個人的財產權，但向個人課徵稅收不得超過公民之間互相防衛及抵禦外來侵略者所需的程度。特別是，根據這個觀點，如果國家試圖把財產從某些人（富人）轉移到另一些人（窮人）身上，那就侵犯了個人的財產權。分配應該交由暢通無阻的自由市場、贈與和自願的慈善捐贈來進行。

因此，自由至上主義者嘗試從個人自由的價值來論證一種極為純粹的資本主義形式。實際上，這將個人的財產置於其權利的「保護範圍」內，無論是政府還是個人，在這個領域中任何人未經同意不得干涉。

一個與之相反的觀點指出，自由至上主義必然導致巨大的財產不平等，進而對窮人的自由——或至少是機會——產生不利的影響。這種觀點也就是福利自由主義（welfare liberalism），認為必須將財產從富人手中重新分配給較不幸的人，以確保所有人享有平等的自由。財產仍然在個人的保護範圍之外，政府有義務在必要時（依據當地的法律規定）進行監督及干預，以維護自由與正義。福利自由主義最重要的變體是在《正義論》（*A Theory of Justice*）中提出的，該書是由諾齊克的哈佛大學同事羅爾斯於一九七一年（比諾齊克的書早三年）出版。事實上，許多當代政治哲學都受到羅爾斯作品的啟發，無論是為其辯護還是像諾齊克一樣反對它。

因此，諾齊克與羅爾斯對於分配正義有著非常不同的看法。要形成一個完備的觀點需要回答一連串的問題：是否存在自然的財產權？自由市場的地位是什麼？我們是否該容忍巨大的財富不平等？政府該扮演什麼樣的角色？這些問題不缺乏答案，但哪些答案才是對的？

收入遊行

若是沒有一些輔助思考的方法，我們很難直接切入這些問題。分配正義的問題就是物品該如何分配的問題。而且，看來一個激發人們思考「事情應該如何」的絕佳方式，就是考慮事物現在是如何進行的。所以，也許我們應該從一些事實開始著手。

原始的收入統計數據無疑是有用的，但往往難以真正引起共鳴。我們很容易得知，人口中最頂層的幾個百分點掌握了如此之多的財富，但以如此枯燥的方式來呈現的數字往往難以令人深刻地理解其重要性。基於這個原因，一位荷蘭經濟學家揚．彭（Jan Pen）在其一九七一年出版的《所得分配》（*Income Distribution*）一書中，決定以截然不同的方式來呈現英國收入分配的事實。當然，自一九七一年以來已經發生了許多變化，但彭呈現數據的方式是如此有力，至今仍是理解這個議題的極佳起點。

彭邀請我們想像一場盛大的遊行，參與者是在英國經濟體系中賺取各種薪資的所有人，包括那些領取社會福利的人。這場遊行隊伍排成一列，人們依照收入排序，收入最低者走在最前，收入最高者排在最後。我們預設整個遊行隊伍會在一小時內經過我們面前。這場遊行的奇特之處在於，所有參與者的身高是由他們的稅前收入來決定的——也就是說，賺越多就越高。那些賺取平均薪資的人會有平均身高，賺取雙倍薪資的人會有雙倍的身高，以此類推。假設作為觀眾，我們的身高是平均值，並觀看整個遊行隊伍經過。那會是什麼樣的景象呢？

首先，在最初的幾秒鐘，我們看到一些「負身高」的奇特人士。他們都是擁有虧損企業的個體，但他們很快就被火柴或香煙大小的人所取代。在一九七一年，這些人通常是只工作一週左右的已婚女性，因此沒有年收入，還有在學校送報或打零工的學童們，諸如此類。

這些人需要五分鐘來通過，而在十分鐘後，身高約三英尺的人——相當於兩歲小孩的高度——才開始通過。這些人包括許多失業人士、領取老人年金的退休人士、離婚女性、一些年輕人，以及經營不善的商店老闆。接下來是低薪行業的普通工人：清潔工、運輸工、一些礦工、無技術的職員和體力勞動者，這群人中有許多黑人和亞裔工人。在十五分鐘後，遊行隊伍中的人終於達到四英尺高。而在接下來的十五分鐘內，身高變化不大，因為受過相當訓練的技術性產業工人和辦公室職員會從身旁經過。

彭在此時評論道：「我們知道這場遊行將持續一小時，也許我們原本以為半小時後就能平視遊行參與者，但事實並非如此。我們仍在俯視他們的頭頂。」（《所得分配》，第51頁）直到四十五分鐘後，我們才看見與平均身高相當的人，包括教師、行政公務員、商店老闆、工頭和一些農民。

在最後的六分鐘裡遊行變得轟動，前百分之十的人即將到來，在身高六英尺六英寸左右時，我們看到了校長、從事各種工作的年輕大學畢業生、更多的農民和部門主管，他們大多不知道自己屬於前百分之十。而在最後的幾分鐘，「巨人赫然出現」：一位不是特別成功的律師，身高十八英尺；第一批醫生，七、八、九碼；隨後是第一批會計師；到了最後一分鐘，大學教授出現了，身高九碼；執行董事，十碼；常任秘書，十三碼；高等法院法官、會計師、眼科醫師——二十碼或是更高。

在最後的幾秒鐘，我們看到像大樓一樣高的人；商界人士、大公司的執行董事、電影明星、皇室成員。菲利普親王有六十碼高；歌手湯姆・瓊斯（Tom Jones）差不多有一英里高。排在後面的是約翰・保羅・蓋提（John Paul Getty）：身高介於十到十二英里之間。

正如我們觀察到的，這些數字當然是幾十年前的數據了。在最新的版本中會看到，新科技創業家、對沖基金經理和最成功的YouTubers會出現在最後幾秒鐘，而最後幾分鐘則以律師、會計師、銀行家、股票經紀人和公司董事為主，公部門員工（尤其是大學教授！）則會比幾十年前更靠後。但是，儘管這些統計數據已經過時了，以這種方式呈現出來的統計結果，還是相當令人吃驚。在閱讀這些描述時很難不去想說，如此不平等的社會**一定**有問題，但這樣的反應有道理嗎？其他類型的反應也同樣可能。其中一種反應是說，這場遊行根本沒有提供足夠的資訊，讓我們可以做出一個深思熟慮後的判斷。另一種補充性的反應是說，這場遊行極具誤導性。進一步發展後面這個觀點，可以提出這樣的主張：這種假裝「科學」呈現純數據的方式其實是「承載價值觀念」（value-laden）的，意即數據的選擇是由那些希望說服我們當前社會是不義的人所做出的。

誠然，現行體制的擁護者幾乎不會選擇以這種方式來呈現它。那麼，如果這場遊行具有誤導性，又是如何誤導的呢？它誇大、扭曲或遺漏了什麼呢？彭本人質疑了「參考單位」的性質，即這場遊行包括了在經濟體系裡賺取任何收入的每個人。據此，這場遊行的一些壯觀效果，源自於納入了那些有兼職工作的兒童、只工作幾週或每週只工作幾個小時的已婚女性，以及其他不嘗試只靠自身薪資過活的人們。在遊行中的這些人都是家庭總收入較為可觀的家庭成員。所以，很明顯的，如果我們以家庭或家戶作為基本的比較單位，那麼許多最低收入的人群將會被排除在外。

一個更具哲學性的異議是，以這種方式呈現數據簡直忽略了許多相關的事實。例如，我們並不知道誰是透過誠實的交易、竊盜或是欺詐來獲取他們的財富；是透過努力工作，還是透過剝削他人來賺取的。我們要如何在不知道這些事情的情況下，評估社會的正義？

財產與市場

誰第一個把一塊土地圈起來並想到宣稱「**這是我的**」的人，發現一些頭腦夠簡單的人居然相信他的話，誰就是市民社會的真正奠基者。倘若有人拔掉木樁或填滿溝渠時，並向他的同類大聲疾呼：「小心這個騙子！一旦你們忘記果實是屬於每個人的，而土地不屬於任何人的，那你就完了！」那麼，人類將可以避免多少罪行、戰爭和謀殺，又能免於多少痛苦與恐懼啊！

盧梭，《論人類不平等的起源與基礎》，收錄於《論述與其他早期政治著作》（*The Discourse and other Early Political Writings*），由S. Gourevitch 編輯（[1755], Cambridge: Cambridge University Press, 1997），第161頁

洛克論財產

要論證一個社會儘管存在不平等卻依然是正義的，其中一種方式是證明該社會中擁有財產的個人對其財產具有道德權利。然而，這樣一種財產權理論能夠被建立起來嗎？根據諾齊克的觀點，一個財產權理論需要三種不同的原則：「初始取得的正義」（justice in initial acquisition）、「轉讓的正義」（justice in transfer），以及「矯正的正義」（justice in rectification）。我們在第一章與第二章中探討過洛克的思想，在他論財產的著作中主要回答了第一個問題：一個人要如何才能對他從自然狀態中所占有的財產形成權利呢？

這是一個令人費解的問題。現在某個人所有的每一個物體，要麼曾經是無主物，要麼最終是由某些曾是無主物的材料所製成的。這本書是用紙製成的，大多數紙張都是由木材製成的；那根木材的來源樹木可能是刻意種植的農作物，但那些樹苗源自於種子，而這些種子又來自於不曾屬於任何人的樹木後代。在某個程度上，無論是樹木還是種子，原本不屬於任何人的物體皆變成了

某個人的個人財產。這怎麼可能呢？怎麼會有人獲得了排除他人使用該物件的權利？這個問題在土地的情況下尤其迫切。我們通常認為，任何人都可以使用無主地。但一旦土地成為私有財產，任何人在未經所有者允許的情況下都不得使用它。一個人怎麼會得到以這種方式來排除他人的權利呢？要回答這些問題，就需要對「初始取得的正義」進行解釋。

洛克的《政府論次講》中有一個章節是關於財產，其中提出了幾個論點以證明正當的初始取得是可能的。洛克想當然地認為，如果你是財產的合法擁有者，你就對它擁有各種權利。你不僅可以使用它，也可以透過販售或贈與的方式將它轉讓給他人，包括將這份財產遺贈給你的繼承者。洛克的目的是要證明在他的時代（十七世紀）所理解的財產權是正當的，就其本質而言，與我們在當代社會所理解的財產權相去不遠。

對於我們該如何解讀洛克的論點，學界至今仍存在很大的分歧。即便是洛克，也未必認為這些論點已經被清楚地表達出來了。但無庸置疑的是，對洛克而言，勞動（labour）對於財產的占有（appropriation）至關重要。就這個文本的解讀來說，我們至少可以分辨出洛克在捍衛財產的初始占有時所提出的四種論證路徑。至於洛克認為他所提出的論點有多少個，則是另一回事了。

第一個想法是生存論證。洛克假設，世界最初是由全體人類所共同擁有的。那麼，怎麼會有人擁有任何個人私有財產呢？洛克先是依據在本書第一章所討論的「基本的自然法」：人類應該要盡可能獲得保障。假若沒有人可以拿走任何東西，我們都會面臨死亡。因此，我們必須被允許拿取我們生存所需的東西。洛克為此提供了一個進一步的神學辯護：人類是上帝賜予世間的，不允許人類生存，就是冒犯上帝的理性。儘管如此，我們對自然的占有必須受到兩個條件的限制——「洛克的但書」（Lockean provisos）——若是要讓這種占有得證的話：我們就不能拿走超過自身所能使用的範圍（不浪費的但書〔the non-wastage proviso〕），以及我們必須為他人留下「足夠且同樣好」（enough and as good）的東西。這兩個但書不僅適用於財產的生存論證，也適用於洛克的所有論點。

生存論證雖然非常合理，但也有一些明顯的限制。首先，它僅能為人類為了生存所需消耗的物體——例如水果和堅果——之占有取得正當性，而非土地的占有本身。其次，它並未具體說明，究竟要如何將物體納入私有制（private ownership）之中。洛克的下一個論點修正了這兩個缺陷，該論點包含在《政府論次講》中關於財產的著名章節中：

> 儘管地球和所有低等動物為全體人類所共有，但是每個人對他自己的**身體**擁有一種**財產權**。這種權利無人能奪，唯獨他自己。他的身體所從事的**勞動**和他的雙手所進行的**工作**，我們可以說，都完全地屬於他。因此，無論他把何物從大自然所提供並留於其中的狀態中移除，他就已經滲入了他的**勞動**，在這上面滲入他自己所有的某些東西，因而使該物成為他的**財產**。由於他從大自然賦予該物的共同狀態中移除了它，那麼該物就藉由**勞動附帶了一些東西**，從而排除了其他人

對該物的共同權利。由於這種勞動是勞動者無可爭議的所有物，那麼對於這個增益後的東西，除了他以外任何人都無權享有，至少在還留有足夠且同樣好的東西給其他人共有的情況下是如此。

《政府論次講》，收錄於洛克的《政府二論》，由Peter Laslett編輯（[1689]，學生版，Cambridge: Cambridge University Press, 1988），第二十七節，第287-288頁

洛克在此是從兩個前提出發：你擁有你自己的勞動；在對某個物體進行勞動時，你將「你的勞動混合」到該物體之中。因此，只要該物體尚未被其他人正當索取，你就擁有那個你在上面施加勞動的物體（前提是你為他人留下足夠且同樣好的東西）。不出意料地，這種觀點通常被稱為洛克的「勞動混合」論點。相較於前一個生存論點的最大優點在於，這個論點似乎可以證明占有土地，以及堅果和莓果是正當的。

這個論點背後的基本思想非常有吸引力。那些最先在一塊土地上耕作的人應該有權保留這塊土地。這不禁讓我們聯想到狂野西部的拓荒者，他們在邊境宣告他們的所有權，並在土地上耕作以證明他們的所有權。一個常見的負面反應是，這似乎對那些無法工作的人來說過於苛刻了。但諾齊克指出了一個更根本的缺陷，認為將你的勞動與土地進行混合，就賦予你該土地所有權的這個論點，似乎仰賴於一個缺失的前提：如果你擁有某個東西，並將其與目前無人擁有（或由所有

人共同擁有）的其他東西混合在一起，那麼你就擁有了那個其他東西。但這個前提肯定是錯誤的，諾齊克提供了一個反例：「如果我有一罐蕃茄汁，並將它倒進大海裡，好讓它的分子（具有放射性，以便我可以檢查這一點）均勻地混合在整個海中，我是否因此就擁有了整片大海，還是我只是愚蠢地浪費了我的蕃茄汁？」（《無政府、國家與烏托邦》，第175頁）

我們該如何挽救「勞動混合」的論點？也許我們應該將洛克的關鍵思想理解為**勞動**，而非**混合**。這就是說，混合勞動並不類似於混合蕃茄汁，因為勞動有其特殊之處。但那是什麼呢？在此我們遇到洛克的第三個論點：「增值」論點。試想一下從一塊未經開墾的土地上所能收穫的食物數量。現在再想一下，一塊同樣大小的土地在耕種下所能提供的食物數量。洛克認為，耕種後的土地的生產力可能是未經開墾土地的一百倍。由此，他總結說「勞動……為每件事情帶來價值的差異」（《政府論次講》，第四十節，第296頁）。換句話說，在土地上進行勞動可以大幅增加土地的價值。這就是為什麼勞動使勞動者有權占有耕作過的土地的原因。

但這個論點同樣有一個明顯的障礙，我們可能會被這樣的觀點說服：即勞動使你有權保留**附加的**價值，但土地並不是附加價值的一部分：它在你來之前就已經存在那裡了，而且在正常情況下，即使你從未勞動，它也會持續存在那裡。所以，這個論點充其量只是一個保留生產成果的論點，它似乎並不能賦予保留已耕作土地的權利。有什麼東西可以產生這樣的結果嗎？

第四個論點或許會有幫助。洛克說：

上帝賜予大地給予勤奮而理性的人使用……而不是給好辯好鬥的人們來巧取豪奪的。倘若他有餘力改善他的土地，而該土地已被占用，他就無須抱怨，也不應多管閒事；倘若他多管閒事，顯然他是想從他人的辛勞中獲益。而他無權從中獲益，也無權從上帝賜予他和他人共同耕耘的土地中獲益。

《政府論次講》，第三十四節，第291頁

在這段文字中，洛克要我們思考某個已經占有並改良土地的人（勤奮者）與另一個對勤奮者所耕耘的土地提出要求的人（好辯者）。倘若剩餘的土地還很多，那好辯者想要勤奮者的土地的唯一理由就是懶惰：不準備像勤奮者那樣付出勞力。這不是個好理由，所以也不是抱怨勤奮者占有土地的好理由。我認為，這背後是一種對應得（desert）概念的隱性訴求。如果勤奮者努力工作，那就應得其勞動成果。至少，其他人不能提出有效的訴求。

不幸的是，這個論點也與先前的論點存在同樣的缺陷。勞動的成果可能是應得的，但土地無論如何都會在那裡。或許這個論點可以證明土地的臨時所有權是正當的——只要你善用它，它就是你的，但超過這個時間就不再如此。然而，財產權很少被認為是有條件的：洛克當然也不這麼認為。這個論點並沒有賦予你出售你的土地，或是將它留給你的子女們的權利。此外，如果勞動成為獲得財產的必要條件之一，那些無法自行謀生的人必定會感到委屈。無論我們多麼強烈地感受到「對土地進行勞動就應該使人有資格擁有它」這個觀點所帶來的吸引力，至少在洛克的理論框架內，要解釋為什麼應該如此著實困難。

另一個相關的問題是關於「足夠且同樣好」的但書。洛克的假定或許是對的，如果還留有大量同樣好的土地，就沒有好的理由反對他人對土地之占有。但一旦土地變得稀少，我們又該如何看待這個問題呢？洛克立場的邏輯似乎暗示，財產權在此時就會終止，但他當然沒有這麼說過。他的觀點約略是，只要人們在別人的土地上工作，比在自然狀態下的生活更好，那麼他們就無法正當地抱怨別人的財產權。而在「證明」由勞動和財產權所帶來的好處時，洛克聲稱一位統治美洲某片廣袤且富饒土地上的國王（那裡的大部分土地尚未經過勞動的改造），「吃的、住的、穿的還不如英格蘭的一位日薪工人」（《政府論次講》，第四十一節，第297頁）。

然而，除非我們從字面上理解「足夠且同樣好」的但書，也就是真的有足夠且同樣好的土地留給其他人使用，否則洛克對財產權的辯護就不那麼有說服力了。因為如果土地是稀缺的，那麼它就會被那些先以勞動來宣示所有權的人所占據。那些後一個世代出生，無法找到屬於自己土地的人，就會抱怨他們與那些繼承土地的人相比，遭受了不公平待遇：這不是因為他們好辯好鬥，而是因為他們覺得自己被剝奪了被別人擁有的東西。如果我們之間唯一的差別是你的祖先勤奮而我的祖先則否，那為什麼你有土地而我沒有呢？而對此又能作何回應？

誠然，要為財產權進行辯護，需要某種回應或新的論點。畢竟，幾乎整個地球的非液體表面如今都被個人、公司或國家宣告為私有財產。如此看來，要麼這些持有的資產是不正當的，要麼就必須有某種正當的方式來獲得財產。然而，事實上如果我們從洛克的前提出發，在改進他的論點上幾乎沒有取得任何進展。

很容易理解為什麼沒有進展。我們先前提到，在某項財產被個人或團體占有之前，每個人都有使用該財產的自由。一旦它成為個人的財產，這種非所有者的自由就被取消了。其他人只有在所有者的允許下才能使用它。我要對一塊土地或其他物體做些什麼，才會產生如此強大的效果呢？為什麼**我**對一個物體所做的任何事情，就推翻了**你**先前使用它的自由呢？這很難找到答案，所以也很難找到一個令人滿意的「初始取得的正義」原則。或許這是不可能的。

這是否意味著「財產就是竊盜」（普魯東〔Proudhon〕的著名表述中）？這樣的結論未免過於簡單了。一個更溫和的回應是，假設我們一開始設定的框架本身可能就有問題，也就是說將「初始取得的正義」議題作為分配正義理論中一個可分割的要素來關注，也許是錯誤的。或許我們可以主張建立一個分配正義的體系，它包括將私有財產的所有權作為一個該體系的要素。這樣一來，我們或許得以證成，私有財產作為一個正義理論的內在組成部分，而不必過於擔心財產最初是如何從大自然中被占有的，而這正是許多自由市場的捍衛者試圖達成的目標。

自由市場

另一個替代洛克的方案是嘗試用效益主義來證成財產權。我們可以看到這樣的論點會如何展開：允許人們占有和交易財產，並將其留給他們的後代，這將鼓勵他們以最具生產力的方式運用他們的才能和資源。結果是一個擁有廣泛私有財產權的體制，會比任何的替代性安排對人類幸福做出更大的貢獻。這樣的論點已經隱含在上面所概述的彌爾的觀點之中。

這種效益主義的論點較不關心人們獲得財產的過程，而是更關心貿易、創新和繼承所帶來的好處。該論點的一部分認為個人應該擁有財產，但**如何**持有該財產則相對不那麼重要了。換句話說，對效益主義者來說，轉讓的正義議題優先於初始取得的正義議題，而許多效益主義者也強調，資本主義自由市場作為一種財產轉讓機制的重要性。

這種資本主義自由市場的「純粹模型」包括了幾個核心特徵。首先，在土地、原料和其他物品（包括勞動力）上的財產是由個人或企業所持有，並受到一個穩固財產權制度的保障。其次，物品的生產是為了獲取利潤，而不是為了滿足生產者或其他有需要的人的消費需求。其三，所有的物品都是透過市場上的自願交易來進行分配，而市場是由供給與需求的經濟法則來調節。最後，存在自由競爭：任何人都可以生產及銷售任何物品。

這只是個純粹模型。沒有一個現實中的經濟體能夠完美地融合所有的特徵：一般來說，所有特徵都會以某種方式進行調整。舉例來說，在許多國家中國家擁有並經營某些企業，如郵政系統。其次，大多數國家都有一定規模的「志願」部門，在部分慈善的基礎上生產物品並提供服務。其三，某些物品（鈽、海洛因）不能合法地在開放市場上交易。其四，存在著由國家強制執行的各種貿易限制，這些限制防止新進者或不具資格者進入特定產業。例如，在大多數允許賭博的國家裡，政府所頒發的賭場執照數量是有限的；而在未經大量的訓練並取得資格前，任何人都不得以醫師的身分提供服務。然而，同樣明顯的是，目前大多數國家或多或少都越來越希望趨近於純粹的自由市場模型。他們這麼做是對的嗎？

資本主義自由市場模型的替代方案是什麼？首先，正如我們剛才看到的，可以透過限制人們得以進行的交易類型來對其加以調整。但最激進的替代方案是計畫經濟，前蘇聯至少在某種程度上嘗試過這種經濟模式，計畫經濟在所有核心特徵上都與自由市場形成對比。在這種體制下，國家以全體人民的名義，控制了所有用於生產的財產。其次，生產不是為了獲取利潤，而是為了滿足公民們的需求。其三，分配是透過中央分配，而非透過交易。最後，國家對於誰可以生產多少的各類物品擁有最終控制權。事業按照中央計畫進行，將資源分配到各行各業。

自由市場看來並不像被其批評者稱為「命令經濟」的計畫經濟那麼專制——但至少從表面上來看也比較不理性。自由市場將所有決定留給個別行動的個體。那麼，他們要如何協調彼此的行為呢？我們要如何確保各種物品都有足夠的供應呢？我們又要如何避免過多公司爭相滿足相同的需求，所造成的浪費性生產過剩呢？從中央進行規劃，似乎就能確保每種物品都有足夠的產量來滿足所有人的需求。馬克思的合作者恩格斯（1820-1895）曾寫道：

> 既然我們知道一個人平均需要多少，就很容易計算出特定數量的人需要的總量，再者，既然生產不再掌握在私人生產者的手中，而是掌握在社群及其行政實體的手中，那麼根據需求來調節生產就是一件微不足道的小事。
>
> 《在埃爾伯費爾德的演說》（*Speeches in Elberfeld*）收錄於馬克思、恩格斯及列寧（Vladimir Lenin）的《論共產主義社會》（*On Communist Society*）（[1845], Moscow: Progress Press, 1974），第10頁

根據許多評論者的看法，像這樣的論點導致了二十世紀最昂貴的錯誤之一。儘管計畫具有理性的吸引力，但所有實行計畫經濟的嘗試最終都以失敗收場——而且若是沒有廣泛的非法黑市作為輔助，這些嘗試恐怕會失敗得更快。儘管市場具有「無政府」、不協調的本質，但它卻能為其公民帶來遠高於計畫經濟的效率及福祉。但為什麼會這樣呢？

奧地利經濟學家和社會理論家弗里德里希・哈耶克（F. A. von Hayek, 1899-1992）給出了最好的答案。要了解他的推理，我們必須簡要地了解自由市場是如何預期運作的。假設一個特定的

物品——大蒜，比方說每顆是五十便士。隨後，一位受人敬重的科學家發表了一份報告指出，每天吃一顆大蒜可以預防癌症和心臟病。於是，大蒜的需求激增，導致大蒜零售商的大蒜很快就銷售一空，由於顧客爭相競標現有的庫存，大蒜價格也隨之飆升，造成大蒜產業的巨大利潤。

這樣的利潤前景將促使新的生產商進入大蒜市場。最後，供應量開始上升，價格也隨之下降，直到建立起一個新的均衡（equilibrium）。最終，需求與供應在某個價格上達到平衡，此時這個價格使大蒜生產商達到與經濟體中其他領域大致相同的利潤水準。最終我們很可能會回到每顆五十便士的價格，即使新的均衡價格可能會更高或更低。

這個看似平常的經濟生活範例，顯示了市場的非凡力量。首先，價格系統是一種傳遞和傳播資訊的方式。某個物品的價格上漲的這個事實，表示它供不應求；如果價格下跌，則表示供過於求。其次，利潤動機使人們有理由對這些資訊做出反應。如果某個行業的價格因為需求增加而上漲，這通常意味著可以賺取高於平均的利潤，新的生產商則會蜂擁而入；如果因為需求下降而導致價格下跌，通常利潤也會下降，導致一些企業將退出該產業。在這兩種情況下，最終都會達到均衡，即該產業的利潤率與整體經濟的平均利潤率大致相同。

這就是兩個市場的主要特徵：它發出訊號，讓人們有動機透過改變生產模式來回應這些資訊。我們也不應該忘記競爭在壓低價格和提升品質上的重要性。這些因素結合起來的結果會是，一般來說，人們（有錢）在市場上就可以從其他人那裡得到他們想要的東西，而消費者的地位幾乎總是在不斷改善，但這並不是因為其他人是利他主義者。正如蘇格蘭經濟學家和哲學家亞當．史密斯（Adam Smith, 1723-1790）指出的：

> 我們不是從屠夫、釀酒師或是麵包師的仁慈中指望我們的晚餐，而是從他們對自身利益的重視中獲得。我們不是針對他們的人性而是針對他們的自愛，我們從不和他們談論我們自身的需求而是談論他們的利益。
>
> 《國富論》（*The Wealth of Nations*）（[1776], Harmondsworth: Penguin, 1970），第119頁

許多理論家都接受，市場能夠以一種計畫經濟所無法比擬的方式將物品分配給個人。如果我想要某樣東西，而只要我有錢就可以購買。我可以在我的購買行為中表達我的偏好，而其他人則會盡可能地順應這些偏好來獲取最大的利潤。在計畫經濟中有兩個問題：規劃者要如何得知我想要什麼？人們喜歡冰淇淋且需要襪子，這也許是人盡皆知的常識，但是規劃者要如何得知我喜歡香草冰淇淋勝於巧克力冰淇淋，或是喜歡素色襪子多於有花紋的襪子？還有，為什麼規劃者要費心確保我得到想要的東西？真正的計畫經濟體一直受到某些物品長期短缺的困擾，例如冬季緊身褲；另一些商品則生產過剩，例如劣質伏特加；以及那些可以購得的物品，其品質與種類卻呈現

一種令人沮喪的匱乏。為了能像自由市場一樣有效率地運作經濟，規劃者需要具備人類少有的全知、全能與仁慈的特質。

這本質上是一種支持自由市場的效益主義論證：自由市場將促進人類幸福，達到計畫經濟所無法實現的水準；也有人提出以自由為基礎的論點，計畫經濟涉及對個人行為的限制。在重要研究《可行的社會主義經濟學》（*The Economics of Feasible Socialism*）中——首次出版於一九八三年，目前已被翻譯成多種語言——俄羅斯出生的蘇格蘭經濟史學家亞歷山大．諾夫（Alec Nove, 1915-1994）引用了俄羅斯異議作家瓦西里．格羅斯曼（Vasili Grossman, 1905-1964）小說中的一段話：

> 我從小就想開一家店，讓任何民眾都能進來購物。另外還設有一個小吃吧，這樣顧客就可以來點烤肉，如果他們喜歡的話也可以喝點酒——我會為他們提供便宜的服務。我會讓他們吃到真正的鄉村食物：烤馬鈴薯！蒜香培根油！酸菜！我會給他們骨髓作為一道開胃菜，一小杯伏特加，一根動物髓骨，當然還有黑麵包和鹽。店裡會有皮椅，這樣就不會滋生蝨子。顧客可以坐下來休息，並享受服務。如果我大聲說出這些，我就會被直接送去西伯利亞。然而，我說，這樣做到底會傷害到誰呢？

《可行的社會主義經濟學》（London: George Allen & Unwin, 1983），第110頁

諾齊克更簡潔地表達了相同的觀點：「社會主義社會將不得不禁止成年人之間自願進行的資本主義行為。」（《無政府、國家與烏托邦》，第163頁）

我們最好將支持自由市場的自由論證暫時延後討論：這個論點在批評羅爾斯的觀點時最為突出，而稍後將會探討他的理論。首先，我們應該要進行盤點。到目前為止，主要的討論已經顯示了自由市場相較於完全計畫經濟具有一些實質的效益主義優勢。但當然，從這個比較中並不能推論出自由市場是最好的可能制度。從效益主義的分析來看，我們很容易得出改善意見。這一點可以清楚地在具有所謂「外部性」（externality）的物品發生「市場失靈」（market failure）情況中看到。

外部性分為兩種類型：正外部性和負外部性。負外部性是指你無償取得，但卻寧願不去擁有的東西：例如受污染的空氣或是噪音。正外部性同樣是指你無償取得，但在這種情況下卻樂意擁有的東西：例如欣賞鄰居前院草地上的宜人景色。在具有正外部性的商品中，有一個重要的類別是「公共財」（public good）。這包括了那些一旦提供就會使所有人受益的商品，無論接受者是否為其生產做出貢獻。舉例來說，路燈所帶來的好處無法僅限於那些協助出錢設置路燈的人。從這個意義上來說，它們是公共財。

自由市場往往會過度供應具有負外部性的商品，而具有正外部性的商品則供不應求。原因很容易理解，創造負外部性通常是一種將自己的成本轉嫁給他人的方式：從字面上來說，如果使用嘈雜的生產流程比安靜的生產流程更便宜，那其他人就會藉由承擔被噪音干擾的成本，進而無意中「補貼」了我對嘈雜流程的使用。另一方面，公共財也受到搭便車問題（the free-rider problem）的影響。如果無論我貢獻與否都能得到好處，那為什麼我要付費設置路燈呢？但是，如果每個人都這麼想——而且市場也鼓勵這種推論——那麼就不會有人提供任何照明設備了。人們通常認為，解決這些問題的方法就是讓國家成為公共財的提供者，並向公民課稅來支付這些物品的費用。同樣地，國家也可以將污染列為違法行為，將成本歸還污染者。最近，人們考慮了其他方法，並頒布了一些法案：賦予那些遭受負外部性影響的人追償損失的權利，以及那些提供具有正外部性商品的個人向受益者收取費用的權利。

那麼，我們可以看到，無論是透過國家干預或創造新的法律權利，都存在修正市場的效益主義論點。但修正就夠了嗎？市場是否還存在更深層的問題呢？最強而有力的異議來自於馬克思主義和社會主義傳統：市場是浪費的、市場異化了工人、市場是剝削的、市場導致不義的不平等。讓我們逐一探討這些問題。

反對市場的論點

在上面引述的《在埃爾伯費爾德的演說》中，恩格斯抱怨自由市場極其浪費。這基本上是一種反對自由市場的效益主義論點，而恩格斯提出了兩項主要指控。首先是，自由市場不可避免地導致了一次次的危機，在這些危機中個人被拋出工作崗位，而企業則因商品被浪費或虧本賠售而倒閉。恩格斯是最早指出資本主義市場存在繁榮與衰退的「景氣循環」（trade cycle）的理論家之一。儘管經濟學家和政治家屢屢嘗試卻始終無法找出一種方法，能讓資本主義擺脫這種繁榮與衰退的毀滅性循環。恩格斯的第二個論點是，資本主義社會包含了大量不事生產的人。共產主義的計畫經濟可以讓更多的人參與生產活動，提高效率並縮短工作日。在資本主義下，被認為不具生產力的人不只包括失業族群，還包括警察和武裝部隊成員、神職人員、家庭雇傭，以及最被鄙視的「投機、詐騙且多餘的中間商，他們強行介入生產者和消費者之間」（《在埃爾伯費爾德的演說》，第11頁）。有趣的是，市場的捍衛者將中間商視為企業英雄，他們將商品從供給過剩的地方轉移到需求旺盛的地區，這對經濟的有效運作來說是不可或缺的。不過對馬克思和恩格斯來說，他們則是吸血的寄生蟲。

假設恩格斯是對的，那麼他反對市場的理由有多大的說服力呢？有什麼比市場更好的選擇嗎？我們已經無法再像他那樣堅信計畫經濟的理性是不證自明的。如上所述，一個修正後的市場儘管有其缺陷，卻可能比其他任何曾提出過的方案更有效率。

但市場在另一個意義上也是浪費的：浪費工人的潛力。這是對市場的第二個批判：市場導致異化（alienation）。這裡的核心思想是，在資本主義的自由市場中工作的本質被貶低，變得不適合人類。追求利潤的動機迫使資本家採取最有效率的、可及的生產方式，這通常意味著採取一種高度發展的勞動分工形式，其中每個工人都執行一個高度專業化、枯燥且重複的工作。那麼，從本質上來說，資本主義下的工作性質是異化的，因為工人從屬於機器，「並且從一個人變成了一種抽象的活動和一個胃」（馬克思，《早期著作》〔*Early Writings*〕[1844]，第285頁）。作為一個有智慧、有創造力的人類，工人的潛能受到壓抑。有人曾說，對在資本主義下的許多工人來說，一天中最需要技巧的活動就是開車上下班。

然而，對於市場的批評者來說，問題在於異化究竟是資本主義生產模式的特定結果，還是更普遍地現代科技的必然相關因素。我們是否真能構想一種工作方式，既能生產足夠的物資來滿足我們的需求，又不會依賴一種帶有異化特徵的生產體系？就算有這種方式，它也仍未被發現。

第三個批評是，資本家在自由市場中剝削工人。對馬克思來說，剝削本質上就是汲取他所謂的「剩餘勞動」（surplus labour）。工人得到了一天工作的報酬，但在那項工作中工人為資本家創造的利潤與資本家所投入的勞動完全不成比例。確實，股東拿走了一部分利潤，卻沒有參與任何勞動。那麼，從根本上來說，這個想法會是凡是在市場上取得報酬卻沒有投入相應勞動的人，就是剝削者，而那些得到的少於他們所創造的就是被剝削者。

對自由市場最自然的辯護就是，宣稱資本家實際上只是獲得了使用其財產或資金風險所應得的公平回報。畢竟，單靠勞動是無法生產任何東西的，必須有人提供原料、機器、工廠等等。那麼，關於剝削的辯論，歸根究柢就是資本家是否有權因使用其財產而取得報酬的問題。但他們在道德上是否有權擁有這些財產呢？如果不先解決更基本的私有財產權的合理依據問題，看來我們就無法解決自由市場是否會導致剝削的問題。

最後，馬克思主義者、社會主義者和許多自由主義者對市場最常見的批評是市場必然會導致非常巨大的、不義的不平等。若不加以拘束，自由市場可能導致毀滅性的貧窮。以恩格斯在一八四四年對倫敦市中心的聖吉爾斯區（St Giles）的描述為例：

> 這一切與街道之間狹窄的庭院和小巷中的住宅相比，簡直是小巫見大巫，這些住宅是從房屋之間有棚的通道進入的，裡面骯髒且殘破不堪，難以言喻。幾乎找不到一扇完整的窗，牆壁正搖搖欲墜，門柱和窗框鬆脫破損，門則是由舊木板釘成，或者在這個充滿盜賊的區域裡，根本就不需要門，就沒有任何東西可供竊取。垃圾和灰燼四處堆積，門前倒出的臭水匯聚成惡臭的水坑。這裡住著最窮困的人，工資最低微的工人，摻雜著小偷及淪落賣淫的受害者，不分青紅皂白地混雜而居……而那些尚未完全墮落至道德敗壞深淵的人，也在這樣的環境中日復一日地沉淪，逐漸喪失抵抗貧困、骯髒與邪惡環境的能力。

《英國工人階級狀況》（*The Condition of the Working Class in England*），收錄在《馬克思及恩格斯論英國》（*Marx and Engels on Britain*）（[1845], Moscow: Marx-Engels-Lenin-Stalin Institute, 1953），第60-61頁

所有足夠富裕的國家都已經認同這個觀念，即社會有義務保護人們免於陷入如此的命運，並制定社會福利法規或提供不同程度的協助。現在有失業和身心障礙福利、收入補貼、食物券和其他補助計畫，讓較富裕社會中絕大多數的個人獲得資源，以供他們維持最低限度的生活水準。儘管如此，就像我們在周遭觀察到的，社會仍然存在極為懸殊的不平等。有些人住在大房子裡想度假就度假，從來就不愁吃穿；其他人甚至連溫飽都成問題。

市場所產生的不平等程度，即使經過福利國家的修正，是否就能接受呢？或許某些不平等，甚至是我們目前所經歷的不平等，都可以用效益主義來加以證成。這種論點可能看似令人訝異。一般通常認為，效益主義會建議一個大致平等的資源分配，而不是極大的不平等。在效益主義支持平等的論證中，其核心假設是人們對物品的「邊際報酬遞減」。吃第一塊巧克力餅乾所帶來的效益或快樂，遠超過吃第二塊所帶來的效益或快樂。所以，如果我們有兩個人、兩塊餅乾，那麼效益主義可能會建議每人吃一塊。同樣地，一定數量的金錢帶給窮人的效益遠大於帶給富人的效益。為了效益最大化，我們必須把東西分出去，因此從富人到窮人的再分配（redistribution）過

程就能讓效益最大化。

剛才提出的論點的弱點在於，它似乎假設了**物品的分配方式**不會影響**可供分配的物品數量**。但是，人們經常認為一種平等主義的分配方式會壓制主動倡議和進取心：如果努力工作或嘗試開發新產品對收入的影響微乎其微，那又為什麼要這麼努力呢？另一方面，至少允許某些不平等會為人們提供誘因，促使他們創新並且更有效率地工作。如此看來，一個不平等的社會可能會比一個平等的社會創造出更多的財富，所以從效益主義的角度來看，不平等的社會可能會表現得更好，即使我們承認大多數物品的邊際報酬是遞減的。自由市場的效益主義捍衛者聲稱，市場對人類幸福的貢獻遠甚於計畫經濟或平等所能做到的。但可以藉由允許政府提供公共財，並立法減少「公害」（具有負外部性的物品）的供給來改善市場。政府也應該提供某種形式的福利制度，以消除貧窮最糟糕的一面，從而減少極端的不幸福。這樣的體系——就像我們習以為常的社會一樣——可能是我們在效益主義框架下所能做到的最好結果。這是否足以證明這樣的經濟體系是正義的？許多人則不以為然。不過羅爾斯的正義論是近期最有力的嘗試，試圖提出更好的方案。

羅爾斯的正義論

某些正義原則之所以得以證成，因為它們會在一種初始平等的情況下被同意。

羅爾斯，《正義論》（[1971], Oxford: Oxford University Press, 1999年修訂版），第21頁[19]

假想契約（Hypothetical contract）

什麼是正義的社會？我們又要如何得知？首先，讓我們試想一個相當簡單，似乎出現了正義問題的例子。假設有兩個人——你和我——在玩撲克牌。我發牌，你把牌拿起來查看。在我拿起自己的牌之前，我注意到有一張牌——黑桃Ace——正面朝上落在地上。看到這種情況，我建議我們應該棄牌，然後由我重新發牌，但是你卻主張我們應該把這局打完。因此，我們意見不同。那我們該怎麼辦呢？

當然，最終我們其中一人可能會屈服於強勢的壓力，甚至是身體的力量。但是，在我們大打出手之前，我們應該意識到有幾種策略可供我們嘗試。如果我們願意的話，可以透過確定何謂公平或正義的結果來解決這個爭議。舉例來說，其中一種策略可能是我們事前已經達成了一項涵蓋這種情況的協議。在開始遊戲之前，我們可能已經擬定了一份冗長的文件，概述了在這種情況下及許多其他類似情況下應該採取的措施。據推測，參考這樣一份協議將可以果斷地解決爭議。更實際的狀況是，我們可能曾經達成一項口頭協議，要遵守某種公認的遊戲規則，再參考這些規則就可以平息事端。

但或許更有可能的情況是，沒有實際的協議可供我們參考。那我們還能怎麼辦？第二個想法是徵求一位「公道的旁觀者」(impartial spectator)的意見。可能是一位我們都敬重的在場觀眾，或者如果我們是在俱樂部裡比賽，也可能是裁判。又或者，如果我們還是小孩——比如說兄弟姊妹——就可以請求父母做決定。再次，透過這個方法，我們應該可以得到一個明確的裁決。

但如果現場也沒有這樣的人的話該怎麼辦？第三種策略將是在想像中召喚某個人——一位假想的旁觀者。「如果你的父母在這裡，他們會說些什麼？」誠然，這並不能保證一定能解決爭議；我們可能會因為他們**會**說些什麼而再次發生同樣的爭執。但是，透過反思一個公道的人會如何看待這種情況，好讓某個人意識到他或她是錯的，這種情況並非前所未聞。所以，在某些情況下，這個策略可以得出一個有用的答案。

最後，我們可以訴諸一個假想的協議。我們可以在我們的想像裡思考這個問題：如果我們其中一人在遊戲開始前提出這個議題的話，我們會達成什麼樣的協議。也許我可以說服你，如果我們事先討論過這個議題，我們就會同意在這些條件下棄牌。你之所以不同意，只是因為你被眼前得到的手牌分散了注意力。也許這是你今晚第一副好牌，讓你看不到這個情況的正義性。想像一下在你得到這副牌之前你會同意什麼，這是一種嘗試過濾掉你自身的特殊利益所造成的偏見的方式。而羅爾斯在嘗試論證他的正義原則時，正是採用了這種想法。

顯然，如果我們要使用假想協議的方法來解決正義的問題，我們就必須預設假想契約會在某種特殊條件下發生。再以撲克牌遊戲為例：如果我們假設，進行假想締約的雙方(你和我)就像我們在現實生活中那樣處於完全相同的位置，我們就無法使用這個方法。因為在現實生活中我們有所爭執——我想要重新發牌，而你不想——而我們的希望是找到一種解決這個爭議的方法。如果我們要達成一個假想的協議，就必須從現實生活中抽離出來。在撲克牌遊戲中，這相對容易：我們可以想像在發牌之前，我們會達成什麼樣的協議。因此，我們假設存在一些無知（ignorance）狀態，我們雙方都不知道自己手上有什麼牌。如果我們能夠成功地想像出在發牌之前我們會達成的協議，那麼我們將處於一個不會受到我們特殊利益的偏見所影響的位置；也就是說，不會受到我們手上的牌是好是壞的影響。如果我們不進行這樣的抽離，那我們能夠找到一項假想協議的機會就十分渺茫了。

因此，羅爾斯使用一個假想契約的論證來證成他的正義原則。據此，我們可以將羅爾斯的計畫分為三個要素：第一個是界定這個假想協議發生的條件；第二個是論證他的正義原則會在這樣的條件下被選擇；第三個則是主張，這顯示它們是正確的正義原則，至少對當代民主政體來說是如此。讓我們考慮這些要素中的第一個，也就是該契約的條件，羅爾斯稱之為「原初位置」（original position）。若是要讓一個關於社會正義的協議得以可能，那麼我們需要賦予締約者什麼樣的無知或知識呢？

如果我們試圖想像一個在現代社會中人與人之間的假想契約，這將會無法成立，因為不存在每個人都會真正地同意的條款（或者即使存在一些條款，它們也難以構成一個完整的正義觀）。

舉例來說，我們可以預期有些富人會強烈反對課稅，而有些窮人則會希望對富人徵收比現在更多的稅金以增加社會福利。因此我們便有了爭議，而一個正義理論的重點就在於嘗試解決這樣的爭議。

羅爾斯假定，人們對正義的看法往往是偏頗的，部分是受到他們自身特殊利益的影響。因為他們已經知道他們手中握有什麼樣的社會牌——智慧、力量等等——人們往往無法採取一種適當的公正立場，而這就是對關切正義所要求的東西。羅爾斯的主導思想是，雖然正義要求公正（impartiality），但公正可以透過假設無知來模擬。這為一個假想契約的論證開闢了道路，而為了更清楚地說明這一點，請考慮以下的例子（順便說一下，這不是羅爾斯自己的例子）。

假設在不久的將來，足球裁判人手短缺。（試想他們被球員們謾罵，因而心灰意冷，以致於他們全都改行去射箭。）對很多比賽來說，已經不可能找到一位中立的裁判了。假設曼聯和曼城的比賽也是如此，還假設這場比賽中唯一合格的裁判剛好是曼聯的經理，曼城自然反對由他們擔任裁判的提案。然而，足球協會意識到這種困難會不時發生，所以研發了一種藥物。若是你服用了這種藥物，你的行為一切正常，除了一點之外。你罹患了一種高度選擇性的失憶。你記不起自己管理哪支足球隊（也聽不見任何試圖提醒你的人的聲音）。服用這種藥物後，曼聯的經理該如何吹判這場比賽呢？

答案是，他們最好保持公正。他們知道自己管理其中一支球隊，但不知道是哪一支球隊。因此，如果他們隨機挑選其中一支球隊來偏袒，他們可能會發現自己正在對自己的球隊造成傷害。如果我們假設他們不想承擔不公平地損害自己球隊前景的風險，那他們能做的就是盡可能公平地執法，讓比賽按照規則進行。這就是無知催生公正。

考慮到這一點，我們可以探討羅爾斯對原初位置的建構。身處原初位置的人們——假想的契約者——被置於「無知之幕」（veil of ignorance）之後，這使他們無法得知他們的特定境況。由於這種無知，他們不知道如何偏袒有利於自己的一方還顯然被迫公正行事。

羅爾斯說，處於原初位置的人不知道他們在社會中的位置或階級地位。他們對自己的社會地位、性別和種族一無所知。重要的是，他們也不知道自己擁有的「自然資產」（natural assets）——他們的能力和力量。在所有的這些方面，他們都不知道自己拿到了什麼牌。

這足以讓他們達成協議嗎？如果人們在正義問題上唯一的分歧就是個人利益，那麼確實如此。但羅爾斯承認這是一種粗俗且具有侮辱性的過度簡化。人們也因為他們重視不同的東西而存在分歧。他們有不同的「善觀念」（conceptions of the good），也就是對於是什麼讓生命具有價值懷有不同的想法。人們有不同的道德、宗教和哲學觀點，以及不同的目標和抱負。他們對良善社會應該是什麼樣子，也有不同的看法。羅爾斯也排除了所有這些資訊，並說道處於原初位置的人們對他們自身的善觀念一無所知，他們也不知道自己的「特殊的心理傾向」。

為了闡明這個方法的威力，到目前為止的假設似乎足以解釋為什麼處於原初位置的人們會同意羅爾斯所謂的自由原則——每個人都應該擁有一套平等且廣泛的基本自由。選擇另一個替代原則來管制自由，實際上就是歧視某個群體，或是接受所有人的自由都被削弱。但是，如果他們不知道自己屬於哪個或哪些群體，誰會同意這麼做呢？如果他們不知道自己的種族，誰會選擇歧視某個特定種族呢？而又有誰會選擇限制每個人的自由呢？自由原則似乎是一個明顯理性的選擇。

另一方面，有一個反對意見認為，個體可能會選擇較少或不平等的自由，如果這會讓每個人都過得更好的話。羅爾斯否認這一點，而我們稍後會看到他的理由。但一個更巧妙的異議是，到目前為止所描述的人們根本無法做出任何選擇或決定，他們不知道自己是什麼樣的人，也不知道自己喜歡什麼類型的事物。那麼，他們如何能就社會應該是什麼樣子的問題，做出任何決定呢？在缺少善觀念的情況下，他們怎麼會知道自己重視自由呢？

羅爾斯的回答是去預設某種類型的動機。他規定，身處原初位置中的各方被假定擁有一種「薄的善理論」（thin theory of the good）。在薄的善理論中的第一個也是最重要的要素是，身處原初位置的行動者知道他們想要羅爾斯所謂的「基本善」（primary goods），包括了自由、機會、財富、收入，以及相當神秘的「自尊的社會基礎」（social bases of self-respect）。羅爾斯預設，這些基本善的共通點是：無論人們還想要什麼，它們應該都是人們會理性地想望的事物，意即無論你的善觀念是純粹的快樂生活、修行的美德、狩獵、射擊和釣魚、提高意識或是其他任何生活方式，羅爾斯的基本善對你來說都是可取的（desirable）。羅爾斯預設，你總是想要獲得自由、機會和金錢，作為實現你個人生活目的的萬能手段。所以，身處原初位置的行動者被假定知道他們想要基本善。

羅爾斯補充說，他們偏好更多而非更少的基本善，因為這些行動者是理性的，所以他們會採取最有效率的手段來實現他們的目的。他們也不嫉妒，所以不會對其他人的好運心生怨懟。最後，他們是「互不關心的」（mutually disinterested），對於其他人的處境不感興趣，不論是正面還是負面的。

要澄清的是，羅爾斯並**不是**說這就是人們在世界上的真實樣貌。人們常常是妒忌或不理性的，而我們確實也經常非常關心其他人的生活狀況。相反地，他是在創建一個假想的——亦即虛構的——人的模型，以描述一位參與原初位置的人。在撲克牌遊戲的例子中，為了得出一個公平的假想協議，我們假定玩家並未拿到他們的牌，儘管事實上他們早就拿到了。同樣地，在原初位置的情況下，我們假設了一種更加徹底的無知和知識程度，以確保締約各方之間的公正性。我們最終得到了一個在原初位置中的人的設定，這個人設與現實中的人相去甚遠，但這並不是對該理論的批評。無知之幕背後的原初位置的條件並不是用來描述一個人的本質，而是作為一種方法論上的工具，一種幫助我們得出關於正確的正義原則觀點的工具。

只需要再添加幾塊拼圖，原初位置的圖像就完成了。羅爾斯假定，身處原初位置的人們對其社會的特定事實是無知的。他們不知道其經濟和政治狀況、其文明或文化的程度，也不知道他們屬於哪個世代，亦即他們是年輕人還是老年人。然而，他們確實知道人們——真實的人，社會中的人——具有一種正義感，並且有能力形成善觀念。

他們還知道他們的社會正處於休謨所謂的「正義的情境」（the circumstances of justice）。休謨指出，在某些條件下，正義的觀念似乎並不適用。如果我們處於一個資源極度稀缺的情況下，糟到甚至無法確保每個人的生存，那麼我們應該批評任何人的不義行為，這個想法似乎是荒謬的。如果僅僅是為了活命，你就必須從他人身上攫取你能攫取的東西，那麼正義的考量似乎就完全無關緊要了。在另一個極端，如果我們所處的環境是如此的富裕，以致於我們所有人都可以隨心所欲地擁有，那麼正義的衝突也不會出現。如果你有我想要的東西，若是我可以毫無困難地得到另一個一模一樣的東西，我又何必與你發生爭執呢？據此，羅爾斯假設，他的各方知道他們正在為一個介於「稀缺與富裕之間」正義情境的社會，決定管制它的原則。

選擇正義原則

在建構了原初位置之後，會產生什麼樣的正義原則呢？羅爾斯說，我們任何人都可以在任何時候設身處地進入原初位置。若真如此，我們就會看到自己事實上會不會選擇他的正義原則了。羅爾斯說，我們會選擇的原則是：

1. 每個人都享有一種平等的權利，以獲得最廣泛的平等的基本自由的整個體系，它與一個給所有人的類似自由的體系是相容的。
2. 社會與經濟不平等的安排應使它們同時滿足以下兩個條件：

（a）為最不利者謀求最大的利益……以及，

（b）在公平的機會平等條件下，這些不平等所依附的職位和職務應向所有人開放。（《正義論》，第302頁[266]）

原則1是自由原則，2（a）是差異原則（the Difference Principle），2（b）是公平機會原則（the Fair Opportunity Principle）。根據羅爾斯的說法，自由原則較其他兩個原則具有「辭典式優先性」（lexical priority），就像公平機會原則優先於差異原則一樣。對羅爾斯來說，這意味著一旦我們的社會達到一個合理的財富水準後，自由的考量絕對優先於經濟福祉或是機會平等（equality of opportunity）的問題。舉例來說，從這個角度來看，說奴隸制使奴隸的生活比他們獲得自由時還要好，這並不能成為辯護奴隸制的理由，即使的確如此。事實是，強制性的奴隸制與承認平等的自由是不一致的，所以無論它是否對奴隸帶來經濟上的好處都必須讓步。關於公平機會原則優先於差異原則，也可以有類似的說法。

在本章中，我們關注的主要對象是差異原則。值得注意的是，它是一個廣泛的平等主義原則。這是因為對羅爾斯來說存在一個普遍的假設，支持在所有公民之間平等地分配物品。然而，羅爾斯也注意到前面討論過的論點，這個論點似乎經常引發一種對平等主義的強烈批評：它沒有為獎勵留下任何空間，意即如果有些人知道他們努力工作就會得到額外的獎勵，他們就會更努力地工作。但是，高效率人士的辛勤工作能夠讓我們所有人都受惠：不論是直接透過創造新的工作和消費機會，還是間接透過增加稅收。現在，如果一種不平等讓每個人都受惠，那麼還有什麼理由反對它呢？畢竟，它又傷害了誰？基於這些理由，平等主義有時會被指責為既無效率又不理性，或甚至是「嫉妒的政治」。

羅爾斯接受以下這個條件句：**如果**一種不平等對於讓每個人過得更好來說是必要的，特別是讓最弱勢者過得比原本更好，那麼就應該允許這種不平等，正是這個想法產生了差異原則。然而，為了要鼓勵人們更努力工作來實現互利互惠，激勵**是否**是必要的，這不是一個哲學家要回答的問題，而是心理學家和經濟學家要回答的問題。

在上一節中，我指出效益主義的政治哲學很可能會產生一個帶有福利國家的自由市場。這樣的體系所允許的不平等程度，會遠超過差異原則所能證成的。但是羅爾斯如何能證明，差異原則是在正義的基礎上應該被偏好的原則呢？他的答案是使用一個假想契約的手段。從原初位置來看，人們會選擇他的正義原則而非效益主義。但他們為什麼會這麼選？為什麼不選擇效益主義原則呢？

考慮下面這個對原初位置的調整可能會有所幫助。假設你剛從一間醫院的病床上醒來：首先，你意識到自己正患有全面的記憶喪失。低頭一看，你發現自己從頭到腳都纏滿了繃帶。你不記得自己的姓名、性別或種族，也無法透過自我檢查來得知這些資訊（手腕上的繃帶標籤只有一個號碼）。關於你的家庭、職業、生活方式、階級、長處、技能等等的事實，你都不記得了。你倒是還記得一些曾經在經濟學和社會學課堂上學到的一些一般性理論，但歷史課上的東西你卻一點都不記得了。事實上，你甚至無法說出現在是哪一個世紀。隨後，一位身穿白袍的男子走進病房。「早安，」他說：「我是約翰・羅爾斯教授。明天你的記憶就會恢復，繃帶也會被拆除，然後你就可以自由離開了。所以我們沒有太多時間。我們需要你做的是，告訴我們你希望社會應該如何建構，要知道，從明天起，你將生活在你所選擇的社會裡。我們希望你完全依照自身的利益來建構社會。雖然你不知道你的實際利益是什麼，但我可以告訴你，你想要擁有越多的基本善越好——自由、機會、財富和收入——並且你不該考慮其他人的命運。今晚我會再來看看你做了什麼決定。」在這種情況下，什麼才會是理性下的選擇？

值得注意的是，在討論過程中，我們已經開始論及原則的「選擇」，而不是我們一開始提出的「協議」概念。實際上，這並無差別。身處原初位置的人被假設是一樣的。因此，他們都會以相同的方式來推理，所以我們不妨只專注在一個人的選擇上。這麼做沒有壞處，也讓該論證更容易處理。

你會選擇自由原則嗎？我們已經看到，你該這麼選擇的主要理由了。由於你不知道自己屬於哪個或哪些群體，因此歧視社會中的一部分人是不理性的。就你所知，你可能正在歧視自己。這就是選擇平等自由的理由。但為什麼要選擇**最廣泛的**平等自由呢？這似乎來自羅爾斯的假設：人們不只想要基本善，他們還想要越多基本善越好。從無知之幕背後，或是從你的醫院病床上來看，自由原則看來是一個明顯且當然的選擇。（毫無疑問，類似的說法也適用於公平機會原則。）

不過，請記得，羅爾斯主張人們不僅會採用自由原則，而且他們還會賦予它相對於其他原則的「辭典式優先性」。根據這個觀點，我們不能為了其他任何事情犧牲自由。但有人可能會爭論，給予自由如此絕對的優先性很難是理性的。有時候，自由應該為了安全的緣故而犧牲，想想戰時的燈火管制與宵禁，或是實際上在疫情期間的公共衛生措施。此外，在經濟極度困難和資源稀缺的時期，如果這是我們獲得食物的唯一方式，我們可能會接受對政治和公民自由的限制。那麼，我們要如何接受自由的優先地位呢？

羅爾斯是刻意忽略緊急狀態——像是戰爭——他想先理解更「核心」的正義案例，再來探究這些不太常見的問題。而且他也說過，我們可以假設，我們是替一個處於「正義情境」中的社會來選擇正義原則，意即我們已經知道我們社會的資源並不至於非常稀缺，所以我們就毋需關心這樣的問題情境。羅爾斯貌似有理的觀點，儘管可能會受到質疑——那就是，在適當繁榮的條件下，基本的權利與自由應該始終優先於進一步的物質發展。

接下來我們應該探討差異原則的來歷。當然，這個原則規定社會中的財富與收入分配應該是平等的，除非某種不平等對每個人都有利。尤其是它必須有利於最弱勢者。為什麼要選擇這樣的原則呢？

實際上，我們現在正在處理的是在不確定情境下的理性選擇問題。要決定挑選什麼樣的正義原則才是理性的，我們首先需要知道在這種情況下使用什麼樣的理性選擇原則才是適當的。以這種方式來看待問題，意味著我們可以借助「理性選擇理論」（rational choice theory）的資源來協助解決這個問題。

要了解議題的類型，讓我們以一個非常簡單的案例為例來開始。假設你坐在餐廳用餐，面臨必須選擇第一道菜的問題。這是一份固定價格的菜單，所以你不需要考慮各個品項的相對成本，也無須理會你在飲食或宗教方面的顧慮，這是一個相當單純的選擇。菜單上只有兩個品項：淡菜和甜瓜。甜瓜是個安全的選擇。這家餐廳的品質不錯，所以他們只會提供成熟且高品質的甜瓜。可以肯定的是，你一定會大快朵頤。然而，淡菜更像是一場賭博。通常它們會帶給你極大的樂趣——遠勝於甜瓜——但是一顆變質的淡菜卻會毀了你一整週的生活。根據過往的經驗，你可以假設，十盤淡菜中就有一盤讓你腸胃不適。基於這些事實，你該選擇哪道菜呢？

如果我們以表格的形式呈現這些資訊，將有助於闡明問題。這些數字應該代表你從這些選項中得到的相對效益量——「快樂」與「不快樂」。

甜瓜 5（不論品質好壞）

淡菜 20（如果品質良好—90%的機會）、-100（如果品質不良—10%的機會）

其中一種理性選擇理論認為，我們應該「最大化預期效用」或「最大化平均價值」。這意味著我們對每個選項的價值得出一個平均值，然後選擇平均值最高的選項。這個平均值就是預期效用。當然，計算甜瓜的平均效用很容易；無論如何，你都會得到5。但計算淡菜的預期效用就稍微困難一點。我們要做的是將每個可能結果的效用乘以其機率。然後，我們將每個數額相加，並得出平均數。因此，我們先將20（好淡菜的效用）乘以0.9（淡菜品質良好的機率），並得到了18。然後，我們將-100（壞淡菜的效用）乘以其機率，得到了-10。將兩者相加（18和-10）得出了8，也就是淡菜的預期效用。

另一種看待這個問題的方式是，想像你正在這場「遊戲」的長期系列裡。假設你在這家餐廳用餐一百次，而且每次都點淡菜。如果機率如期運作，那麼你會有九十次「好的」用餐經驗和十次「壞的」用餐經驗。每次的好經驗價值20，所以總計可得1,800。每次的壞經驗價值-100，總計為-1,000。因此，一百盤淡菜的「收益」是800，所以，平均收益——即預期效用——是8。

重要的是，要了解所謂的「預期效用」並不代表這是你實際會獲得的結果。事實上，你永遠不會得到8；你要麼會得到20，要麼是-100：預期效用是一個平均數值。

如果你要最大化預期效用，那你就要選擇淡菜。這是最理性的做法嗎？毫無疑問，有些人會強烈反對。淡菜雖然在某種意義上是個不錯的賭注，但風險仍然很高。有些人會說，在有一個還不錯的選擇時，冒這種風險是愚蠢的。甜瓜是一個安全的好選擇，而且至少對某些人來說，這讓它成為更理性的選擇，一切都不會出錯。以這種方式推理的人通常會被認為採用了理性選擇的「最大化最小值」（maximin）原則。這個原則指導我們確保最壞的結果仍要盡可能地最好：最大化最小值。用在現實生活裡，這是一個悲觀主義者的原則。它告訴你，你不應該橫跨馬路（你可能會送命），而是要等待交通號誌顯示可以安全通過馬路。採取最大化最小值策略的人會這樣做，即使死亡的機率非常小，而不橫跨馬路的不便非常大。那麼，遵循最大化最小值原則的人會選擇甜瓜。

到目前為止，我們有兩個理性選擇的候選原則：最大化期望效用和最大化最小值。事實上，理性選擇的可能原則並無限制。為了說明第三種可能的原則——最大化最大值（maximax）——請考慮一個原先案例的延伸。假設服務生在接受你點餐之前說：「今天的特餐是魚子。」在進一步詢問後，他透露這是由主廚準備的一道新奇菜餚，他在出餐前會擺出五十個盤子，其中一個裝有鱘魚子醬（caviar），而其他四十九個則裝有圓鰭魚子醬（lumpfish roe）。因此，有2%（五十分之一）的機會吃到鱘魚子醬，而有98％的機會將吃到圓鰭魚子醬。你也可以放心，如果你真的幸運地拿到鱘魚子醬，它會以極為隆重的方式為你呈上，所以你一定會知道你吃到的是鱘魚子醬，無論你是否真能品嚐到其中的差異。

你計算後發現，如果你真的拿到鱘魚子醬，那會是一件多麼令人興奮的事，它對你來說價值50。另一方面，如果你拿到的是圓鰭魚子醬（當然是經過巴氏殺菌法處理過的），它不會對你造成任何傷害，但你也不會從中得到任何樂趣。你可能會剩下大部分不吃。所以你將其價值定為0。現在，如果你要玩最大化最小值的遊戲，那你會堅持選擇甜瓜。這仍然是個「最佳的最壞」結果：5比0要好。同樣地，期望值的最大化仍舊要求淡菜。（因為魚子的期望值是1，這一點很容易計算出來。）但有些人會爭辯說，在這裡吃魚子才是理性的。畢竟，如果這場賭博成功的話，回報確實非常豐厚。採取這種推理方式的人很可能隱約依賴著「最大化最大值」原則，該原則告訴我們要選擇擁有「最佳的最好」結果的選項（無論這個結果有多麼不可能）：最大化最大值，一個敢於承擔風險的樂觀主義者會採取的原則。由於魚子是擁有最佳可能結果的選擇（即使這種結果不太可能發生），它就是應該被選擇的選項。

最大化最大值其實是個玩笑式的原則；它不是一個嚴肅的想法。任何在這個案例中選擇魚子的人肯定不會繼續這麼做，若是知道賭輸的話，他們得到的不是圓鰭魚子醬，而是被帶到餐廳後面射殺的話。那些自認是最大化最大值者的人，可能遵循的是一種更複雜的「最大化最大值，但需要避免災難」的原則。不過，讓我們把這個問題擱置一旁。到目前為止的重點是，在餐廳的例子中，我們已經辨識出三種不同的選擇原則，而每種原則各自導向不同的決策。在確定並說明了這些原則之後，我們就可以將注意力重新回到社會案例上，並且探討從原初位置或醫院病床上那位不幸的窮人所做出理性選擇。

這可能不容易馬上看出來，但是挑選一個用在原初位置上的理性選擇原則，其結果是極其重要的。對於我們辨識出的三個原則，每一個都會產生一個不同的正義社會的模型。那些選擇最大化期望效用的人，是在找尋平均效用最高的結果。據此，從醫院病床上來看，他們應該選擇某種版本的平均效益主義的正義理論：我們應該讓社會的平均地位盡可能地更好。相較之下，最大化最大值者的眼睛只盯著最佳結果。因此，他們很可能選擇一個高度不平等的社會形式，一個擁有特權、富裕且強大的統治階級。最後，最大化最小值者只關心最弱勢者，希望讓社會中最弱勢者盡可能過得更好。換句話說，他們會選擇羅爾斯的差異原則。

我們現在可以看到，羅爾斯論證的負擔在於這個宣稱，即在原初位置中的理性選擇原則應該就是最大化最小值原則。這並不是說羅爾斯相信，最大化最小值是適用於每個在不確定性下的決策情境的選擇原則。甜瓜並不是菜單上毫無爭議的理性選擇。有時候，選擇承擔一些風險似乎更理性。然而，羅爾斯認為，原初位置極度特殊的情境提供了一些理由，讓最大化最小值原則成為這種情況下唯一的理性選擇。我們現在需要檢視他的論點。

選擇最大化最小值的理由

那麼，用於原初位置或醫院病床上的理性選擇原則是什麼？在嘗試回答這個問題之前，有必要對選擇的本質進行一些說明。首先，我們可能會問：為什麼不選擇像是「每個人都應該住在宮殿裡」這樣的原則呢？那樣的話我一定會過得很好。但當然，羅爾斯會回答說，你無法得知你的社會是否能夠維持這樣的局面；幾乎可以肯定的是，它做不到。你的社會正處於「正義的情境」——在稀缺與富裕之間——而你必須選擇一個原則，這個原則將適用於這兩個極端之間的所有生產力水準。所以，我們可以說，你的選擇存在**物理上的限制**。

而且，我們幾乎無須補充的是也存在**邏輯上的限制**。無論你選擇什麼，都必須是邏輯上可能的。所以，你不能選擇像是「每個人都應該有奴隸」或「每個人都應該比其他人更富有」這樣的原則。

更重要的是，羅爾斯宣稱還存在一些**形式上的限制**，這些限制反映了一個假想**契約**之論證模式的想法。這個想法是，若是要說人們被正確地說成已經進入了一個契約，就需要滿足形式上的條件，而羅爾斯將這些條件作為進一步限制選擇來導入。其一是，契約條款必須為所有締約方所知，或至少是可知的。如果契約條款被刻意隱瞞，不讓任何締約方得知的話，那就不存在契約。這就是**公開性**（publicity）的限制，它足以排除我們在第四章所看到的由西季威克所討論的那種「兩層」或「官府」式的效益主義。

第二個形式上的限制是**最終性**（finality）。如果一個契約是善意訂立的，那麼當事人就不會只因為情況不妙就尋求撤銷契約。許多契約都涵蓋了不可能發生的意外情況的條款。例如，一方可能同意在未能交付貨物的情況下賠償另一方。如果你簽訂了這樣的契約，那麼你就必須準備好承擔這些「承諾的壓力」。所以，在這個案例中，如果我事先知道如果我未能交付貨物的話，我其實不會賠償給你，那麼我就不是善意地簽訂契約。這個想法對於羅爾斯式契約的影響是，我一定不能做出一個「如果結果不如預期就想反悔」的選擇。假設在我的醫院病床上，我選擇了一個非常不平等的社會，然後發現在實際的社會裡，我在這些安排下會過得不好，並且發現自己接近最底層。如果屆時我心懷不滿，想要改變這個體制，那麼我就不是善意地做出我的選擇，因為我還沒準備好承擔承諾的壓力。若是我們認為正義的社會應該要是長期穩定的，這個想法顯然是重要的。我們很快就會看到羅爾斯如何運用承諾的壓力這個觀念。

那麼，我們正在尋找一個理性選擇的原則，這個原則能產生一個在物理和邏輯上都有可能的決定，並且不違反公開性和最終性的限制。這還不足以確定一個單一原則的選擇，因為看來無論是基於期望效用最大化（平均效益主義）還是基於最大化最小值（差異原則）來選擇，兩者都有可能的。那麼我們現在該怎麼辦呢？

從另一個方向繼續探討可能會有幫助。在什麼情況下，期望效用最大化會是一種理性的選擇原則？在經濟理論中，期望效用最大化幾乎被視為理性的定義。為什麼會這樣？答案是，在一系列的長期決策中，這些決策都是離散的，在一個決策中發生的事情並不取決於另一個決策已經發生或將要發生的事情，因此，與遵循任何其他政策相比，當你成為一位期望效用最大化者，幾乎肯定會做得更好。舉例來說，假設每天工作結束後，你會獲得五十英鎊的薪資，但同時也被告知你可以拿這筆薪資去賭博，有50％的機會贏得一百五十英鎊。因此，這場賭局的期望價值為七十五英鎊。如果每天都有人向你提供這種賭局，而且你確定提供賭局的人是誠實的，那麼恪守常規的安全策略就顯得愚蠢。如果你選擇恪守安全策略，你可以確保一周五天的薪資為兩百五十英鎊，而賭博平均會為你帶來三百七十五英鎊的收入。因此，在這樣一個長期的決策情境中，期望效用最大化肯定是個理性的策略——而經濟理論假設，個體確實面臨了許多這樣的選擇和決策（雖然規律性和可預測性比不上所描述的情況）。

現在，對羅爾斯來說很重要的一點是，在原初位置所做的選擇並不是一連串長期選擇中的第一個。它是一次性的、不可重來的選擇。如果情況不妙，你沒有下一次機會了。因此，期望效用最大化未必是顯而易見的理性決策，因為它涉及了承擔風險（回想一下那盤淡菜）。這是否意味著，這種選擇是關於性格的問題，而非純粹的理性問題呢？

相反地，羅爾斯認為使用最大化最小值原則，並選擇差異原則才是更理性的決定，原因在於這個選擇所具有的特殊情境。他提出了許多論點，並非所有的論點都同樣令人信服，但其中最好的論點是，其他替代性選擇原則涉及了承擔如此嚴重的風險，以致於這樣做是愚蠢至極的。如果你決定賭一把，結果你輸了就無法挽回了。沒有第二次機會。原初位置不會重新來過。如果你選擇了最大化期望效用，所以選擇了效益主義，你總是有可能不幸落得非常糟糕的下場。

誠然，我們已經假設「自由原則」會被選擇——人們不該拿自己的自由作賭注——所以你最後不會淪為他人的奴隸。這個保證已經標誌著一個有別於效益主義的重要區別，但你可能非常貧窮、失業、甚至無家可歸。或許弱勢群體的存在是一種特別有效率的市場經濟所不可避免的副作用。如果使用最大化最小值原則就可以確保更好的結果，為什麼還要甘願冒這樣的風險呢？而且，羅爾斯補充說，這或許有點不公平，如果這場賭博失敗了，你要如何向你的後代證明你的決定是正確的，他們的生活前景也會因為你的選擇而黯淡？

作為進一步的論證，羅爾斯認為，如果你真的決定賭一把，最終卻陷入貧窮，那麼你就不會認為這樣的社會是正義的，而且很可能會要求改變。但這種行為在某種意義上，相當於「反悔」你最初的協議。換句話說，如果這場賭局失敗，你將無法承受「承諾的壓力」。據此，你並未善意地訂立這份契約，因此就違反了「最終性的限制」。

這個進一步的論點似乎倚賴對契約的觀念採取非常字面上的理解；或許比我們應該重視的程度還要嚴肅。但這個論點真正發揮作用的僅僅是最大化最小值應該受到青睞，因為其他替代的理性選擇原則都涉及了風險，而這些風險在原初位置的情境下過於危險以致於是不理性的，有鑒於這是只有一次的選擇，沒有反悔的空間。而這似乎是一個拒絕期望效用最大化原則的好理由。

但這是否足以成為使用最大化最小值原則的充分理由呢？或許羅爾斯在比較時並不公平，當他把主要的比較對象放在最大化最小值和期望效用最大化之間。效用最大化的失敗並不自動代表最大化最小值的勝利。可能還有其他中間原則，它們兼具兩者的某些優點。讓我們考慮一下這個選擇情境，其中你被告知如果你打開B盒子，你會得到五個單位，而如果你打開A盒子，你有50%的機會得到四個單位，以及50%的機會得到十個單位。在這種情況下，如果你要使用最大化最小值原則，那你就必須選擇B，因為它有著較高的最小價值結果：五個單位。然而，我們必須考慮一種非常特殊的情況，在這種情況下，無論我們談的是英鎊、數百萬英鎊，或只是幾個便士，選項B都是那個理性的選擇。（或許你正好需要五千英鎊來進行一個救命手術。）所以，讓我們再想一想能不能有新的選擇原則，讓你可以選擇A而不是B，又能避免與期望效用最大化（或實際上是最大化最大值）相關的嚴重風險呢？

其中一個答案是選擇「受限制的最大化」（constrained maximization）原則。也就是說，人們應該使用這樣的原則，大概是說：「最大化期待效用，但排除任何包含一種非常糟糕的可能性選項。」這是一個允許賭博，但不允許冒一切風險的原則。這樣的原則似乎很好地克服了避免重大風險的問題，又不需要背書「無聊的」最大化最小值原則。任何使用這種我們可以稱之為「受到安全網限制的最大化」原則的人，都可能準備要選擇一個極度不平等的社會，只要它能提升社會的平均地位，同時沒有人會過得太慘。換句話說，如果有必要的話會由政府提供最低收入，以確保沒有人陷入過於絕望的處境。我們甚至可以認為，當代的西方社會在很大程度上符合這種模式：經過福利國家修正後的自由市場。

羅爾斯認為，這個「受限制的最大化」論證是失敗的。他相信，問題在於從原初位置的觀點來看，不可能以一種非恣意的方式來設定社會最低保障。由於我們不知道我們社會的實際情況，我們就無法決定，比方說「每個人每週至少應該要得到兩百英鎊」。有鑒於社會的實際狀況最終會如何呈現，這筆錢可能不足以讓某個人維持溫飽、衣著和住所。或者從經濟的角度來看，這或許行不通。我們需要一個更一般性的原則：一個無論社會變成什麼樣子都適用的原則。不如「沒有人的收入應該低於平均收入的一半」？但為什麼是一半？為什麼不是四分之一？為什麼不是四分之三？而且我們又如何能確定這些標準中的任一者都足以確保一種可接受的生活水準？羅爾斯建議，締約各方在嘗試設定社會最低保障時，最後會滿足於這個建議：「讓最弱勢者盡可能地過得好」。但這其實就是差異原則了，所以這種「受限制的最大化」形式似乎又退回到最大化最小值原則了。

有些人懷疑，羅爾斯在試圖以一種非恣意的方式來設定社會最低保障的時候，並未發揮足夠的想像力。舉例來說，為什麼不把它設定為克服「承諾的壓力」呢？羅爾斯的論點還遠未達成確立的地步，儘管公平地說，羅爾斯確實使用了另一個重要的論證，以「博愛」（fraternity）與「互惠」（reciprocity）的觀念為基礎，試圖捍衛差異原則。這些觀念所訴求的概念是，在一個正義的社會裡，除非所有人都受益，否則沒有人會想要得利。羅爾斯在此處的論證是一個細膩的論證，而它究竟會如何運作仍是一個具有爭議的問題。儘管如此，在原初位置裡，差異原則會在無知之幕背後被選擇，這個想法還是具有一定的可信度。而且我們已經接受自由原則和公平機會原則也會被選中，儘管它們是否應該被賦予羅爾斯給予它們的優先性，這仍有待商榷。那麼，到目前為止，羅爾斯的計畫似乎取得了一個（有限的）成功。

但該論證尚未結束。因為即使羅爾斯是正確的，選擇他的原則又能證明什麼呢？為什麼那應該被視為一個對於這些原則的證成呢？畢竟，我們現在並不在原初位置裡，所以我們為什麼要關心那裡的人會做些什麼呢？換句話說，是什麼證明了羅爾斯的方法是正當的？這是我們的下一個主題。

羅爾斯及其批評者

> 假想的契約並非只是一種實際契約的蒼白形式，它根本稱不上是契約。
>
> 羅納德・德沃金（Ronald Dworkin），〈原初位置〉（[1973]，重新印製於《閱讀羅爾斯》〔*Reading Rawls*〕），由 Norman Daniels 編輯，（Oxford: Blackwell, 1975; reissued Stanford, CA:

Stanford University Press, 1989），第18頁

假想契約的方法

那麼，為什麼我們要認真看待羅爾斯的論點呢？這裡有一個不好的理由。羅爾斯提出了一個假想契約論證，凡是能夠證明是假想契約之結果的東西就是正義的。因此，羅爾斯方法的結果是正義的。

這種嘗試論證的方式其弱點在於，宣稱凡是能夠證明為假想契約之結果的東西就是正義的。這完全是錯的。試想一下，為了換取這本書的副本，你要把你所有世間的財產都給我。這個假設是一種假想的契約，就像我們可以設想任何的虛構性契約一樣。但其結果很難說是正義的，而且在任何情況下，它明顯與許多其他的假想契約結果互相衝突（例如，除非我也給你我所有的世間財產，否則你不會接受這本書的副本）。顯然需要多說些什麼來證明，為什麼羅爾斯的假想契約應該要比這兩種幻想的假想契約更值得認真看待。

羅爾斯宣稱，他的假想契約具有一種特權地位，因為該契約的情境——也就是原初位置——每個要素都能被證明是公平的。他說，原初位置是「一種代表性設置」（a device of representation）。其每個面向都代表了我們基於道德理由所接受，或是可以被說服接受的原則。舉例來說，讓原初位置中的各方對於他們的性別和種族一無所知，這反映了「我們相信性別和種族歧視

是錯的」這一信念。就像我們之前看到的，羅爾斯藉由施加無知來確保公正性。

話雖如此，我們現在能夠看到原初位置的組成有兩種截然不同的限制。一是，它的所有要素及關於知識與無知的假設，都必須適當地反映出所有人或幾乎所有人所共享的、相對來說不具爭議的道德信念。另一個限制是，來自原初位置的協議必須是可以實現的。在原初位置中的人們必須以這一種方式來描述，即他們可以達成某種或其他協議；不然，這個方法就會失敗。如果可以證明，為了在締約方之間達成協議，羅爾斯在原初位置中加入了一些不公平的要素，這將是一個反駁羅爾斯的強力論證。

一個這類批判中的重要觀點是質疑羅爾斯要求人們按照基本善——自由、機會、財富、收入和自尊的社會基礎——來選擇的論證基礎。我們應該回想一下，之所以引入基本善的概念，是因為羅爾斯決定讓人們對他們的善觀念保持無知的結果。結果，羅爾斯不得不假設一個「薄的善理論」，以便讓身處原初位置的人們可以做出一些這樣或那樣的選擇，不然在沒有善觀念的情況下，他們就不會知道自己偏好什麼。羅爾斯假設人們想要基本善，而且他們寧願要得更多而不是更少的基本善。此舉的哲學證成是，這就是理性的人所想要的東西，不論他們是否還想要其他東西，意即無論你想從生活中得到什麼，這些基本善——自由、機會、收入、財富和自尊的社會基礎——都將成為你的助力。它們是「萬能手段」。因此，它們在不同的善觀念之間是中立的。但是，在批判中，有人說這些基本善並非中性的。它們特別適合建立在利潤、薪資和交換之上的現代資本主義經濟的生活。然而，肯定有一些非商業的、更公社化的存在形式，因此也存在一些善觀念，其中財富與收入——甚至自由與機會——都扮演比較次要的角色。所以，從這個批評的角度來看，羅爾斯的原初立場是偏頗的，它偏向一種商業、個人主義式的社會組織，進而忽略了非商業、公有物可以在人們生活中發揮的重要性。

另一種不同的批評則集中在羅爾斯希望讓締約方對他們的自然與社會資產保持無知。再次強調，這或許對於在締約方之間達成協議來說是必要的，但是這要如何反映出我們所有人都應該共享的道德信念呢？羅爾斯的回答是，一個人所擁有的自然資產和社會資產，「從道德角度來看是恣意的」。沒有人值得比另一個人更強壯、更聰明或更好看，也沒有人值得生於殷實知禮的家庭，因此也就沒有人值得從這些出生的偶然性中受益。那麼，自然資產之分配的恣意性就是透過讓身處原初位置的人們，對這些因素一無所知來進行模擬的。我們讓自然資產成為「共同資產」（common assets）：所有的社會成員都能從中受益的事物。

但這是對的嗎？許多人都會抗拒下面這種想法，認為我們從來就不配從運用自己的才能來獲益。尤其是，如果某個人比其他人更努力地培養出某種才能或技能，並將其運用得宜，那麼我們通常會覺得他們這樣做應得某種報酬。但羅爾斯表示，即使是付出努力的能力，或朝著某個目標認真奮鬥的能力，也會受到一個人所無法控制的社會及自然因素的影響，以致於你甚至不能主張已經培養出來的才能值得獎勵。

羅爾斯在這一點上也許是對的，但這個論證不一定能說服所有人。在這種情況下，有些人不會接受他對原初位置的描述是正確的，他們也會拒絕接受已經證成羅爾斯的正義二原則。因為這裡所嘗試的論證方式取決於這兩個原則是從原初位置中選擇出來的，而原初位置是以這樣一種方式來制定的，凡是從原初位置所產生的東西都是公平的。但我們已經看過懷疑這兩種說法的理由了。現在讓我們來轉向對羅爾斯觀點的另一種類型的挑戰。

諾齊克與模式

有些人曾提出，羅爾斯理論的主要困難點並不在於他所使用的方法，而是在於他用這個方法所得出的結論。特別是，有些批評者曾指出，羅爾斯的正義二原則是不一致的。具體來說，他們說不可能持續一致地遵循自由原則和差異原則。這類論點有兩種截然相反的形式。一個論點爭論說，如果我們關心的是將自由平等化，那麼我們也必須將財產平等化——因為似乎顯而易見的是，富裕的人比貧窮的人能做更多的事，因此擁有更多的自由。那麼，就可以辯稱，差異原則允許自由上的不平等，這與自由原則互相衝突。然而，相反的抱怨更常被提出來，而且如果正確，這對羅爾斯的計畫來說就相當具有毀滅性：給予人們自由意味著**我們不能對個人所持有的財產施加任何限制**。限制人們可以獲得多少的財產，以及他們可以用這些財產做些什麼，就是一種減少個人自由的方式。對自由的適當尊重排除了差別原則，或事實上排除了任何其他的分配原則。諾齊克提出了這個論點最重要的版本，其構成了一個他對自由市場之自由至上主義辯護的核心部分，在本章的第一部分已有所觸及。

諾齊克對羅爾斯的反駁從一些分類開始。首先，他區分了他所謂的「歷史的」與「最終狀態」（end-state）的正義理論。最終狀態的正義理論假設，你只需要看看某種情況的結構，就可以判斷它是否正義。所以，舉例來說，如果你僅是基於所給出的描述，就覺得在本章前面所描述的收入遊行中對於分配描繪是不義的（或是你覺得它是正義的），那很可能就是你持有的是一種最終狀態理論。但如果你認為需要更多關於人們如何取得資源的資訊，或關於資源是如何進行分配的基礎，那麼你相信的就是歷史理論。

諾齊克區分了兩種歷史理論：模式化（patterned）和非模式化（unpatterned）。模式化理論顧名思義，認為分配應該要按照某種模式來進行：「每個人按照其……來分配。」各得所需（to each according to their need）、各得所能（to each according to their ability）、各得所值（to each according to their desert）、各得其位（to each according to their status），這些都是訴諸模式化理論案例。非模式化理論則不會這麼做，本質上它們是「程序性」理論。在一個非模式化理論中，正義分配的本質就是每個人透過正當程序取得他們所持有的物品。諾齊克自己的理論是非模式化的，如他所宣稱的，幾乎所有其他的理論不是模式化就是最終狀態。而這些所有理論都可以被一個單一案例來駁倒，這個案例顯示了給予自由適當的尊重所帶來的後果。

諾齊克開頭就要求我們想像一個由我們最喜愛的模式所來規範的社會，無論那是什麼樣的模式。假設你的觀點是正義要求按需分配，一個人需要的越多就應該擁有的越多。那麼，假設財產在社會中是這麼分配的，人們按照其需求的比例獲得相應的金錢，稱這種財產分配為D1。諾齊克接著要我們想像一名籃球選手——威爾特．張伯倫（Wilt Chamberlain）——和他的球隊安排讓他可以從每一位到主場觀賽的觀眾身上得到二十五美分。除了在驗票閘門支付的標準門票費用之外，他們每人還必須在通過閘門時將二十五美分投入一個特別的盒子裡。在賽季結束時，共有一百萬人將二十五美分投進了盒子裡。據此，張伯倫現在比賽季初多了二十五萬美元，而這就產生了一種新的財產分配結果，稱這種新的分配為D2。基於這個非常簡單的例子，諾齊克覺得有資格得出幾個重要的結論。

首先，任何模式——無論是什麼模式——都有可能被人們的自由行為所破壞。在這個案例中，模式是「各得所需」，而它基本上受到人們的消費決策的干擾。一百萬人決定觀看張伯倫打球，而不是把錢花在巧克力上。無論是什麼樣的模式，似乎總會有一些自由行為（交換、禮物、賭博或是其他）能夠打亂它。

但如果人們決定堅守這個模式呢？這在實際中可能難以實現，但要保持在一定的變化範圍內可能不會太難。另一方面，期望每個人或幾乎每個人都有動機去努力維持這個模式，這是合理的嗎？如果社會就正義所要求的事物存在分歧，那麼任何模式看來都是脆弱的。

諾齊克的第二個主張更重要。如果D1是正義的，而且人們自願地從D1轉移到D2，那麼，他認為D2當然也是正義的。但是，一旦我們承認了這一點，那我們就承認了可以存在不遵守原初模式的正義分配了。因此，所有模式化的正義概念都被駁斥了。對於模式的捍衛者來說，抵抗這步推論是至關重要的，其中一個策略是否認從D1到D2的轉移是自願的。雖然要論證張伯倫的支持者並非自願把錢給他顯得很蠢，但這並不表示他們意識到，他們這麼做會帶來D2。這是一個微妙的論點，雖然D2是自願行動的結果，但這並不表示人們是自願促成D2的。如果他們甚至不知道D2會是他們行動的結果，又怎麼能說他們是自願的？

另一種抗拒這個論點的方式是說，即使D2是以一種純粹自願的方式出現的，也不表示它是正義的。也許張伯倫的財富會讓他處於一個能對其他人造成傷害的位置，透過市場來施展權力、囤積物資、投機或其他行為。畢竟，並非每個人都選擇付費觀看張伯倫打球，而這些人——包括尚未出生的人——可能會對張伯倫的新財富提出正當的抱怨。

然而，即使這個答覆能夠成立，諾齊克的第三個論點才是最重要的。他認為，強行推動這些模式將以犧牲自由為嚴重代價。假設我們決定維持某種模式。有鑒於有些人會希望進行像張伯倫那樣的交換，這種模式似乎很快就會被打亂。所以我們該怎麼辦呢？諾齊克認為我們只有兩種替代方案。要麼我們透過禁止可能破壞這種模式的交易來維持它（還記得格羅斯曼筆下那位試圖開咖啡店的老闆）；要麼我們持續干預市場以重新分配財產。無論是哪種方式，我們都需要侵入人們的生活：透過阻止他們做自己想做的事，或是調查他們持有的財富和收入，並不時地移除一些財富和收入。但無論我們選擇哪種方式，都會嚴重阻礙人們的自由。那麼，對自由的適當尊重就排除了強制維持某種模式。

諾齊克認為，這些結論甚至對那些想要徹底廢除私有財產的人來說也成立。在「無貨幣共產主義」（non-money communism）中，人們仍然需要分配物品，而有些人會想要進行交易。熟練的交易者可能會獲利。此外，一些小型工業也可能開始運作。也許有些人會利用他們正當取得的傢俱或鍋具來設法製造機器，並生產額外的物品用於交換。如此一來，即使沒有貨幣，財產的不平等依然會出現。

「張伯倫論證」（the Wilt Chamberlain Argument）對於羅爾斯的影響是什麼呢？對諾齊克而言，差異原則代表了一種模式化的正義觀。它要求財產的分配要讓最不利者的處境盡可能地更好。但是，一旦人們獲得差異原則分配給他們的收入與財富，有些人會花掉它，有些人則會獲得更多，因此差異原則遲早將不再滿足，財產就必須重新分配。而諾齊克認為，這將會大大干擾人們不受干涉地過生活的自由。現在回想一下，對羅爾斯來說，自由原則優先於差異原則。因此，如果維持差異原則真的會限制自由的話，那看起來羅爾斯自身的論點將迫使他放棄差異原則。諾齊克認為，對自由的適當重視與強制執行任何模式化的財產分配是不相容的。

然而，羅爾斯對這個論點有幾個潛在的回應。首先是指出，自由原則本身並不是在分配自由。相反地，它關心的是給予個體一套羅爾斯所謂的「基本自由」的廣泛計畫，例如言論自由或是競選公職的權利。自由原則並未主張人們應該絕對不受干涉。因此，在羅爾斯的正義二原則之間不存在形式上的不一致。

儘管如此，我們需要比這更有說服力的東西來削弱諾齊克的攻擊力道。即使羅爾斯的觀點沒有形式上的不一致，難道他不該為諾齊克對差異原則的觀察感到困擾嗎？畢竟，差異原則就像所有模式化的正義觀一樣，只有藉由持續干涉人們的生活才能維持。對此，羅爾斯會反駁說，諾齊克對於要如何維持一種模式化分配的描繪過於誇張了。抽象地說，要用差異原則來管制社會，確實需要禁止某些交易，並執行財產的再分配。但這可以透過我們所熟悉的稅收類型與福利體制，用一種完全文明、非侵入性的方式來完成。那些收入多的人會發現他們被課以重稅；那些收入少的人則會得到收入補貼。稅收既是一種禁止某些交易的方式，也是一種收入再分配的方式——你不可能在向某人支付一大筆收入的同時，又不讓他們必須將其中一部分交給國家重新分配給其他人。而儘管繳稅令人不悅，但這似乎難以構成一種對個人生活的嚴重干涉。

不過，諾齊克已經預判了這個回覆。他說，課稅無異於強迫勞動。而既然我們都反對強迫勞動，那我們也應該都反對課稅。事實上，並非所有人都反對強迫勞動。盧梭說過，他認為強迫勞動與自由的衝突程度甚至比課稅還要小。但無論如何，為什麼諾齊克要聲稱課稅就像強迫勞動，這個說法乍聽之下很荒謬？答案是假設你一週工作四十小時，而你薪資的25%被課稅，用來重新分配給窮人們。這是無可避免的。如果你要做你正在做的工作，拿你正在拿的薪資，你就必須繳納這筆稅賦。因此，在每週的十個小時（你的時間的25%）裡，你實際上就是被迫為其他人工作。在一週的十個小時裡，你只不過是個奴隸。那麼，課稅就是奴役——它竊取了你的時間。諾齊克認為，任何珍視自由的人要如何能接受這種情況呢？

羅爾斯必須再次回覆，這是種非常誇張的說法。不論他們是否願意，課稅強迫了一個人為另一個人工作，這個想法看來確實有一定道理。但是，將其稱為強迫勞動或奴役似乎並不恰當，因為相較於一個強迫勞動體制通常能提供的選擇來看，我們對於我們所做的工作類型、工作時間長短，以及我們為誰工作，擁有要大得多的選擇。而且，羅爾斯的辯護者補充道，我們不能忽略一些或許更重要的事情。為了再分配而進行課稅也能增加自由，因為透過提升窮人們的收入，它給了較貧窮的人一系列他們原本不會擁有的選擇。因此，究竟哪種制度最能促進自由，仍然是一個爭議點。諾齊克並沒有證明羅爾斯的正義二原則是不一致的。

不義、分配與壓迫

羅爾斯的著作在政治哲學界掀起了一場關於分配正義之本質的大辯論。就像我們看到的，羅爾斯認為一個正義的社會應該讓最不利者的處境盡可能更好，而其他人則認為可以允許更大的不平等，甚至是到了諾齊克理論的地步，其理論意涵是不論不平等的結果為何，一個社會都可以是正義的。然而，有些哲學家則擔心，這些關於正義的辯論與一般人在日常生活中的關懷相去甚遠。問題不僅在於我們是否應該關心不平等，而是在於哲學家們是否應該專注於建構他們心目中一個理想的正義理論會是什麼樣子。當這麼多人每天為了支付帳單而煩惱，或為了種族主義、性別歧視或失業的經驗而感到擔憂時，辯論理想的正義理論是否有點過於抽象，甚至可能是自我陶醉？

因此，許多政治哲學家嘗試拋開一般所謂的「理想理論」（ideal theory），轉而思考關於「非理想」（non-ideal）或是「現實世界」的條件。這也就是說，與其只專注在一個正義世界的模型上，他們建議我們應該從思考當今社會中人們所遭受的各種嚴重不義的待遇，來開始我們的理論化工作。現今，有一種懷疑論的思路認為，我們無法知道一個社會是不義的，除非我們已經擁有一套完整發展的正義理論。然而，儘管這個論點十分誘人，但它似乎不是真的。舉例來說，我們中的許多人也會認為薪資極低的繁重工作是不義的，即使我們沒有一個理論來告訴我們這項工作的正義薪資是多少。正如印度政治哲學家和經濟學家阿馬蒂亞・沈恩（Amartya Sen, 1933-）所詳細論證的，我們似乎完全能辨識出我們這個世界的某些方面是不義的，卻毋須擁有任何類似於一個完整發展的正義理論的東西。

女性主義政治哲學家楊（我們在第三章討論過她與審議式民主之間的關係）採取一種從不義

而非正義出發的類似途徑是。楊認為，正義理論不應只著重於物品的分配上，而是該著重於她所謂的「壓迫的五種面貌」。她認為，當今的許多人——尤其是那些少數群體——都是壓迫性社會關係的受害者，這些社會關係使他們容易遭受各種形式的支配，並且在不同程度上限制了他們嘗試過著有價值的充實生活。她所指出的「壓迫的五種面貌」是剝削、邊緣化（marginalization）、無能（powerlessness）、暴力和文化壓迫（文化帝國主義）。雖然楊對這些概念有特定的見解，但我們可以很容易地從更一般的角度來理解她的理論。剝削涉及了在報酬上的懲罰性工作，在最嚴重的情況下，這些工作幾乎無法維持生計，但同時卻為其他人創造了可觀的利潤。對楊來說，邊緣化主要是指沒有工作或被社會的主要機構排除在外；無能則與對民主的考量有關，意味著被排除在與自己生活有關的決策之外；暴力是不言而喻的，尤其與性別和種族的問題有關，例如家庭暴力和種族主義襲擊——這些都是全世界許多人所面對的窘迫現實，但是在政治哲學中卻很少被討論；最後文化帝國主義（cultural imperialism）涉及了主流機構與媒體對於某個人的自身文化缺乏認同，甚至進行壓制，尤其是影響到被邊緣化的族群。

無論我們是否接受楊所指出的我們生活的世界中最重要的正義缺失——而且看來她確實列出了一份可信的清單——其楊的作品的主要優點在於明確指出，許多人受到如今普遍稱為「結構不正義」（structural injustice）的影響，意即他們不僅是他人蓄意行為的受害者，還因為經濟等體系的運作方式而遭受苦難，同時這樣的結構性不義的影響範圍遍及全球。例如，楊曾研究過「血汗工廠勞動」（sweatshop labour），即東亞薪資極低的工人在極其惡劣的工作條件下，長時間為西方市場生產商品。在更多的在地案例裡，她提醒人們注意仕紳化（gentrification）過程如何導致低收入者無家可歸。雖然沒有特定個人應該遭受指責，但整個體系顯得極為不義。許多這些形式的壓迫或結構不正義的治療方法，並非賦予表面上的權利或自由。畢竟，在許多情況下，例如暴力，那些受到影響的人早已擁有不被如此對待的權利。再分配的政策也無法克服壓迫，儘管這類政策往往很受歡迎。相反地，在缺乏對於不義結構進行系統性改革的情況下，我們無法取得真正的進展。而這樣的改革要如何進行——誰該承擔責任以及誰擁有改變的權力——這些都是非常困難的問題，我們需要更多的思考。

與此同時，生活在不義條件下的人們應該如何回應這種不義呢？非裔美國政治哲學家湯米・謝爾比（Tommie Shelby, 1967-）是一位詳細研究這個問題的哲學家。謝爾比並不反對羅爾斯嘗試為一個正義的社會「基本結構」設定條件的整體計畫，但他特別關心生活在極端種族不正義（racial injustice）條件下的美國黑人，也就是他所謂的「黑暗貧民區」（the dark ghetto）（跟隨非裔美國心理學家肯尼斯・克拉克〔Kenneth Bancroft Clark, 1914-2005〕）。許多生活在內城區的美國黑人面臨高失業率的狀況，他們主要只能從事低薪、低社會地位、需求量大的工作。這再加上缺乏政治權力，以及所有楊所謂的五種壓迫的面貌。謝爾比認為，雖然每個人都有責任為自己的生活負責，但一定程度的反威權行為——例如不接受提供低薪的工作——可以是一種生活在不義的基本結構下的正當回應，甚至是一種抗議方式。

楊和謝爾比的著作提醒了我們一個令人不安的事實。那些有幸參與關於正義社會之本質的抽象哲學辯論的人，往往是那些本身並未遭受不義之苦的人，而且事實上，他們可能從他們所理論化的不義中受益，並為之推波助瀾。嘗試將不義的受害者納入關於正義的對話中，很可能會改變這些辯論，也會幫助我們了解需要哪些類型的社會改革，才能克服我們今天在世界各地所看到的系統性的結構不正義。

結論

從以上種種的討論裡，關於正義社會的本質我們應該得出什麼結論呢？我們最初的問題是一個相當狹隘的問題：對自由的重視是否足以決定財產應該如何分配，而我們的結論是否定的。所有探討過的理論（除了效益主義之外）都以自由——在其他價值之外——為依據來進行辯護，但沒有一個論證具有獨特的說服力。

然而，關於正義社會之本質的問題，可以從許多角度來探討，而不只有像諾齊克所嘗試的，從哪種類型的財產制度最能促進自由的角度來探討。我們也看到羅爾斯透過使用一種社會契約類型的方法來探討正義問題的方法論（雖然我們也應該回想一下第二章討論過的社會契約論批判）。我們也簡要地觸及了一些迫切的問題：我們應該要如何應對周遭所見的最嚴重的不正義。今日的政治哲學越來越分為兩派，一派受到羅爾斯的啟發，旨在提供「理想」的正義理論；另一派，如沈恩、楊、謝爾比，以及第二章所討論的社會契約論的批判者們，則從我們所觀察或體驗到的不義的現實世界條件出發。然而，值得注意的是，羅爾斯仍然是這場辯論中的主導人物。許多理論家遵循他的框架，並且廣泛地接受或是修正他的理論。但羅爾斯仍然是如此一個具有支配性的人物，甚至那些拒絕他的結論或方法論的人也覺得有必要解釋為什麼。

第六章

人人享正義，處處有正義？

正義之「疏漏」

整個社會進步的歷史就是一連串的轉變，其中一個又一個的習俗或制度，從被認為是社會生存的基本需要，逐漸淪為被普遍鄙視的不義和暴政。奴隸與自由人、貴族與農奴、權貴與庶民之間的區別皆是如此；膚色、種族與性別的貴族制度也將會經歷同樣的轉變，而且部分已經發生了。

彌爾，《效益主義》，收錄於《效益主義與其他論文》，由 Mary Warnock 編輯（[1861]，第二版，Glasgow: Collins, 2003），第 234 頁

在本書裡，我曾在不同的地方指出，一些最偉大的政治哲學家也存在我們可以善意地稱之為「疏漏」的地方。在第四章，我提到馬克思，這位偉大的革命家與解放理論家似乎暗示政治解放（也就是賦予公民權利與自由）基本上在一八四三年的美國就已經「完成」，這比女性能夠與男性一樣平等地投票前早了將近一百年，而當時大約還有二百五十萬非裔血統的人們仍作為奴隸生活，超過總人口數的10％以上。現在，馬克思當然並不支持奴隸制或是反對女性擁有投票權，但至少當他以二十多歲的年輕人身分撰寫關於自由主義和真正的人類繁榮的話題時，他對自身所關

懷的議題的專注，使其他非常重要的議題推至幕後，甚至視而不見。在第三章中，我提到女性權利的倡導者沃斯通克拉夫特似乎假設了，她所討論的女性——也就是她所謂的「中產階級」女性——都會有傭人來操持家務。而彌爾，也就是寫下上述那段激勵人心文字的作者，亦是一本關於「婦女的屈從」的重要書籍的作者，他為東印度公司工作謀生，而該公司是英國在印度的殖民管理者，這一點我們在第四章中提過。這為他認為兒童和「野蠻人」並不適合享有自由的言論提供了脈絡，雖然他對印度的實際看法仍是學術辯論的焦點。我只是挑出馬克思、沃斯通克拉夫特和彌爾作為例子，幾乎所有我在本書中討論過的思想家都曾受到公平或不公平的批評，直指他們忽略了正義對女性的要求，尤其是非白人與非特權階級的女性、黑人、棕色人種、少數族群、身心障礙者、自我認同為LGBTQ+的族群、生活在其他國家的人，或是尚未出生的未來世代，他們過於理所當然地接受了自己社會的做法。

不平等的現象仍持續存在。儘管如此，我們還是取得了巨大的進步，即使進展可能比一般認為的還要晚。以高等教育的可及性為例，這最終直接影響了誰有機會創作用於教育下一代的教材。直到一八二六年的英國，除非你願意接受英國國教會的教義，否則不可能獲得大學教育，因此天主教徒、猶太教徒、穆斯林、無神論者和不信奉英國國教的基督徒都無法進入大學。直到一八七八年，在英國的任何地方才以與男性平等的條件錄取女性進入大學。即使劍橋大學早在一八六九年便首次錄取女性，但令人驚訝的是直到一九四八年，女性才得以像男性一樣畢業並取得學位。美國也有類似的發展。例如，尋求進入哈佛大學的女性申請者，會被改錄取至一八七九年所創立的只招收女性的拉德克利夫學院（Radcliffe College），直到第二次世界大戰後，女性才在哈佛大學獲得完全的平等待遇。從一八七〇年左右開始，偶爾會有非裔美國男性能夠進入哈佛大學就讀。例如，第三章論民主時曾引述並將在本章再次提及的知識分子先驅、學者和社運人士杜博依斯，就是在一八九五年第一位獲得哈佛博士學位的非裔美國人，他也曾在柏林大學就讀過。相較之下，非裔美國女性的處境則更加艱難。據說，第一位從哈佛商學院畢業的非裔美國女性是莉蓮・林肯（Lillian Lincoln Lambert），但她的畢業時間竟然是晚近的一九六九年。儘管社會現今仍在為實現完全的平等而奮鬥，但令人驚訝的是，在一、兩代人之前的世界是如此的不同。

在本章中，我們將扼要地探討一些在正義問題中被忽視的問題。我們首先關注性別平等的議題，然後探討種族正義，接著是身心障礙和性傾向的議題，每一個問題都是從所謂的「國內正義」（domestic justice）的觀點出發：在單一國家內運作的正義。接著，我們將擴大視野，先是探討全球正義的問題，包括移民、全球財富不平等，然後是對未來世代（future generations）的正義，尤其是與氣候變遷有關的問題。這些討論必定是簡要的，但它們反映了在當代政治哲學和現實生活中極受關注的領域。如今，嘗試擴大政治哲學討論的時機已經成熟：畢竟，政治哲學中大部分的典籍都是由白人男性所撰寫，例如柏拉圖、洛克、霍布斯和彌爾，他們接近財富與權力的圈子，特別關心維持穩定的政府和保護財產權等問題。相較之下，那些沒有什麼權力或財富的人，或是經歷過現行政府體系壓迫的人，就更沒有機會讓人們知曉並討論他們所關心的問題。

人人享正義？

> ……在任何領域，女性從未真正擁有過屬於自己的機會。這就是為何今日許多女性要求獲得一種全新的地位；而且……她們的訴求並非在於她們的女性特質要得到讚揚……她們希望最終能被賦予抽象的權利及具體的可能性，若是沒有這些權利和可能性，自由就只是一個笑柄。
>
> 西蒙・波娃（Simone de Beauvoir），《第二性》（*The Second Sex*）（[1949], London: Vintage Classics, 1997），第164頁

女性權利

或許最明顯的女性主義訴求就是賦予女性的平等權利。當我們認識到女性是如何遭受不平等的待遇時，這種訴求就不足為奇了，就像法國女性主義者和哲學家波娃（1908-1986）在一九四九年剛才所引述的那個段落中指出的那樣。

波娃說得在理，即使到了一九四〇年代，女性仍處於一種異常的從屬地位。在第三章中，我

們看到英國女性直到二十世紀才獲得投票權。直到十九世紀後期各種已婚婦女的財產法案通過之前，女性在婚後的財產會自動成為她丈夫的財產。即使到了一九六〇年代，在一九七〇年的《同工同酬法案》通過之前，英國的標準做法是提供兩種薪資率的工作：一種（較高）薪資率給男性，另一種給女性。當時的普遍觀念似乎認為，工作場所本質上是男人的世界，而雖然有時可以容忍女性的存在，但不應該鼓勵她們，她們需要了解自己卑微的地位。很多時候，女性在結婚或生育後，甚至被期待自動辭職。值得慶幸的是，如今這些做法已經是非法的，但就像上面討論過的高等教育中的平等一樣，這些改變發生的時間之近，仍令人感到震驚。政治理論家佩特曼（1940-）指出，直到一九七〇年代，一位英國的已婚婦女若是沒有丈夫的簽名，甚至無法獲得信貸，例如訂立分期付款購買協議。

無可否認，在爭取女性平等權利方面，我們已經取得了一些實質進展。在像是英國和美國等國家裡，職場上公開且明確的歧視如今已經比十年前要少得多了。在全球社會運動組織的壓力下，我們有理由期待情況將會繼續改善，儘管我們仍然看到有些國家正在倒退，特別是在生育權利（reproductive rights）和受教育機會方面。然而，在許多國家裡，上大學的女性人數比男性還多。帶薪產假與職場托育服務等政策，至少讓一些較具優勢的婦女能夠兼顧家庭生活和工作。因此，如果女性最終能夠獲得平等的權利，那麼女權主義者還有什麼進一步的訴求呢？

不難發現，平等權利的政策本身雖然極為可取，但卻不足以滿足平等的要求。即使在職場上對女性公開且明確的歧視已不像以往那麼普遍，但更幽微的歧視形式仍然存在。男女之間不同的薪資級距是違法的，不過女性仍傾向集中在薪資級距的最底層。根據英國政府國家統計局的官方數據，在一九七〇年，也就是第一版《同工同酬法案》實施之前，英國女性的平均時薪是男性的63％。即使在二〇〇五年，從事全職工作的女性仍比男性少了18％，而從事兼職工作的女性與男性的差距則達到驚人的40％。到二〇一四年，全職薪資的差距已降至略低於10％，儘管部分原因是二〇〇八年經濟衰退後，男性薪資比女性薪資下降得更快，而到了二〇二一年，這個差距根據報告進一步縮小至7.9％。雖然這個進展令人感到歡欣鼓舞，但差距仍舊顯著。為什麼這個差距持續存在呢？雖然在聘僱行為中歧視是違法的，但政府根本沒有足夠的資源去監督每一個聘用小組、晉升或加薪決定。換句話說，正如馬克思所觀察到的，也正如我們在前一章所指出的，法律可以毫無瑕疵，但社會未必因此就沒有缺陷。將歧視行為定為違法行為，並未讓歧視行為完全停止。

但是，即使我們能實現一個真正平等權利的政策，仍可能存在一些問題。如果不同性別的人在典型的生活狀況上存在顯著的差異，那麼平等權利的政策就不會成為一種實現平等的方式。舉例來說，女性仍然比男性負擔更多照顧小孩及年邁雙親的責任，因此她們可能會覺得必須暫時離職、從事兼職或要求不高的工作。在考慮晉升時，應該如何考量職涯中斷的時間呢？試想一下，一位有著從不間斷工作紀錄的男性，與一位為了履行照顧責任而有過較長時間停止有薪工作的女性，兩人同時爭取這份工作。一方面，工作經驗自然是一個相關因素；另一方面，這對那些沒有機會獲得這種經驗的人來說是不公平的，而這些人絕大多數都是女性。我們不難發現「平等待遇」（equal treatment）的政策可以有一種以上的詮釋方式。許多人會很自然地想到，聘任和晉升應該基於資格、成就和經驗。但是，這對於那些沒有獲得與其他人相同機會的人來說，似乎極不公平，尤其是當性別模式、任何種族或其他類型的差異確實影響到機會的取得時。

有時候，堅持應該在聘任和晉升決定中考慮這些背景因素，會被視為軟弱或是片面辯護：默認低人一等。結果，有些女性不願意要求任何形式的特殊待遇。然而，這種反應很可能是確保女性，至少平均來說是一種發現她們自己處於劣勢地位的方式。如前所述，我們很難忽視這個事實，即生小孩會如何影響一個人是否能夠繼續工作，而且在目前的情況下，女性更有可能承擔起照顧年幼子女的責任，儘管也有許多例外。我們是否應該說，通常來說男性和女性是不同的，這僅僅是因為他們的生理本質及在生育和照顧孩子方面的角色不同，而如果我們想要在工作場所中實現平等，就必須考慮這些因素？

然而，這類論點需要非常謹慎地處理，純粹從生物學的角度來論證，其範圍是非常有限的。一種方法是透過區分「生理性別」（sex）和「社會性別」（gender）來強調這個問題。一般來說，儘管關於跨性別的辯論已經讓所有這類主張都變得更有問題、更具爭議性，但生理性別被認定為一種純粹的生物學分類，而社會性別則是一種社會分類。性別角色在不同的社會裡可能會有相當恣意的差異。舉一個看似微不足道的例子，在某些社會裡只有男性負責照料山羊，而在其他社會裡則只有女性從事這項工作。顯然，沒有任何生物學上的理由可以解釋為何應該如此：這種差異顯然是一種社會習俗的問題，而社會理所當然地將這些習俗視為「第二天性」。但這並非天經地義，顯然也沒有理由不以其他方式來重新調整。至少在原則上，性別角色似乎是可以評估和改變的。

重點在於，即使在典型情況下，各種性別之間存在生理上的差異，這並不意味著我們必須認同所有傳統的性別角色差異。然而，我們的想像往往非常有限，善意的政策可能會帶來不幸的非預期結果。例如，如前所述，許多現代社會在近數十年來制定了各種產假制度，作為一種嘗試將女性與男性平等對待的方式。然而，單憑產假並不足以確保女性在職場上的平等。無論產假有多慷慨，母親的職業生涯幾乎肯定會受到孩子出生的影響，而父親的職業生涯則幾乎不會受到這樣的影響。可以說，在傳統性別角色的背景下，慷慨的產假甚至可能會妨礙女性的職涯發展，尤其是當我們記得女性的生育年齡恰好是她可能即將建立事業的人生階段，如果她要有一個好機會取得很高的成就的話。就像女性主義政治哲學家蘇珊·歐肯（Susan Moller Okin, 1946-2004）所指出的那樣，問題的根源在於

……有兩種常見但並不一致的假設：女性主要負責養育子女；而那些在工作場所中認真、敬

業的成員們……對養育子女並不負有主要責任，甚至沒有共同責任。這個工作場所中的老舊假設，仍然隱含著工人家中是有妻子的。

《正義、性別與家庭》〔*Justice, Gender, and the Family*〕〔New York: Basic Books, 1989〕，第5頁

許多女性主義者試圖挑戰產假政策所依據的假設。為什麼要假設母親就是在最初幾個月照顧孩子的人呢？這裡不再有任何生物學上的必要性。若是情況更加適合，為什麼父親不該承擔這個責任呢？沃斯通克拉夫特早在一七九二年就已在此議題上發表看法：

許多男性都會參與馬匹的飼養，與……馬廄的管理，〔但〕卻會……認為對育兒室事務付出任何關注都是一種自我貶低的行為。

《女權辯護》（[1792]，修訂版，Harmondsworth: Penguin, 2004），第十三・五節，第236頁

產假正逐漸被「育嬰假」所取代，育嬰假可以由父母親任何一方來申請（或雙方共同申請，

但時間較短），而且也擴大到同性伴侶。這似乎是一個具有解放意義的提議。理想上，由雙親中的任一方，甚至是由其他家庭成員來承擔傳統上預設由母親負責的角色，將成為一種選擇的問題，雖然這可能需要很長的時間才能改變。當然，並非每個人都會對這個建議感到開心。有些人會覺得表面上提供的「選擇」，實則是另一種壓迫的途徑：當她們寧願與新生兒共度更多時光，卻不得不重返工作崗位。儘管如此，一般性觀點仍然存在。當社會性別和親職角色被視為不公平時，社會政策可以用來幫助重建這些角色。

這個案例也將女性主義者特別關心的兩個領域連接起來：工作場所和家庭。在歷史的大部分時間裡，婚姻對女性來說，被視為逃避令人不滿且低級工作的避風港。然而，婚姻往往沒有帶來太多的改善，甚至在最好的情況下，婚姻延續了女性從屬的社會角色。然而，嘗試——無論是出於個人選擇還是經濟需求——將職業與家庭結合，導致許多女性陷入一種疲於工作與家務的「一日雙班」（double day），這種狀況往往進一步限制了她們的職業前景。那麼，男性是否願意與職業婦女的妻子共同分擔家庭責任呢？在一九八〇年代中期，有研究宣稱「妻子有全職工作的丈夫，比起有家庭主婦維繫家庭的丈夫，每天平均多做兩分鐘的家務，這點時間甚至不夠煮一顆糖心蛋」（芭芭拉・羅斯・伯格曼〔Barbara R. Bergmann〕，引自《正義、性別與家庭》，第153頁）。那麼，情況是否有所改變？無論是否從事有薪工作，妻子往往缺乏丈夫所享有的權力、地位和經濟自主性，這也部分解釋了為什麼即使是職業婦女，通常仍需承擔家庭雜務的主要責任。

這些不平等現象本身需要被正視，不只是其本身構成了不義，同時也作為一種允許女性在工作場所享有平等機會的手段。

但我們還能做些什麼呢？一個常見的建議是，女性應該成為「平權行動」（affirmative action）計畫的受益者——一種旨在扶持弱勢群體職涯發展的主動性政策。除了女性之外，平權行動也被提議用於許多其他群體，而我將討論各種不同的例子和案例。

平權行動

平權行動有許多形式。它可能只是透過一種積極招募的政策，鼓勵來自特定群體的人申請工作或晉升，並在招聘廣告中明確表示歡迎來自代表性不足的群體進行申請。然而，更重要且更具有爭議性的是，平權行動也可能涉及「優先」聘用或錄取政策。同樣地，這方面也有不同的執行方式。試想一下這個案例，一個哲學系所希望提升女性在教職員中的比例：它可能就會優先考慮在較多女性工作的學科領域刊登招聘廣告，最明顯的是女性主義哲學或是醫療倫理學，或是它可能會寄信給潛在的女性候選人，鼓勵她們申請她們原本可能不會考慮的職位。更具爭議性的是，它可能會倡議一種嚴格規定必須頒發給女性的員額限制；或者，它可能不設置配額，但會更優待女性的申請；或是，它可能僅是以社會性別作為能力相當的候選人之間的決勝標準。毫無疑問，其他政策也有可能。廣義來說，平權行動的目標在於促進職業選擇的自由以及平等。當然，目前這些可能的政策中有幾項在許多國家裡都是非法的。但是，我們不必把我們的想像力侷限於現行的法律範圍內，因為政治哲學的部分重點是，至少在某些情況下為法律改革提出建議。

然而，包括一些自認為「自由主義者」的人，許多人對於平權行動方案的反應非常強烈。人們經常反駁說，這項政策是自相矛盾的。畢竟，平權行動方案本應是一種對歧視的補救措施，但它們所做的似乎只是換了一種方式來進行歧視。儘管這個異議很常見，但就其本身而言，這是一種非常膚淺的異議。任何政策都必須基於某些理由來進行歧視——在「進行區分」的意義上。舉例來說，大學遴選委員會應該要區分資深學者與新進學者。我們不可能說所有的歧視都是不義的。真正的問題是，平權行動方案中所涉及的歧視是否可以被接受。

為什麼這種歧視可能不被接受呢？引起反對的歧視可能被定義為「基於不相關理由進行選擇」，是指性別、種族或身心障礙（我們稍後會詳細討論種族和身心障礙）永遠都不會成為選擇的相關依據。或許將人們視為群體成員而非個體，本身就是錯的。某個人擁有黑皮膚還是白皮膚、是男性還是女性、有身心障礙與否，這些事實都應該與他們接受的待遇無關，特別是涉及分配稀有資源的時候。反對種族、性別或身心障礙歧視的論點有時會被轉化為一個反對平權行動的論點，認為每個人都應根據他們自身的功績（merits）來對待，不然就是不義的。此外，平權行動甚至會讓事情變得更糟。粗暴的平權行動政策可能會產生幫助中產階級女性進入醫學院的效果，即使她們的資格不如某些男性候選人，而這些男性候選人或許來自於較不優渥的背景，因此會被淘汰。

另一個反對平權行動的理由是，它可能會適得其反。那些因平權行動政策而獲得一席之地的人可能會因此蒙上污名。更糟糕的是，那些無論如何會獲得一份工作或一席之地的受壓迫群體或邊緣化群體的成員，也會被視為該方案的受益者而被被污名化——他們就是贏不了。從這個觀點來看，平權行動是傲慢且有辱人格的，並且長遠來看可能是弊大於利的。

這些都是有力的批評。那平權行動還能被平反嗎？我們可以提出各種辯護理由，但並非所有的理由都具有同等效力。其中一個論點是，平權行動只不過是機會平等之觀念的延伸。在任何英才（meritocratic）體制中，職位應該屬於那些最有能力的人，但是依賴形式上的資格將會系統性地偏袒那些曾讀過比較好的學校、擁有更富裕的家庭背景，或是在家中得到更多支持和鼓勵的人，而平權行動可以作為一種補償機制，平衡特權階級的誇大資歷。

如果特權階級只是在申請表上看起來比現實生活中更光鮮亮麗，那麼這個論點是有說服力的。但通常那些取得高學歷的人，除了獲得一張證書之外還獲得了寶貴的技能，因此更能善用所提供的機會或是在工作中表現優異。機會不平等往往是累積性的，獲得一個優勢將使你在競爭下一個優勢時處於更有利的地位。即使他們蘊含的潛力沒有更大，特權階級也可能已經獲得了更多高度發展的技能，因此在與那些來自更困難環境的人較量時，會有更大的相應功績。作為回應，我們可以爭論說，正義要求在獲得技能方面的機會平等；這是羅爾斯的觀點。但這似乎會需要在教育層面或早期照顧方面上進行干預，而不是透過之後的平權行動來處理。

第二個論點是以社會效益為理由來為平權行動進行辯護。有人宣稱，當人們與他們能夠認同、與自己類似的專業人士打交道時，會感到更自在。因此，社會需要女性、黑人，以及具有身心障礙的醫師與律師，而法律學院和醫學院則有社會義務培養來自各種背景的人擔任這些職務。同樣地，這是一個需要非常謹慎處理的論點。這個論點除了範圍十分有限，只適用於專業職位之外，人們是否總是偏好自己認同的專業人士？而且如果人們確實有這些偏好，我們是否應該不假思索地接受這些偏好？此外，舉例來說，如果黑人醫師和律師在其他地方可以賺到更多的錢，為什麼我們要假設他們會選擇在需要他們的社區裡工作？

第三個論點是基於為過去不正義（past injustice）做出補償或賠償的想法。在這一點上，有個特別清楚的案例是，許多非裔美國人或英裔非洲加勒比人的情況，他們目前所遭受的壓迫在某種程度上是奴隸貿易的歷史產物。平權行動便是一整套政策中的其中一項，為了嘗試彌補這些過去的不正義。雖然過去的不正義並不是由生活在今日的人們所犯下的，但白人可以是過去不正義的受益者，即使他們並不是造成這些不正義的肇因。而男性則是這種文化的受益者，在這種文化中男性比女性受到更優惠的待遇。因此，有理由進行賠償。

這些論點都有一定的道理，但我們還沒說完。第四個論點指出了平權行動政策的象徵性權力（symbolic power）。它是一種將以下的觀念加以象徵化的方式：即黑人、女性和身心障礙者在大學和專業領域中是受歡迎的，並表達他們先前被排除在外是一件令人深感遺憾和羞恥的事情。回想一下第三章中曾經被奴役的道格拉斯所提出的論點，若是美國白人已經有了投票權，即也有給予非裔美國人投票權之重要性。被排除在其他公民可以輕易取得的特權之外是一種汙名化，同樣的道理也適用於被排除在工作場所的專業與行政職務之外。至少就目前的情況來說，這種排斥方式必須加以放寬，好讓先前被排除在外的人能夠做出貢獻，並且之前的性別歧視、種族歧視和能力歧視的不平衡現象必須加以糾正。這一點與第五個論點是相輔相成的：打破既有模式是非常重要的，在這些模式之下先前被邊緣化的群體來說似乎是封閉的。平權行動樹立了榜樣，讓新一代看見他們所能擁有的可能性。

最後這兩個論點的最大優點是，它們允許我們承認，一個包括平權行動的世界並不是一種理想的世界。作為一項長期政策，平權行動是不可取的，而且在某些方面是不義的。就像平權行動的批評者所聲稱的那樣，人們應該依據他們個人功績來對待。但是，若是沒有一項暫時性的平權行動政策，要創造一個不需要平權行動的世界將更加困難：在這個世界裡，人們是依據他們的個人功績來對待。因此，我們應將平權行動視為一項過渡性政策，用來邁向一個更正義的世界。

正義與種族

對於平權行動的討論清楚地表明，性別平等和種族平等的議題之間存在相似之處。我們看到波娃在一九四九年曾經說過，女性從未真正獲得屬於她們的機會。將她的話與杜博依斯於一九〇〇年在倫敦舉行的第一屆泛非大會上發表的一篇名為〈致世界各國〉的演講開場詞進行比較：

> 二十世紀的問題是膚色界線的問題，也就是種族差異——主要顯示在皮膚顏色和頭髮質地上的差異——將在多大程度上成為否定世界上一半以上的人盡其所能分享現代文明的機會和特權的基礎。

[1900]，引述自克瓦米·安東尼·阿皮亞（Kwame Anthony Appiah），《血統譜系》（*Lines of Descent*）（Cambridge, MA: Harvard University Press, 2014），第62頁

被壓迫、被邊緣化的種族成員及女性都可能成為直接歧視與間接歧視的受害者，而在這兩種情況下，平權行動政策被提議作為補救措施。然而，如果認為性別歧視與種族主義之間沒有相關的差異，那就大錯特錯了，而且將種族不正義視為一個獨立的主題來探討十分重要。

我們在上一節中看到，有一種嘗試為歧視女性的做法進行辯解的方式，就是從觀察男性和女性在人類繁衍中所扮演不同的生物學角色開始。更令人憂心的是，相對無害的生物學主張，隨後可能被延伸成關於不同「天性」、不同能力，以及男女之間分工的互利互惠等高度爭議性的主

張。許多不可接受的性別政策很可能是基於生物學、不同天性和共同利益等被假定的善意關懷。

種族歧視（racial discrimination）往往根植於某些至少看起來也是以生物學為基礎的主張：種族在生物學上是明確區別的，而且某個種族在一些相關意義上比另一種族更優越。舉例來說，「白人至上」（white supremacy）這個詞就體現了這種觀點的組合。然而，與男性和女性的關係不同的是，認為種族差異是某種「生物學必然性」的主張並不存在，也就是人類的存續有賴於不同種族的持續存在。顯然，若是沒有人擔任生物學上的男性和女性角色，在人類歷史的大部分時間裡，人類就無法繁衍後代。雖然新的生殖科技增加了一個有趣的角度，但要論證種族差異是人類存續的必要條件就非常困難了。貌似不同種族的出現似乎是一種人類演化的產物，我們可以想像一個完全連貫的另類歷史，在這段歷史中，人類從未離開過非洲（我們最初演化的地方），並且所有的人都保持著當代非洲人的樣貌。換句話說，白種人的演化似乎沒有任何生物學上的必然性；反而只是人類遷徙模式的意外事件。

從最同情理解的角度來看，性別歧視可被視為一種生物學理論的高度錯誤應用，但種族歧視或偏見就更難以理解或加以合理化。舉例來說，究竟一個人的外表有什麼特徵，可能導致雇主或房東認為那個人的外貌不適合擔任一份特定工作，或不適合作為一名房客呢？一個可能的解釋是單純的偏見，這種偏見可能源自對差異的恐懼、或是由個體或群體病理學的某些其他方面來解釋。在此，我們離開了哲學的領域，進入了一些不易懂的、具有爭議的心理學領域。然而，只要某個人可能嘗試透過某些形式的推理或論證來證明他們的歧視態度是正當的，那他們就很可能會將某種特質歸咎於某個特定種族的成員。舉例來說，為了證明就業市場上的歧視是正當的，他們可能會聲稱某個討論中的種族成員智力低下，或是缺乏良好的工作習慣；或者，為了證明在租屋市場上的歧視是正當的，他們可能會聲稱某個種族的成員是不可靠的房客，因為他們不定期付款、喜歡氣味濃烈的食物或舉辦喧鬧的派對。

這些試圖為種族歧視進行辯解的理由可以從許多層面上加以反駁。這些概括化（generalization）是否真有任何證據呢？即使這些概括化是真的，這對站在你面前的這個人來說又意味著什麼？要了解這個問題的力量，請思考一下這個事實：荷蘭人的平均身高比西班牙人的平均身高要高。但是，單憑這一點並沒有告訴你，想要加入籃球隊的某個荷蘭人是否比同樣希望獲得一個席次的西班牙人更高。當然，如果你唯一掌握的資訊就是其中一個是荷蘭人、另一個是西班牙人，那你可能會得出那位荷蘭人更高的可能性比較大的結論。但這是一個非常薄弱的證據，最好是兩個人都見面並觀察一下。最後，即使上述的概括化是真的，而且對於特定的個體來說也是真的，但以這些理由來進行歧視仍可能是非常不公平的。在每一種情況下，都有必要進行進一步的調查或論證，以判斷該特徵與所提供的機會具有多少的相關性。

然而，廣泛的學術文獻也包括了對於那些試圖為種族歧視辯解所提供一種深度回應，指出這場辯論做出了一個重要的假設，就是種族的概念具有一種生物學基礎。作為回應，現在越來越多的人認為種族的概念是種偽科學，沒有遺傳學上的基礎。畢竟，關於種族的生物學主張究竟是什麼呢？我們已經習慣於「物種」（species）的概念。通常被接受的定義是，同一個物種的雄性與雌性可以交配並產生具有繁殖能力的後代。根據這個標準，驢子和斑馬分屬不同的物種，因為它們產下的後代是不能生育的。在這個意義上，種族顯然不是物種。調查並未發現不同種族之間存在顯著的遺傳變異，因為在同一個種族內部的遺傳變異與種族之間的遺傳變異一樣多，甚至更多。像是膚色、體型和體積以及臉部特徵等等，在遺傳學上都是表面特徵，而不是某些深層差異的標記。從遺傳學的角度來看，膚色在遺傳學上的重要性並不比髮色、眼睛顏色或是許多其他的人類變異更重要。

有些哲學家利用這些科學發現來否定有所謂種族的存在。然而，這可以說是超越了科學本身所能證成的範圍。雖然種族可能不是一個生物學類別，但它肯定是一個社會學類別：大多數人仍然以種族來進行思考，並且它有意或無意地影響著許多人對於不同人群的態度和期望。如今許多歷史學家認為，我們所知道的種族概念是在十七和十八世紀形成的，大約與現代奴隸貿易開始的時間相同，當時歐洲奴隸販子捕捉西非人，並將他們運送到美洲的種植園工作。有些人認為，種族的概念、白人種族優越和黑人種族低劣的假設，是為了將奴隸貿易合理化所發展出來的概念；另一些人則認為，既有的種族分類是讓奴隸貿易得以發生的原因；也有人對這兩種說法都表示懷疑，因為各種形式的奴隸貿易一直存在於人類歷史上。雖然在歷史上不同的社會和宗教群體之間一直存在分裂，甚至是支配，但是人們普遍同意，我們現在所擁有的種族概念是一個相對晚近的發明。它是一種科學世界觀的產物，試圖在不同的表象背後，提出一種更深層的生物學解釋，但是沒有找到任何更深層的解釋。

因而，這些論點表明種族概念就像性別概念一樣，是為了特定目的而發展出來的，並且對許多人造成真實且不利的影響。即使從生物學的角度來說並不存在「種族」，個體仍然會被「種族化」。這意味著，雖然好心的自由主義者可能會主張我們的社會政策應該「不分膚色」（colour-blind）並忽略種族，但這麼做可能會大有問題。試圖忽略種族而不深入調查我們的制度與結構，忽略了種族化（racialization）為某些人創造了持續的特權，也為另一些人創造了頑強且嚴重的劣勢。這些差異都有案可稽，特別是在美國、英國和許多其他國家也有類似的情況。例如，據說在美國某些地區，一位黑人男性在監獄中度過時間的可能性大於他上大學的可能性。世界各地仍普遍存在歧視，不受青睞種族或民族，或低等種姓的成員更有可能遭受歧視，這意味著他們會失業、經歷低薪、住在較差的房子裡，或是罹患較多的疾病，或死得較早。不論這些被邊緣化的人是美國前奴隸的後代，是在澳大利亞、紐西蘭、南非、美洲各地和其他地方被殖民強權加害的原住民族，還是印度長久以來種姓區分的受害者，或是世界上許多國家的新移民，情況都是如此。即使從明天起不再發生任何形式的歧視，這些影響也不會消失。主流種族、宗教或種性的成員通常有機會獲得技能、社會網絡和生活習慣，讓他們更容易「融入」和「上位」。在我們生活的世界裡，那些主張「不分膚色」政策的人，沒有意識到或選擇忽視這一點，以致於他們可能會支持種族主義的實踐。不分膚色的政策不會改變主流的行事方式，也不會改變誰能在一個為了迎合像他們這樣的人而量身打造的文化中脫穎而出。這並不是否認一個真正不分膚色的世界是一種實現種族正義的方式，也是一個值得嚮往的理想。問題無疑是，我們尚未對世界進行背景的改變，讓不分膚色的政策能夠達到我們所期望的效果。

我們需要更根本的改變，雖然我們理解到現代社會走向多種族社會有幾種不同的途徑，這表示種族不正義的補救措施可能也需要採取不同的形式。那些身為歷史不正義的受害者群體，似乎有強而有力的理由要求賠償，就像在納粹大屠殺中被殺害的猶太人後代從德國政府獲得賠償一樣。有人認為，那些被販運到美洲做奴隸的後代子孫應該從那些從奴隸制中獲利（並且迄今仍從奴隸制所積累的資本中獲利）的國家得到賠償；也有人主張，被從土地上驅離的原住民族應該將土地歸還給他們，就像在加拿大和紐西蘭發生的一樣。近代移民直接要求賠償的可能性就比較小，雖然這仍有可能。例如，英國的非洲加勒比人很可能是奴隸貿易中的奴隸後代，而英國正是靠奴隸貿易建立了國家的財富及特權地位。

在現代世界裡，我們的許多城鎮和城市都聚集了擁有不同歷史、文化和語言的大量人群。在諸如紐約或倫敦等大城市裡，人們使用幾百種語言，這進一步說明了種族差異並不是社會分裂的唯一方式：宗教、民族、國籍，以及社會階級，也會產生社會斷層。在某些城市，出現了一種種族隔離的形式，不同群體的成員居住在不同的社區，這些社區往往處於不同的繁榮與機會水準。在其他國家則有更多的地理混居，可能會或不會伴隨著社會混合。並非所有的少數族群成員都會面臨相同類型的歧視，但種族歧視幾乎在所有的地方都是非常嚴重的問題。撇開賠償問題不談，在現代世界裡我們所面臨的一個核心問題是，要如何讓被視為不同種族、宗教或民族成員的人們能夠真正平等共處，而那些從壓迫他人中獲益的人則有責任接受改變的訴求。

在公共討論裡，有兩種解決這個問題的主要途徑，分別是「同化」（assimilation）和「多元文化主義」（multi-culturalism）。同化的基本觀念可以表達為「這個國家歡迎所有人來，只要他們表現得像我們一樣」。這種態度可以從那些相信移民有義務學習他們新國家的語言，並且調整其習慣，以及遵守國家法律的人身上看到，即使這些法律可能與移民文化的要素發生衝突。舉例來說，依照猶太教或伊斯蘭教的規定來屠宰動物的做法，可能與動物福利法互相衝突，此外有些國家限制穿著伊斯蘭遮面罩袍，認為宗教服飾不該出現在公共領域。那些支持同化的人不一定想要抹殺文化差異，而是將文化差異視為一種個人的私下事務，而不是某種需要在政治層面上進行通融的事情。這樣的態度似乎與上面討論過的「不分膚色」政策一致，並且也存在相同的缺陷。舉例來說，如果某個宗教的成員發現他們的宗教聖日被視為國定假日，就像歐洲的基督徒一樣，那麼相對於那些為了慶祝宗教聖日而不得不請假或停學的人來說——像是猶太教徒和穆斯林——他們就處於一種特權的地位。

「同化」政策與另一種多元文化主義替代方案形成對比，後者認為個人有權按照他們的文化傳統生活，即使這些傳統與大多數人的規範互相衝突。例如，有些宗教在宗教節慶中使用藥物。如果這些藥物在他國是違法的，特定宗教的成員是否應該獲得一種特別的豁免？那些相信多元文化主義的人比起那些支持同化的人更有可能接受這種豁免。同樣地，在上面討論的例子裡，多元文化主義者會尋找不偏袒任何群體的解決方案，即使在歷史上某個群體在該國居住的時間更久。多元文化主義者也更傾向於支持使用公帑來資助和推廣少數族群的藝術、文學、歷史及文化。

多元文化主義者似乎比同化主義者更歡迎個體差異，而同化主義者雖樂於承認少數族群的權利，卻主要是以多數文化的標準來加以認可。不過，多元文化主義者也面臨一些棘手的問題。首先，有些文化的習俗是西方自由主義者認為野蠻的，甚至是侵犯人權的做法，例如安排童婚或是年輕女性的女陰殘割。是否應該允許宗教成員施加並執行他們自身的律法，例如伊斯蘭教的《沙里亞法》，人們通常認為《沙里亞法》對女性權利的限制遠超過西方自由主義的法律體系？多元文化的寬容限度是什麼？注意到少數族群所遭受的壓迫，大多是殖民主義將非西方習俗視為次等或「落後」的結果，這一點有多重要呢？其次，有些文化群體強烈拒絕他們身為公民的國家價值觀，甚至密謀推翻這個國家，就像我們看到一些以宗教之名發動的恐怖主義行動，甚至是由出生在他們所抗議的國家的公民所為。當然，任何國家都有權利保護自己免於恐怖主義的襲擊，但問題是，國家究竟可以在多大的程度上壓制那些被認助長了恐怖主義的文化（雖然我們不該忘記，恐怖主義行動通常也是由主流文化的成員所為）。例如，是否應該禁止煽動恐怖主義的演講者呢？即使在大學校園裡，言論自由是否應該受到限制呢？

同化和多元文化的困難引出了第三種名為「融合」（integration）的途徑。融合與同化理念的相同之處在於，都認為應該有一種所有人都該加入的單一公共文化。然而，融合的不同之處在於，它承認當前占據主流地位的文化也需要改變，以容納各種不同的生活方式，並接受它們目前的特權地位乃是建立在幾個世紀以來的支配與剝削之上。例如，伊麗莎白・安德森（Elizabeth Anderson, 1959-）她本身是一位美國白人政治哲學家，她對美國的種族融合特別有興趣，並強有力地論證說，當主流的規範與實踐對從屬群體造成壓迫、排除與剝奪（dispossession）時，這些規範就必須改變。但根據安德森的看法，這並不是像多元文化主義者所尋求的那樣，給予少數族群「群體權利」（group rights）的問題，毋寧是改變我們的實踐，讓所有人都能茁壯發展。在美國，種族融合政策最值得注目之處是在住房和教育方面的嘗試，安德森記錄了這些政策成功與失敗的經驗，並試圖理解政策產生正面效果的條件。例如，她認為有證據顯示，黑人學童在種族融合的學校裡表現得更好，特別是如果他們曾就讀於融合過的小學。但若要使其發揮良好的效果，學校本身就必須接受的來自不同的背景和經歷學生有著不同的需求，甚至是不同的學習風格，至少在一開始是如此。這件事所帶來的啟示之一是融合需要艱苦的工作及付出。如果存在「速成方案」，我們很可能已經找到它們了。

事實上，種族融合政策與「身心障礙的社會模式」（social model of disability）政策之間存在相似之處，我們將在下一節探討。在這兩種情況下，我們都需要從反思主流群體認為理所當然的事物、標準做法如何對其他人造成傷害，以及最具挑戰性的是，如何改變這些做法開始。當然，不同的社會的處境各異，需要回答的問題也有所不同。若是要讓不同種族或民族背景的每個人最終都能平等共處，似乎有必要採取一系列的廣泛措施。當然，不同群體之間，甚至不同種族之間，都存在不同的文化實踐。在這種情況下，有多少是需要改變的？又有多少是我們可以接受甚至大肆慶祝的豐富且愉悅的多樣性呢？這些問題也許永遠都會存在分歧。但無論如何，我們可以嘗試調整教育、住房和就業的模式，好讓所有人都能獲得公平的對待。進步是有的，但卻極其緩慢，而在有些人看來的進步，在其他人看來卻是倒退。

身心障礙

就像性別與種族一樣，身心障礙設定了哲學家需要處理的問題。甚至語言也帶來挑戰。在不久之前，人們通常使用「殘廢」這種語言來稱呼具有肢體損傷的某個人。現在，它被認為帶有侮辱性，就像殘障（handicapped）一樣。有時候，據說「殘障」一詞源自於乞丐伸手乞討時「手拿帽子」（cap-in-hand）的丟臉姿勢，儘管這種說法仍有爭議。不過，這個詞仍可能會引人反感，因為它似乎是一種體育隱喻，暗示有些人注定在「人生賽場」上表現不佳。今日，「身心障礙者」（person with a disability）一詞常被使用，以強調人「先於」殘障的這個事實。有些人喜歡使用「不同能力者」（differently abled）一詞，而其他新名詞也已經被引入，例如「神經多樣性」一詞，用來形容過去被認為是某些精神障礙的狀況。另外，有些社運分子則喜歡使用「失能者」（disabled person）一詞，因為他們宣稱是社會使人失能。一開始，有些人會覺得這是一種令人感到驚訝的說法。當然，有人會說，有些人天生就是失能的，而有些人則是因為悲慘的意外才變得失能。那麼，在什麼意義上，社會使人失能才能是真的呢？

那些支持「社會使人失能」這個觀點的人——通常被稱為「身心障礙的社會模式」——他們很容易就接受人們天生就擁有不同的身體和心理特徵。但是，一個人在這些特徵下能夠發揮多大的功能，在很大程度上取決於社會事實。例如，有一項研究探討了因脊髓損傷導致雙腿癱瘓的人的生活。這項研究比較了澳洲現代化都市雪梨及非洲喀麥隆的鄉村生活：在澳洲的研究對象可以使用高品質的輪椅，並且擁有正常的就業和休閒機會，這些都是在現代化、精心設計的建築中進行，這些建築在建造時就已經充分考量了行動不便者的需求。然而，在喀麥隆農村的雨林裡，一年中的大部分時間裡都處於大量的洪水之中，幾乎沒有完善的道路或小徑，建築物也缺乏無障礙設施，甚至沒有現代化衛生設備。即使有輪椅也近乎無用。醫療設施也很缺乏，有嚴重行動不便問題的人通常壽命很短，他們通常會因為感染褥瘡而死亡，這是因為他們幾乎一生都躺在不衛生的環境中而造成的。這項研究顯示，在世界上某些地區，嚴重行動不便者的生活可能是一種煎熬，但在其他地區卻非常接近「正常」的體驗。至少在這個意義上，一項身心障礙的嚴重程度取決於個人能力以外的社會和物質因素。

一些激進的「身心障礙的社會模式」的擁護者試圖更進一步，並否認身心障礙除了是我們建構世界的方式，讓某些類型的人比其他人更受青睞之外，還會是其他任何東西。此處可以類比於關於種族與性別的某些討論。是的，他們承認，在功能和身體形狀上存在一些「自然的」差異，但他們本身並不能解釋為何人們所受到的待遇會有如此巨大的落差，亦不能解釋為何有些人的生活富足且成就非凡，而其他人卻只能在邊緣苦苦掙扎。就身心障礙者而言，我們的建築實踐、我們配置工作場所的方式、我們的技術、我們對彼此的態度，以及我們傳承下來的文化，讓某些人的生活比其他人更加困難、更具有挑戰性。社會讓某些人「失能」，卻獎勵另一些人，這毫無道理可言。

身心障礙的社會模式通常與醫療模式形成對比。醫療模式或許是許多人所繼承的「常識」，認為身心障礙是一種醫療問題，應該盡可能以手術、治療或其他醫療干預的方式來處理。根據這種觀點，針對身心障礙者所採取的行動都是在醫院或訓練場所進行的。社會模式對此提出質疑，認為我們的任務不是改變每個人，好讓他們適應現有的世界，而是改變世界，好讓每個人都能夠適應他們現在的樣貌。儘管這是一種解放，但這個建議可能會遭受阻力。如果身心障礙造成嚴重的行動不便問題或慢性疼痛，而且可以接受手術治療，那麼治療本身似乎就很有價值，即使有些人會拒絕接受醫療寧願維持現狀，也不願意嘗試一種往往伴隨著沉重、痛苦、具侵入性並具有不確定結果的醫療程序。雖然社會模式肯定有其正確之處，但否認身心障礙是一種醫療議題就未免過於極端了。醫療模式或社會模式都不能作為全部的真相來接納，但社會模式是一種對於醫療化假設的有力糾正。

在實踐裡，社會模式鼓勵我們思考，那些我們認為理所當然的事物如何將身心障礙者排除在外。不同的身心障礙帶來不同的挑戰，就像現代雪梨的案例所闡明的那樣，社會在處理行動不便的問題上正變得越來越好。科技正幫助我們找到方法，讓像是視障者或聽障者等感官障礙人士能夠工作並享受休閒活動。遺憾的是，我們在將社會模式應用於某些認知障礙上卻不太成功。我們需要如何改變這個世界，好讓人們不論他們的智力發展程度如何，都能擁有同樣豐富且充實的生活呢？毫無疑問，改變是可能的，但迄今為止社會仍不夠有想像力，雖然我們對自閉症類群障礙等狀況的認識不斷增加，以及如何才能為具有這些狀況的人創造更具包容性的社會及工作場所。

此外，我們也應該謹記在心，並非每個人都會將同一件事視為一種身心障礙。一個廣為人知的例子是關於深度聽力喪失的群體。有些聽障者強烈希望能聽到聲音，並且歡迎任何技術或醫療介入，只要它能帶來改善聽力的希望，但也有聽障者拒絕接受像人工耳蝸植入這類的科技介入，他們寧願留在一個複雜且生動的手語文化裡，成為具有成就及安全感的一員，也不願貿然進入一個陌生、或許缺乏同理心的「聽覺世界」。類似的爭議也發生在諸如注意力不足過動症

（ADHD）和雙相情感障礙（manic depression）等情況上。藥物治療會讓人們覺得自己的真實本性正受到壓抑，而許多人寧願「做回自己」，也不願意服藥以符合他人的期望。

顯而易見的是，即使看似處境相似的人，想要和需要的東西也可能截然不同。從「我們要如何才能平等地對待每一個人？」以及「社會目前以哪些方式讓一個糟糕的情況變得更糟？」這些問題出發，至少可以帶出一些問題。

性取向與性別認同

一旦我們開始尋找我們所處的世界是如何偏袒某些人或群體多過於其他人的方式，就會發現有許多令人驚訝的案例。近年來，性取向的問題受到了高度關注，尤其是社會如何對待男同性戀、女同性戀、雙性戀、跨性別者，以及其他因為各種原因而無法自在地被歸類在狹隘的傳統性別分類裡的人。在第四章中，我提到英國將男性之間的性關係除罪化的時間有多麼近，而在許多國家裡，這種關係仍是被禁止的。然而，初步的法律改革只是邁向平等的開始。舉例來說，在英國，男性之間性行為的「同意年齡」最初是二十一歲（女性之間的性行為則從未被法律明禁過，這或許是出於無知、忽視或是尷尬，而非開明），而異性戀之間性行為的同意年齡則是十六歲。更進一步的平等化政策已經推出，同性婚姻的問題最近引發了人們的興趣及爭議，而對許多人來說，令人驚訝的是它的接受速度出奇地快。對某些人來說，婚姻議題被如此重視似乎很奇怪，而且他們可能會困惑，為什麼同性戀者想要與這個父權制的（patriarchal）、資產階級的、保守的婚姻制度扯上關係。但是，不論婚姻是否是父權制的、資產階級的、保守的制度，它確實賦予個人許多重要的權利（例如，繼承遺產而無須繳納遺產稅的權利）。此外，婚姻是一種公開的慶祝及確認一段關係的方式。對某些類型的關係提供這種待遇，卻不為其他類型的關係提供，這似乎是在傳達一個訊息：我們作為一個社會更偏好某些生活方式，而非其他生活方式。然而，作為一個社會，我們究竟有什麼樣的權利以這種方式來表達這種偏好呢？婚姻的象徵價值及威望不容小覷。就像我們在關於女性或少數族群與投票權的爭論中看到的，不論個人偏好的事實為何，否認某些人享有其他人所擁有的權利是一種侮辱，進而將人們視為屬於不同道德類別的存在。每對伴侶都應該自行決定是否結婚，而不是由法律來為他們選擇。

然而，這裡還有其他值得探討的問題。社會已經開始接受同性婚姻，但對於一夫多妻制和一妻多夫制又該怎麼說？我們對於婚姻的限制性做法是否具有歧視性？舉例來說，如果兩男一女決定他們要以單一家庭的形式共度一生，我們作為一個社會，是否有充分的理由拒絕給予這種婚姻正式的公共認可以及延伸的婚姻權利呢？這種限制又是以什麼為依據呢？但是，再進一步追問這個問題，婚姻這個制度本身甚至是否有存在的必要呢？對於那些無論出於各種原因而從未結婚的人來說，對婚姻的正式承認傳達了什麼訊息？這是否意味著他們的人生在某種程度上是失敗的？我們有什麼資格做出這樣的判斷？

當然，婚姻只是眾多議題之一。那些已經從一種性別轉變為另一種性別的人，特別關心他們的法律地位和人格。我們有著許許多多的問題，然而到目前為止，卻很少有確定的答案。對於某個已經完成性別轉換的人來說，他們的護照或駕照上應該標註些什麼？（話說回來，為什麼我們一定要在駕照上註明某個人的性別？它究竟有什麼可能的用途？）正在性別轉換過程中的某個人應該使用哪一類公共廁所呢？要進入女性庇護所或女子監獄，應該要符合哪些條件？自我認定為女性是否就夠了，還是必須經過一種身體上的性別轉換過程？但是，如果手術和荷爾蒙治療被列為一項條件，這是否會對那些無法負擔此類治療，或是因醫療原因而無法接受治療的人造成歧視？目前，跨性別者與運動競賽則是另一個引起巨大的公共辯論的領域，而且往往帶有一種非常尖酸刻薄的語調，尤其是在涉及力量與權力提供競爭優勢的項目裡。這些都是新的爭議，才剛開始要被公開且哲學地討論。要說我們必須克服偏見、承認權利是容易的，但這在實踐上意味著什麼，總是要困難得多。

傳統價值

在這一點上，如果有人反對，認為這場關於正義之「疏漏」的討論本身就存在一種疏漏，也是可以理解的。當我們聚焦在我們的體制可能對個體和群體造成極度不公平的方式上，我們就只專注於維持個人的權利和自由上。這樣做就是預設一種進步的自由主義，我們在其中理所當然的目標是要建立一個公平、尊重所有人的社會，賦予每個人在與其他人平等的條件下，以自己的方式來生活的權利。但就像我們在第四章討論過的，這並不是唯一看待個體與社會之間關係的方式，而自由主義可能會因為忽略其他社會價值，特別是那些與傳統和社群有關的價值，而遭受嚴厲的攻擊。

一些反對同性婚姻的人，或是那些覺得光是提出國家批准一夫多妻婚姻的問題就已經超出了他們倫常觀念的人們，很可能會辯稱家庭的傳統價值提供了一個周全的理由，以拒絕將婚姻的特權擴展至一男一女以外的關係形式。那些思想較為保守的人會說，遵循過去的傳統是很重要的，不然我們就會迷失方向。我們會變得毫無根基，不知道該如何規劃和過活，也不知道能對他人有什麼期望。改變可能是非常有害的，就像我們在決定推倒老建築、興建新的建築之前應該格外謹慎一樣，我們在撕毀舊有的道德傳統之前也應該格外小心。在進步的自由主義者眼中，非理性的偏見應該透過開明的理性來打破，而在保守主義者眼中則是幾個世代痛苦累積的偉大智慧。愛爾蘭政治理論家及政治家艾德蒙・柏克（Edmund Burke, 1729-1797），在他的著作《法國大革命的反思》（*Reflections on the Revolution in France*）（1790）中——抨擊法國大革命及導致大革命的政治思想——反對理性和理論在政治中的支配地位。柏克強調習慣與傳統的重要性，儘管這些習慣與傳統可能經不起理性的批判，但也不應期望它們會通過他認為相當不恰當的考驗。這個主題在二十世紀由英國哲學家麥可・歐克秀（Michael Oakeshott, 1901-1990）重新提出，他在多本著作中，包括《政治中的理性主義》（*Rationalism in Politics*）（1962），認為我們的傳統及傳承下來的制度蘊含著比我們更多的智慧，除非以最緩慢和最謹慎的方式來進行，否則改革與重建既錯誤又危險。根據這個觀點，進步的自由主義個人主義是有害的，它對於政治中的理性與論證所能達成的結果有著錯誤的看法。

就像常見的情況一樣，兩邊都能看到可取之處。如果一切都任由習俗和傳統來決定，那我們就不會取得過去幾十年來的解放性進步。另一方面，柏克和歐克秀也不能被輕易否定。我們應該尊重過去的成就，並且謙卑地接受我們並不總是知道得更多。建築的類比是一個強而有力的警示：事情不會僅因為它們的陳舊就變得不好，也不會僅因為與我們當前所做的選擇不同而被捨棄。要取得正確的平衡並非易事。我們需要努力決定哪些過去的道德傳統仍值得我們尊重、哪些確實是偏見，而摒棄它們的話我們會過得更好。

壓迫、知識、政治

除了迄今為止的討論是否過於側重在自由主義的問題之外，有些人也可能會認為，有時候討論是發生在一個相對膚淺的層次上。我們在第二章已經看到這些批判的端倪，其中我們看到來自佩特曼、米爾斯和辛普利坎等人，以女性主義、種族和身心障礙為基礎對社會契約論展開批判，以及在第六章中看到，楊在關於正義的討論中引進「壓迫的五種面貌」。是的，我們會同意，女性、少數族群和身心障礙者在工作場所，以及某些情況下的住屋市場裡面臨歧視。婚姻也偏袒某些類型的關係而非其他類型（或是根本不涉及任何關係）。然而，這些制度性的歧視形式遠遠不足以形容邊緣化群體成員的經歷。在最糟糕的情況下，他們會被視為次等人，甚至是一種隱形的非人存在，就像非裔美國作家拉爾夫・艾里森（Ralph Ellison, 1913-1994）首次於一九五二年出版的那本引人入勝、令人不安的小說標題所捕捉到的那樣：《隱形人》（*Invisible Man*）。在一生中飽受歧視和偏見，絕不僅止於不公平而已，它會觸及你的身分認同核心，削弱你對自身能力的信心，或是你對自己有權參與政治、公共論述，或是出席像是戲劇或歌劇等「菁英」文化活動的信念。受壓迫群體的成員會在不同程度上經歷到楊所提出的「壓迫的五種面貌」——剝削、邊緣化、無能、文化帝國主義與暴力。

哲學家特別感興趣的是，邊緣化與無能如何能結合在一起，而其中一種方式是就是透過知識、創造力與證言的實踐。即使是現在，女性也經常被視為無法或不太可能在團體討論中做出有價值的貢獻，甚至在她們做出貢獻時，也得不到讚賞（就像麗安娜・鄧肯〔Riana Duncan〕在一幅漫畫裡精彩地呈現的那樣，在一次董事會的討論中，主席評論道：「這是個很棒的建議，崔格斯小姐。或許在座的某位男士願意提出這個建議。」）雖然在這個領域裡不可能有任何普遍為真的概括化，但在很多時候及很多地方，一位中產階級的中年白人男性肯定會比一位工人階級的年輕黑人男性，更容易被警察、法院或其他具有權威的人所相信，不管他們所說的話有什麼道理。

當這種情況成為某個人日常經驗的一部分時，一些看似微不足道的事件（有時被稱為「微歧視」〔micro-aggressions〕）的累積，就會創造並強化邊緣化及無能感。那些經常被忽視或貶低的人面臨英國女性主義哲學家米蘭達．弗里克（Miranda Fricker, 1966-）所謂的「知識不正義」（Epistemic Injustice），最廣泛地理解釋我們在知識實踐上的不正義，這重新喚起了黑人女性主義者如派翠卡．希爾．柯林斯（Patricia Hill Collins, 1948-）以及奧德雷．洛德（Audre Lorde, 1934-1992）經常以不同語彙提出的一個論點：壓迫並非總是、甚至經常不是一種蓄意的陰謀，它在某些方面上更像是空氣污染，是許多個體的微小行為所造成的後果。

如果這些結構性因素為某些人帶來壓迫，它們就會為其他人造就特權，但那些從特權中受益的人，很少會將他們的成功視為不公平結構特徵的結果。試想一位來自穩定的經濟與社會背景的人，他受惠於良好的教育，並且在商界裡擁有家庭人脈。假設他們住在一個已開發國家裡，這個國家具有一個穩定的法律架構，以及一個持續成長且多元化的經濟。在這樣的條件下，努力工作很可能會帶來成功。那些成功的人可能會把他們的成功完全歸功於他們的努力工作，卻沒有注意到，如果經濟和社會背景不同，或者生活在一個不同類型的國家，他們的努力工作很可能會白忙一場。正因如此，特權階級對於他們的特權從何而來只有有限的理解，而其他掙扎求生的人可能對於事情的真相有著更好的認識。非裔美國哲學家杜博依斯在一九〇三年出版的《黑人的靈魂》（*The Souls of Black Folk*）一書中頗具詩意地提出了這個觀點。「黑人……生來就蒙上一層面紗，並天生就有第二視域」（《黑人的靈魂》，第8頁）。這層「面紗」可以被解讀為意指非裔美國人在美國被視為隱形人，被排除在教育和專業領域之外，因而沒有成功的機會。如此一來，美國白人就陷入了兩難：他們要承認他們對於非裔美國人的待遇是不義的嗎？還是他們發展一套觀點來「證成」自己的特權地位，像是白人特別勤奮工作、有才華，或是受到上帝的眷顧？杜博依斯的建議是，不管是哪一個統治群體都會編造一套神話，讓自己覺得他們的支配地位是當之無愧的，但是受壓迫的群體卻可以輕易看穿這些神話。因此，壓迫導致了「第二視域」。類似的論點也被用來說明，無產階級（在馬克思主義思想中）、女性（在女性主義思想中），甚至是每一個受壓迫群體的成員，都比他們的壓迫者更能洞察社會不正義，而且這個論點可以而且已經被進一步概括化。劣勢帶來了對不正義的高度感知。這通常被稱為「立場論」（standpoint theory）：最強大的洞察通常來自於受壓迫者的立場。而且事實上，那些遭受超過一種壓迫形式的人，例如低收入的黑人女性，很可能擁有一種獨特的立場，不同於單從這些團體中每位成員的獨特立場來看。非裔美國人法理論家金柏莉．坎秀（Kimberlé Crenshaw, 1959-）提出「多元交織性」（intersectionality）這個觀念，用來描述黑人女性在美國所面臨的多種壓迫形式，多元交織性是一個豐富的領域，用來理解不同的人可能被壓迫性體系影響的方式。

即使與多元交織性進行結合，立場論也不意味著受壓迫群體對於他們的壓迫所說的每一句話都一定是對的，而特權階級為了捍衛他們的特權所說的每一句話都一定是錯的。但它確實給了我們一個非常有趣的辯論反轉。我在這部分的討論一開始就指出，至少在某種程度上，女性和少數群體，經常被排除在創造知識或是提供證言之外，他們被認為沒有能力做出貢獻。但我們現在看到，至少在某種意義上，受壓迫群體具有一種非常特定的優勢，因為他們特別可以洞察到支配性群體證成其地位的虛假性或誤導性形式。政治挑戰就在於將那個論點反覆且具說服力地提出，以便讓當權者注意到這一點，讓那些真正關心證成理由而不僅僅是權力和維護特權的人，開始意識到當前處境的不正義。這當然也是政治競選和行動主義的目標。

處處有正義？

> 不斷擴大產品銷路的需要，驅使資產階級奔走全球各地。它必須到處落戶，到處開發，到處建立聯繫。
>
> 馬克思及恩格斯，《共產黨宣言》[1848]

全球正義

到此為止，不僅是在本章，而是在整本書裡，每個議題的討論都理所當然地認為人類生活在不同的國家裡，每個國家都有自己的法律和社會政策。我們探討了一個國家要如何正義地分配資源、權力、權利和自由的問題。到目前為止，我們尚未深入探討國家之間的關係或是不同個體在不同國家之間的關係。然而，我們生活在一個互相聯繫、全球化的世界裡。許多人在他們的一生中會住在不止一個國家。或許更重要的是，我們每天都在使用來自許多不同國家的產品。即使你穿的是自己國家生產的衣服，開的是一百英里外製造的汽車，但那件衣服的材質或那台汽車的許多零件很可能是由生活在地球另一端的人們製造或設計的。當我們想到我們所消費的服務——醫療、銀行、娛樂、運動——我們世界的全球化是無所不在的。想要純粹依靠由自己所在區域的原生物品製成的東西來過活，幾乎是無法想像的。舉一個顯著的例子，除非你生活在秘魯或是玻利維亞，不然你將無法享用任何由馬鈴薯製成的產品。

一旦我們開始思考這個互相聯繫的世界時，政治哲學中幾個迫切的問題也會迎面而來。在此，我們僅有提出並思考兩個當前備受關注的議題的空間：首先是全球正義的問題，其次是下一節的移民問題。

在第五章，我們看到了彭的收入遊行，用來說明即使在一個國家內部也會出現的不平等現象。試想一下，如果我們在全球範圍內舉行這場遊行，情況會是怎樣呢？研究全球正義的作者指出，世界上的財富差距十分懸殊。慈善機構樂施會宣稱，在二〇二一年，兩百五十二名男性的財富比起非洲、拉丁美洲和加勒比地區所有十億名女性和女孩的財富總和還要多。

在目前關於全球正義的討論裡，有幾點是大家普遍同意的。世界上最貧窮的人口大多居住在非洲及亞洲最貧窮的地區，僅靠微薄的錢來過活。他們甚至買不起在美國每天一美元，或是以某種標準用兩美元就可以買到的東西。對於有多少人生活在這樣的條件中，評估方式有所不同，但毫無疑問的是，在全球範圍內的極端貧困人口數量正在迅速下降。在一九九六年，當這本書的第一版出版時，根據一項資料顯示，全球約有30％的人口生活在極端貧困中（每天生活費低於一塊九十分美元）。二〇一五年的數字顯示，這個比例為10％，有了顯著的改善。但這仍有七億人，其中許多人患有嚴重的營養不良。誠然，大多數人都能以某種方式獲得足夠的卡路里來度日，但許多人還是會挨餓入睡，而且他們的飲食中往往缺乏用來維持健康或是兒童發育及成長所需的維生素和其他營養素。似乎沒有任何政治哲學家會對這麼多的人生活在如此艱苦的環境裡感到高興，而認為有人會為此感到高興未免太奇怪了。

然而，哲學上的分歧在兩個相關的層次上爆發。第一個層次是，我們應該如何描述在全球超級富豪與極端貧困者之間的差距究竟出了什麼問題。第二個層次是，我們負有什麼樣的道德義務來對此採取行動。讓我們先來看第一個問題。對於我們所看到的不平等現象，最直觀的看法是它們是不義的，但是這個議題並不僅止於表面所見而已。有些哲學家雖然非常同情窮人的處境，卻否認全球不平等與貧窮在嚴格的意義上是不義的。雖然他們絕對同意富裕的人和國家應該做更多的事來幫助全世界需要幫助的人，儘管如此，他們卻表示未能這麼做並不是一種不正義。

要理解這個問題，我們需要探討所謂的「世界主義者」（cosmopolitan）與「民族主義者」（nationalist）之間的辯論。不幸的是，這兩個語彙都相當具有誤導性。在日常的語境裡，一位「世界主義者」通常指得是，某種具有全球視野、見多識廣的都市人。這個哲學觀點也認為世界主義者是「世界公民」，但在這種情況下，它是一種正義理論，而不是一種生活方式。廣義來說，一位哲學上的世界主義者相信，正義原則以同樣的方式適用於世界上的每一個人。根據這種觀點，國界在歷史和政治上可能是重要的，因為組織一個單一的世界政治體系或許是不可能的，但在哲學和道德上，國界卻沒有任何根本意義。所有的人類都是平等的人類，因此我們對世界上其他的每一個人都負有相同的道德義務。因此，富裕的人不論身處何處，通常都負有正義義務（duties of justice）去協助非常貧困的人。但哲學民族主義者則不同意，他們認為不需要狂熱地忠於自己的國家，這與「民族主義者」一詞在日常語言中的用法不同。相反地，他們宣稱，國界事實上具有重要的道德意義。民族主義者認為，嚴格來說，大多數的正義義務只適用於一個國家內部。在任何特定的國家裡，富人可能有正義義務去幫助窮人，但是在國家之間，他們認為情況並非如此（除非有特殊的情況得以適用——我們稍後會回到這一點）。誠然，他們會說全球富裕人士確實有幫助全球窮人的道德義務，但一般來說，這些義務是慈善義務（duties of charity），而非正義義務。

現在你可能會想說，我們怎麼稱呼我們的道德義務並不重要：雙方都同意我們在道德上有義務幫助世界上最貧窮的人，那又何必擔心它們是正義義務還是慈善義務呢？不過，它之所以重要的一個原因是，不同類型的道德義務通常呼籲不同類型的行動。通常，正義被認為會產生可以對你強制執行的義務，而慈善義務一般則被視為自願的。舉例來說，在一個國家裡，我們都必須繳稅，而我們所繳納的稅額有很大一部分是用來幫助支持，或支付那些無法自力更生的人所使用的服務。那麼，實際上，我們接受在一個國家內部會產生正義義務，而我們使用強制課稅的制度來強制執行這些義務。逃稅者會被罰款，甚至鋃鐺入獄。在許多國家裡，從富人到窮人的資源轉移是相當可觀的。較為貧窮的人可能會獲得住房補貼、免費醫療照護、子女的免費教育，以及購買食物和衣服的錢。但是，當我們思考我們對生活在其他國家的窮人的義務時，或許令人意外的是，民族主義的立場反映出大多數人的想法。沒錯，有人會說，無論窮人住在哪裡，我們都應該幫助他們，但是我們對居住在我們國界之外的人所負有之義務，遠不及我們對居住在自己國家的人所負有之義務來得廣泛。此外，是否給予協助及給予多少協助，都是由我們每個人個別決定的。政府無權向我課稅來援助居住在國外的人們（也許除了小額的國外援助，這些援助很可能是出於戰略、自利的理由，而不是出於正義的理由）。

這場辯論應該會讓我們感到相當不舒服。雖然許多人不假思索地採取民族主義的立場，但似乎相當狹隘，也許帶有種族主義的色彩，或至少是集體自利的成分。我們能在什麼基礎上證成公民同胞比起恰巧生活在世界其他地方的其他人類享有更多的特權呢？但另一方面，我們很習慣將我們的朋友及家人排在陌生人前面。或許，建立在傳統價值觀之上的國家團結（national solidarity），就像我們在討論柏克與歐克秀的觀點時所提到的，也提供了一種類似的證成方式，讓我們優先考慮公民同胞而非我們國界之外的人們。此外，世界主義者究竟要求什麼呢？舉例來說，我們是否應該爭辯說，正義要求我們將羅爾斯的差異原則（在第五章中討論過）擴展到整個世界？這將意味著，我們有正義義務讓世界上處境最糟的人盡可能過得更好。這似乎需要一種令人難以置信的財富轉移，從富裕國家轉移到發展中國家。就資源而言，即使是富裕國家裡的窮人們也算是全球菁英的一分子，因此富裕國家的每個人都會被要求轉移他們所擁有的相當大的一部分財產和大部分收入。這就是正義要求的嗎？

有些人會認為，正義的確要求大規模的財富轉移，而富裕國家不願意這樣做只能說明世界極為不公。其他人可能會從民族主義的立場中得到一些安慰，認為未能轉移資源是慈善的缺陷而非正義的缺陷，因而我們必須加倍努力，讓人們理解我們共同的人性和道德義務。然而，第三種觀點正變得越來越流行。它試圖找出一個折衷或中間的立場，透過這種方式我們確實對全世界的人們負有正義的義務，但這些義務並不如公民之間的正義義務那樣廣泛，或至少與公民之間的正義義務有所不同。舉例來說，有些人可能會說，在全球範圍內存在一種正義的義務——或許是一種人權義務——緩解營養不良的現象，並為所有人提供基本的衛生設施、醫療照護和教育，但一個國家的公民卻沒有義務為另一個國家的公民提供失業救濟金。要理解我們如何及為何能對不同的群體負有不同程度與不同內容的正義義務，這是一個微妙的問題，但並不是不可能。舉例來說，我們可以爭論說，一個國家內部公民之間高度合作與互動的程度，相較於超越國家邊界的鬆散關係來說，創造了更嚴格的正義條件。如果正義是相對於互動程度來說的話，那麼就存在一種「以不同的正義原則來管制不同的互動情境」的論證方式。

關於國家之間或是不同國家的公民之間可能存在的正義義務時，另一個補充性的思考方式訴諸「矯正」正義（corrective justice），或是如同我們在第五章所看到的，諾齊克所謂的「矯正的正義」。畢竟，全球南方許多較為貧窮國家的艱難條件，很可能是過去殖民主義的歷史產物，當時有些國家受到現在富裕得多的國家無情剝削。若是如此，正義義務很可能就落在富裕國家身上，以補償幾代人之前造成的損害。這樣的矯正義務也許會被「民族主義者」和「世界主義者」所認可。因此，當行動是為了補償過去的錯誤時，每個人都會同意富裕國家確實肩負重大的正義義務。如果有的話，同樣的論點也適用於當前的錯誤。舉例來說，有人認為富裕國家有正義的義務確保目前的貿易條件對各方來說都是公平的，但事實往往並非如此，因為富裕國家能夠利用他們的議價實力來取得有利的貿易條件。即使是對那些具有「民族主義」直覺的人來說，世界主義者也有許多非常強大的觀點。

然而，正義在實踐層次上要求我們該怎麼對待全球貧窮人口，仍不完全清楚。經驗顯示，將資源從富裕國家轉移到較貧窮國家的做法，在治癒全球貧窮的問題上並不總是如預期般有效。巨額的資金已經進行轉移，但在最糟糕的情況下，反而導致一些國家高度依賴國外援助，而不是將援助作為一種發展途徑，而這才是援助的本意。看來富裕國家需要想辦法幫助更貧窮的國家掌握自身的命運，而不是依賴資源轉移。在此，強調民族自決（national self-determination）之重要性的民族主義立場，似乎也有其可取之處。

移民

全球正義和再分配的問題是緊急而迫切的。許多人的生活很可能會因為財富轉移或發展計畫而得到改善。然而，對於一個特定的個人來說，生活前景的最大轉變往往是離開一個貧窮的國家，移居到一個富裕國家的結果，不論是合法還是非法。在美國，大量的人群試圖從墨西哥非法越境，這些人通常來自於更南邊的國家，而在歐洲和澳大拉西亞，每年都有成千上萬的人企圖通過危險的海上旅程，從非洲和亞洲前往更富裕的國家，也有從陸路越境的。而當我們再加上敘利亞、阿富汗、委內瑞拉和烏克蘭等國家人民所遭受的人道主義危機（humanitarian crises），每年潛在的移民人數將高達數百萬人。

世界各地的現行法規對移民都設有嚴格的限制。大多數國家會接受政治「庇護申請者」，只要他們能夠符合嚴格的條件，證明他們正在逃離受母國迫害的危險。但在其他情況下，移民受到更多限制，有些國家只會提供工作許可證給那些擁有某些特殊技能的人，例如醫學或工程。儘管這些政策符合那些富裕國家的利益，因為這些國家沒有訓練足夠的人才來滿足對高技術專業人士的需求，但對於較貧窮的國家來說，卻可能造成很大的問題，因為這些國家將會失去最迫切需要的人才，而這些人才往往是花費大量公帑才訓練出來的。不可否認的是，移居到較富裕國家的人通常會透過「匯款」將他們的薪資寄回給家人，這將帶來很大的助益。但培訓醫師的重點在於擁有醫療勞動力，而非獲得一種收入來源。那麼，兩個迫切的問題是：首先，富裕國家是否有權利以他們目前的方式限制移民入境，試圖將移民拒於門外，除非他們可以提供特別的貢獻；其次，較貧窮的國家是否有權利限制移民移出，例如，要求那些接受公費培訓的人員至少必須在原籍國工作一段時間後才可以離開。

首先以移民問題為例，先前討論過的民族主義立場，對於一個國家應該允許哪些人進入並在其境內生活的問題，有一個相對直白的答案。一個國家的公民有權控制他們的特定領土，以及誰可以進入、誰不該進入的問題應該是由集體來決定。制定最適合自己的移民規則，是國家自決權的一部分。不過，世界主義者處在一個更微妙的位置上。如果國界與道德無關，那麼從一個國家移居到另一個國家，就應該像從同一個國家的一個城鎮移居到另一個城鎮一樣。至少在正常情況下，在美國和澳大利亞的州際之間、在加拿大的省際之間、或是在歐盟的國際之間的移動都是這樣。從世界主義的觀點來看，這似乎就是世界理應的樣貌。一群人憑什麼能阻止另一群人購買或租賃物業，並且到那群人碰巧居住的地方生活呢？

那麼，世界主義的理想似乎就是拆除海關和移民檢查哨，並全面開放邊境。然而，我們真的可以這麼做嗎？舉例來說，假設美國宣布任何人都可以到美國生活及工作，毋須許可證或簽證。最直接的效果很可能是大量來自貧窮和中等收入國家的人口湧入，而根據經驗顯示，這些人會願意為低薪工作，並且生活在非常擁擠的環境裡。人們普遍認為，這必然會壓低工資、推高房租，這對那些經營企業並擁有房產的人來說是個好消息，但對那些已經生活在美國、為低薪工作、租房的人來說卻大有問題，因為他們會受到雙向擠壓。不受控制的大規模移民很可能會造成用盡教育資源及醫療照護的危機。世界主義者是否應該簡單地回應說，這些不利的影響就是正義的代價，它們會落在那些從全球範圍來看相對享有特權的人身上，即使對他們來說並不覺得如此？還是說，世界主義者應該在理想狀態，以及我們在現實世界中所能實現但不會造成巨大破壞的狀態之間，做出區隔呢？根本的問題在於，世界不同地區在生活前景上的巨大差異，使得移民對某些人來說是如此具有吸引力。換句話說，正是全球不平等的問題使得移民問題變得如此棘手。

全球不平等也產生了另一個棘手的問題：發展中國家是否應該被允許對出境設下限制。拒絕讓人民出境一直是一項鎮壓型國家的策略，例如共產主義垮台前的蘇聯。因此，近代以來，自由遷徙的觀念持續受到極大的支持，甚至將之推升為一種人權。但試想一個嚴重缺乏醫師和護士的低收入國家。為了填補這個需求，該國不惜花費巨資培訓學生，但他們一旦經過培訓，最優秀的學生很可能就會被醫療專業人員短缺的富裕國家挖角。是否應該允許新晉的醫師和護士自由離開呢？一方面，讓人們留在自己的國家做「囚徒」似乎是不可接受的，尤其是當他們的生活前景可能比他們在其他地方所能得到的還要差的時候。另一方面，如果他們是以公費進行培訓的話，那麼在回饋之前就馬上離開，肯定會受到批評。還是說，任何接受公費培訓的人都應該簽訂一份契約，承諾在國內服務一段時間，否則就償還培訓費用。然而，這樣真能解決問題嗎？發展中國家需要的是那些願意終生留在國內工作、在社會上累積資歷，並擔任領導地位的專業人士。留任五年、甚至是十年都無法達成這個目標，而退還培訓費用雖然聊勝於無，但卻不是國家當初提供培訓時希望達成的目的。要設計一個看起來對所有人都公平的解決方案非常困難。

未來世代

對於那些未來將會居住在這個星球上，但現在不存在人世的人們，我們虧欠他們什麼呢？有趣的是，這個問題直到最近似乎才成為政治哲學中廣泛討論的話題。當然，個別人士總是關心他們的遺產，也就是他們能夠留給子女的財產，或是對於傑出的作家、藝術家、工程師、建築師和其他創意工作者來說，他們關心可以留給整個後世的作品。但是，我們作為一個社會可以為未來世代留下什麼，這個問題在二十世紀之前並未受到哲學家們的廣泛討論。在人類歷史的大部分時間裡，人們大多假設生活會一如既往地持續下去。最後，始於十八世紀末的工業革命帶來了快速的經濟成長，這種假設很可能已經轉變為每一代人都會比上一代人更富有，因此未來世代將能照顧好自己。然而，到了二十世紀中葉，一種新的憂慮開始萌生。工業化的進程，再加上相關的人口爆炸，以一種前所未見的規模消耗自然資源，並且排放可能危害未來生命的污染物。當然，目前的擔憂是化石燃料的使用將導致二氧化碳的排放——一種「溫室氣體」——造成全球氣溫普遍上升，地球上不同的地區將受到不同方式的影響，但對未來人類的健康和福祉可能造成災難性影響。有些人認為，我們已經到了無法挽回的地步，而氣候變遷（climate change）必定會造成極為嚴重的影響。當然，也有人否認氣候變遷正在發生，或是否認人類是造成氣候變遷的元凶，但在深入研究氣候議題的科學家之間，存在一個非常廣泛的共識，那就是「人類中心主義的」（anthropocentric）——也就是人類所造成的——氣候變遷正在發生，除非採取措施來處置，不然將會造成災難性結果，其中一些我們早就開始經歷了。

這對哲學家來說是個棘手的問題。假設科學界一致同意，認為氣候變遷確實正在發生，主要原因是富裕國家的快速發展，而這是以生活在土地上的窮人們為代價，這些土地在下一代將無法維持農業，甚至是不適合人類居住。那該怎麼辦？我們可以將難題分為兩個層面來看。首先，從科學的角度來看，我們有哪些選擇？其次，從道德和政治的角度來看，哪些才是對的選擇？

針對第一個問題，大致上存在三種科學觀點。其中最悲觀的情境是，我們現在已陷入不可逆轉的氣候變遷裡，因為我們已經越過了臨界點。在這種情況下，我們唯一的選擇就是為艱難的未來做好準備並適應它。在我們即將到來的世界裡，全球的糧食和水資源供應都將岌岌可危。極地冰層融化導致的海平面上升，將在孟加拉和菲律賓等國家的脆弱沿海地區造成災難性洪水，並且將摧毀像是馬爾地夫等較小的島嶼國家。它甚至可能導致包括倫敦和紐約在內地勢低窪的大城市的部分地區消失。若是如此，那麼未來將會是人們試圖大規模遷徙的時代，甚至可能為了占領剩餘的宜居土地而發生暴力衝突的時代。不過，要預測未來可能的天氣模式仍極為困難。例如，一些專家認為，隨著全球氣溫上升，在大西洋中溫暖北歐的墨西哥灣流將會偏離航道，甚至消失。如果發生這種情況，北歐的氣溫將維持穩定，甚至下降，世界其他地區則會變暖，而歐洲也將成為大規模移民的目的地。但目前，這類預測在任何細節和精確度上都純屬猜測，許多不同的結果似乎都有可能。因此，我們很難對未知的問題做出哲學上的回應。儘管如此，如果我們的未來可能是大規模的人口遷徙，人們從日益艱困的生活和農業條件遷徙到較為宜居的地區，那麼我們就需要重新檢視上一節的問題，並考慮可能需要哪些新規則來管制人口移出和移入。

如果第一種觀點悲觀地認為我們已經越過了臨界點，那麼第二種觀點則樂觀地假設人類的智慧會想出某種「技術性解決方案」（technological fix）。根據這種觀點，我們只要繼續「照常營業」，然後科學家們就會來拯救我們。目前正在討論的一些技術包括「碳捕捉」，它可以將二氧化碳從大氣中移除。這乍聽之下可能有點牽強，但其中一項建議是將鐵屑放入海中刺激藻類生長，藻類吸收二氧化碳後會死亡並沉入海底。另一種建議是向大氣中噴灑二氧化硫來反射陽光，發揮類似過濾器的作用。然而，這些技術都極具爭議。即使這些技術有效，也可能產生不良的副作用而弊大於利，就像我們看過的「技術奇蹟」石棉，石棉曾被用於防火建材，但後來被證實對健康極具危害；又如氯氟碳化物（CFCs），曾被廣泛用於空調與製冷技術，但後來卻發現它會破壞大氣層中的臭氧層。技術性解決方案可能會吸引那些十分推崇科學進步的人，但必須非常謹慎地處理。

第三種看法最常見且受到廣泛討論：我們可以也必須減少碳排放。畢竟，如果碳排放導致氣候變遷，那麼減少碳排放不就可以減少甚至是逆轉氣候變遷了嗎？但這採取了一種過於簡單的因果關係觀點。即使我們能解釋問題的起因，也不代表我們因此就知道如何解決問題。舉例來說，即使你知道雞蛋是怎麼被打破的，也不代表你知道如何把它復原。在氣候變遷的情況下，我們可以採取任何行動的時機可能已經過去了，就像第一種情境所假設的那樣。要論說減少碳排放有助於應對氣候變遷，那就是在假設我們仍處於一個其影響是可以逆轉的階段。但許多科學家相信，這確實是我們目前的處境，減少碳排放至少在某種程度上仍會帶來有益的效果；無論如何，這就是關於如何應對氣候變遷的主要國際討論的基礎。目前，主要的焦點是如何在技術、政治和經濟上加速綠色能源轉型的步伐。

道德上來看，減少碳排放的最高責任顯然應該落在最發達國家的居民身上。首先，他們是目前人均排放量最高的國家。一些已開發國家的人均碳排放量是一些撒哈拉以南非洲國家的一百倍以上，因此這些國家造成的危害最大，同時也是目前為止最有能力大幅減少它們所使用的碳排放量的國家。其次，富裕國家的居民從化石燃料的使用中受益最多，因此具有道德義務去「償還」由此所造成的傷害。其三，只有富裕國家才能承受採取必要的措施來降低生活水準，透過轉向再生能源，或是減少在家庭、工作場所和交通系統中的能源使用，以達到大幅減少碳排放的必要程度。事實上，許多人認為，較貧窮的國家應該被允許增加其碳排放量，因為這麼做與發展之間存在必要關聯。

這些道德論證似乎令人感到信服。但是，實施這些論點所面臨的政治挑戰是巨大的。我們真能想像富裕國家會選出一個承諾降低其生活水準的政黨來執政，當另一個政黨承諾維持現狀的時候？如果氣候變遷真如許多科學家所認為的那樣是一個威脅，那麼我們可能需要回到第三章的主題。在面對迫在眉睫的危機時，民主——至少就我們目前所知的民主形式來說——是否是政治決策的正確方式？有沒有另一種可以接受的替代方式？至少，我們需要思考如何鼓勵選民們不僅從自己的利益出發，還要從未來世代的利益出發。

結語

我希望在本書中傳達了為什麼政治哲學在兩千五百年來一直都是人們研究和著迷的對象的一些原因。但我也希望能夠清楚地說明，政治哲學遠未完成。在每一次的轉向上，都有尚未解決的問題與尚未探索的道路。這是否意味著我們永遠無法取得任何進展？我認為，這是一種過於悲觀的看法，並無道理。有一種進步，或許是一種令人氣餒的進步，那就是發現新的問題，例如本章討論的那些問題，它們是以前的理論家未曾注意過的問題。但最終這或許並不那麼令人氣餒。因為如果這些問題大多都不曾被注意過，也不曾被討論過，那麼解決問題的希望就微乎其微了。

另一種進步的形式是尋找正反立場的新論證，以幫助解決和反思我們最在乎的問題。這是歷代最優秀的哲學家所做的事，我希望能在這本書中證明這一點。但反思問題是一回事，解決問題又是另一回事。解決方案可能嗎？彌爾宣稱，對於政治哲學中最根本的問題，「可以提出一些考量，足以使理智決定要麼同意，要麼拒絕該學說」，這無疑是正確的。他接著頗有希望地補充說，「這等同於證明」（《效益主義》，第184頁）。然而，要如何證明仍不清楚。彌爾本人在《論自由》一書中辯稱，在某個時間點曾被視為決定性的考量，後來可能會被更強大的考量所推翻，轉而支持一個相反的觀點。因此，儘管可以存在或多或少可信的立場與論點，但在政治哲學中不可能有最終的定論。不過，目前我們的討論就到此為止。

進一步閱讀指南

在這份指南最後列出了這本書討論過的主要著作清單。

序言

就像序言所述的那樣，這本書並不打算為政治哲學的現況提供一種系統性介紹，亦非一種政治哲學的學科史。不過有許多優秀的書籍做到了這些事。在眾多當代政治哲學的導論裡，我會特別推薦以下這幾本書：威爾．金里卡（Will Kymlicka）的《當代政治哲學導論》（*Contemporary Political Philosophy: An Introduction*）（第二版，Oxford: Oxford University Press, 2002），和亞當．史威夫特（Adam Swift）的 *Political Philosophy: A Beginners' Guide for Students and Politicians*（第四版，Oxford: Poliry, 2019），以及大衛．米勒（David Miller）的《牛津通識：政治哲學》（*Political Philosophy: A Very Short Introduction*）（Oxford: Oxford University Press, 2003），這本書雖然篇幅不長，

卻涵蓋了歷史及當代議題。*A Companion to Contemporary Political Philosophy*（第二版，Oxford: Blackwell, 2006），由Robert E. Goodin和Philip Pettit主編，收錄了許多有用的導論性文章。伊安·漢普歇爾—蒙克（Iain Hampsher-Monk）的《現代政治思想史：從霍布斯到馬克思》（*A History of Modern Political Thought*）（Oxford: Blackwell, 1992）是一本政治理論史的絕佳入門書籍，該書對於本書討論過的許多哲學家，包括霍布斯、洛克、盧梭、馬克思與彌爾的觀點，提供了可靠且易讀的說明。另外，強烈推薦的還有艾倫·萊恩（Alan Ryan）的《論政治》（*On Politics*）（London: Penguin, 2013），該書對於在本書中討論過的哲學家們的歷史與政治背景給予極高的關注。本書所詳細討論的大部分哲學家的文本選輯，都收錄在《政治思想》（*Political Thought*）（Oxford: Oxford University Press, 1999）一書中，由Michael Rosen和Jonathan Wolff主編。

導論

關於修昔底德的《伯羅奔尼撒戰爭》（*The Peloponnesian War*）的引文來自一九七三年的企鵝出版社版本。洛克對於政治權力的定義來自於他的《政府論次講》（詳見下文的完整參考資料）。至於恩格斯的引文則來自他的《社會主義從空想到科學的發展》（*Socialism: Utopian and Scientific*），該書可以在許多版本的馬克思／恩格斯選集中找到，也可以在令人讚嘆的網路資料庫

（http://www.marxists.org）中免費取得。

第一章

威廉・高汀的《蒼蠅王》（*Lord of the Flies*）的引文取自於一九五四年企鵝出版社的版本。亞里斯多德在他的《政治學》（*Politics*）第一卷中闡述了他對於人類作為「政治動物」的觀點，該書有多個版本，包括來自牛津的版本（Oxford University Press, 2009）。

霍布斯的《利維坦》（*Leviathan*）有多個版本可供選擇。文中所引用的是C. B. MocPherson編輯的版本（[1651], Harmondsworth: Penguin, 1968）。有關霍布斯的介紹，請參見理查德・塔克（Richard Tuck）的 *Hobbes: A Very Short Introduction*（Oxford: Oxford University Press, 2002），以及格倫・紐威（Glen Newey）的 *The Routledge Guidebook to Hobbes' Leviathan*（第二版，Abingdon: Routledge, 2014）。較進階但強烈推薦的是珍・漢普頓（Jean Hampton）的 *Hobbes and the Social Contract Tradition*（Cambridge: Cambridge University Press, 1986）。

洛克的引文來自《政府論二篇》（*Two Treatises of Government*）（[1689]，學生版，Cambridge: Cambridge University Press, 1988），由Peter Laslett編輯。本書中的參考文獻提供了章節及頁碼，以便其他版本的使用者參考。大衛・勞埃德・湯瑪斯（David Lloyd Thomas）的《洛克論政府》

（*Locke on Government*）（London: Routledge, 1995）是一本了解洛克政治思想的絕佳入門書。

本書通篇使用的盧梭著作，均引自Victor Gourevitch（1997）編輯的劍橋大學出版社的兩本書。《論藝術與科學》（*The Discourse on the Arts and Sciences*）和《論人類不平等的起源與基礎》（*The Discourse on Inequality*）的引文取自盧梭的 *The Discourse and other Early Political Writings*（Cambridge: Cambridge University Press, 1997），而對《論政治經濟學》（*Discourse on Political Economy*）和《社會契約論》（*The Social Contract*）的引文則取自 *The Social Contract and other Later Political Writings*（Cambridge: Cambridge University Press, 1997）。書中所提供的頁碼皆取自這些版本（在《社會契約論》的部分，也提供了書卷和章節編號）。這個版本收錄了盧梭所有主要的哲學著作，除了《愛彌兒》（*Émile*）之外，《愛彌兒》有多個版本。關於盧梭，另見克里斯多福・貝特朗（Christopher Bertram）的 *Rousseau and 'The Social Contract'*（London: Routledge, 2003）和約書亞・科恩（Joshua Cohen）的 *Rousseau: A Free Community of Equals*（Oxford: Oxford University Press, 2010）。

哈羅德・巴克萊（Harold Barclay）在 *People Without Government*（London: Kahn & Averill, 1990）一書中描述了沒有國家的社會。大衛・格雷伯和大衛・溫格羅（David Wengrow）所著的《萬事揭曉：打破文明演進的神話，開啟自由曙光的全新人類史》（*The Dawn of Everything*）（London: Allen Lane, 2021）以一種宏大的歷史敘事，說明在整個人類歷史中，存在過許多不同類型的政治社會，其中包括規模相當大但沒有中央權威的聚落。

有許多關於囚犯困境的討論可供取用。約恩・埃爾斯特（Jon Elster）的*Nuts and Bolts for the Social Sciences*（Cambridge: Cambridge University Press, 1989）是關於這個議題及相關議題的一本良好的導論（沙特的例子取自埃爾斯特）。由George Woodcock所編輯的*The Anarchist Reader*（Glasgow: Fontana, 1977），收錄了多篇有趣的無政府主義文獻，包括威廉・高德溫的*Enquiry Concerning Political Justice*（1793）和彼得・克魯泡特金的*Mutual Aid*（1902）的部分內容。這兩部作品的全文重印版是：高德溫的*Enquiry Concerning Political Justice*（Harmondsworth: Penguin, 1976），由Isaac Kramnick編輯；克魯泡特金的*Mutual Aid*（London: Allen Lane, 1972），由Paul Avrich編輯。米勒的《無政府主義》（*Anarchism*）（London: Dent, 1984）則對各種立場進行了一個有用的回顧。

第二章

彌爾的《論自由》的頁碼是參考非常方便的《效益主義與其他論文》（*Utilitarianism and Other Writings*）的版本，由Mary Warnock編輯。（[1859]，第二版，Oxford: Blackwell, 2003）。洛克的引文依然引用拉斯萊特版的《政府論二篇》。邊沁的效益主義在他的*Introduction to the Principles of Morals and Legislation*（Oxford: Oxford University Press, 1996）中進行闡述，由J. H. Burns和哈特編

輯。這個文本的前五章也收錄在Warnock版的那本關於彌爾的書中，而該文本現在還有許多其他的版本。

馬克思・韋伯對國家的定義出自於他的論文〈政治作為一種志業〉（'Politics as a Vocation'），這篇論文廣為流傳，例如：*From Max Weber*（[1946], London: Routledge, 2009）第77-127頁，由H. Gerth和查爾斯・米爾斯翻譯。

關於政治義務的問題有兩本出色的一般性論述：艾倫・約翰・西蒙斯（A. John Simmons）的*Moral Principles and Political Obligations*（Princeton, NJ: Princeton University Press, 1979）和約翰・霍頓（John Horton）的*Political Obligation*（第二版，London: Palgrave MacMillan, 2010）。西蒙斯為「哲學無政府主義」辯護，就像沃爾夫（R. P. Wolff）在*In Defense of Anarchism*（New York: Harper, 1973）一書中所做一樣。為同意理論辯護的是哈里・貝蘭（Harry Beran）的*The Consent Theory of Political Obligation*（London: Croom Helm, 1987）。

卡羅爾・佩特曼在兩部作品中捍衛了參與式民主理論：*Participation and Democratic Theory*（Cambridge: Cambridge University Press, 1970）和*The Problem of Political Obligation*（Oxford: Polity Press, 1985）。

休謨關於默示同意的引文出自於〈論原始契約〉（'Of the Original Contract'），收錄於他的*Essays, Moral, Political, and Literary*（[1748], Indianapolis: Liberty Press, 1985）第465-487頁，由E. F.

Miller編輯，而盧梭的引文則出自《社會契約論》，收錄於劍橋版的*The Social Contract and Later Political Writings*（[1762], Cambridge: Cambridge University Press, 1997），由Gourevitch編輯。康德關於假設同意的觀念，則見於他那篇巧妙命名的論文〈論俗語所謂：這在理論上可能是正確的，但不適於實踐〉（'On the common saying: That may be correct in theory, but it is of no use in practice'）裡進行闡述，該文於一七九三年首次發表，並收錄在他的著作集《實踐哲學》（*Practical Philosophy*）中（Cambridge: Cambridge University Press, 1996），由Mary J. McGregor編輯。

哈特在其論文〈是否存在任何自然權利？〉（'Are There Any Natural Rights?'）中提出了公平理論，該論文重新印製於*Theories of Rights*（[1955], Oxford: Oxford University Press, 1984），由傑瑞米・沃德倫主編。它在喬治・克洛斯科（George Klosko）的*The Principle of Fairness and Political Obligation*（Lanham, MD: Rowman and Littlefield, 1992）一書中，已獲得了長達一本書的辯護。諾齊克的異議在他的《無政府、國家與烏托邦》（Oxford: Blackwell, 1974）中進行闡述，在上面提到他們的書裡，西蒙斯和霍頓也對此進行討論。

邊沁的理論出現在《政府片論》（*A Fragment on Government*）（[1776], Cambridge: Cambridge University Press, 1988），由Ross Harrison編輯。一個關於效益主義的良好討論，請參見斯馬特（J. J. C. Smart）和伯納德・威廉斯（Bernard Williams）的*Utilitarianism, For and Against*（Cambridge: Cambridge University Press, 1973）。克里斯・穆林在其著作《判決錯誤》（*Error of Judgement*）（修訂

版，Dublin: Poolbeg Press, 1990）中詳細討論了伯明翰六人案。關於彌爾的效益主義的精彩討論，參見羅傑·克里斯普（Roger Crisp）的 *Mill on Utilitarianism*（London: Routledge, 1997）。理查德·萊亞德（Richard Layard）的 *Happiness*（第二版，London: Penguin, 2011）是復興效益主義的當代嘗試，借鑒了當代測量幸福的方法。

除了上述的〈論原始契約〉一文之外，休謨還在《人性論》（*Treatise of Human Nature*）（[1739-1740]，第二版，Oxford: Oxford University Press, 1978）第三卷中討論了正義和政治義務，由L. A. Selby-Bigge編輯。另見他所寫的《道德原則研究》（*An Enquiry Concerning the Principle of Morals*）中的 *Enquiries: Concerning Human Understanding and Concerning the Principles of Morals*（第三版，Oxford: Oxford University Press, 1975），由L. A. Selby-Bigge編輯。

柏拉圖的《理想國》有許多版本可供選擇。本書中的引文來自H. P. D. Lee的版本（[380–360 B.C.], Harmondsworth: Penguin, 1955）。然而，在引用柏拉圖的作品時，通常會使用標準的編號系統，因此我提供了引用編號，以便在其他版本中可以識別這些段落。

佩特曼對社會契約理的批評最早出現在《性契約》（*Sexual Contract*）（Stanford CA: Stanford University Press, 1988），而米爾斯在《種族契約》（*Race Contract*）（Ithaca NY: Cornell University Press, 1997）中將其論點延伸至對種族議題的思考。佩特曼和米爾斯合著了《契約與支配》（*Contract and Domination*）（Cambridge: Polity, 2007），其中包含他們兩人各自的章節，以及一些

關於性別與種族問題的精彩交流。辛普利肯在《能力契約》(*The Capacity Contract*)(Minneapolis: University of Minnesota Press, 2015)中從智能障礙的角度來提出批判。

第三章

關於民主的一般性哲學討論，包括羅斯・哈里森(Ross Harrison)的*Democracy*(London: Routledge, 1993)、托馬斯・克里斯蒂亞諾(Thomas Christiano)的*The Rule of the Many*(Boulder, CO: Westview Press, 1996)和大衛・埃斯特倫德(David Estlund)的*Democratic Authority*(Princeton, NJ: Princeton University Press, 2007)。戴維・赫爾德(David Held)的《民主的模式》(*Models of Democracy*)(Cambridge: Polity, 1987)和基斯・葛理翰(Keith Graham)的*The Battle of Democracy*(Brighton: Wheatsheaf, 1986)也同樣有用。關於本章某些主題的更詳細討論，參見沃德倫的'Rights and Majorities: Rousseau Revisited'，收錄在他的*Liberal Rights*(Cambridge: Cambridge University Press, 1993)，第392-421頁。

一如既往，柏拉圖的《理想國》引文均來自H. P. D. Lee的版本([380-360 B.C.], Harmondsworth: Penguin, 1955)，同時也遵循標準的編號系統，以便於其他版本的參照。卡爾・波普的《開放社會及其敵人》(*The Open Society and Its Enemies*)(第一版，London: Routledge,

1945）是一個對柏拉圖觀點的著名的延伸性批評。尼可拉斯・帕帕斯（Nickolas Pappas）的 *The Routledge Guidebook to Plato's Republic*（London: Routledge, 2013）是對整部《理想國》的絕佳介紹。至於杜威的名言則出自他的《公眾及其問題》（*The Public and Its Problems*）（[1927] Athens Ohio: Swallow Press 2016），第223-234頁。

孔多塞的論點在布萊恩・貝瑞（Brian Barry）的〈公共利益〉（'The Public Interest'）中進行了總結，收錄在A. Quinton所編輯的《政治哲學》（*Political Philosophy*）（Oxford: Oxford University Press, 1967）一書中，第112、126頁；並且該論點在鄧肯・布萊克（Duncan Black）的 *The Theory of Committees and Elections*（Cambridge: Cambridge University Press, 1958）中詳細闡述。此論點也在上述克里斯蒂亞諾、埃斯特倫德和哈里森的書中有所討論。而文中用來闡明「普遍意志」觀念的「工會」案例則改編自貝瑞的論文。

盧梭的《社會契約論》和《論政治經濟學》的引用文獻，請依舊參閱由Gourevitch編輯的一九九七年劍橋版。瑪麗・沃斯通克拉夫特所著的《女權辯護》（*Vindication of the Rights of Women*）由Miriam Brody編輯（修訂版，Harmondsworth: Penguin, 2004）。杜博依斯的論文〈論人的統治〉（'Of the Ruling of Men'）可見於他的論文集《黑水》（*Darkwater*）（[1920] New York: Dover 1999）。亞里斯多德的《政治學》有許多版本。這裡引用的是《政治學》第三和第四卷[350 B.C.]，由Richard Robinson翻譯（Oxford: Oxford University Press, 1984）。

尤根．哈伯瑪斯的「理想言談情境」（ideal speech situation）的觀念——也譯作「理想溝通社群」（ideal communication community）——貫穿他的著作裡，例如《溝通行動理論，第二卷：生活世界與系統》（*The Theory of Communicative Action, Volume 2: Lifeworld and System*），該書是由T. McCarthy翻譯（Boston: Beacon 1987），一九八一年首次以德文出版。艾莉斯．楊有關審議式民主的想法在她的《包容與民主》（*Inclusion and Democracy*）（Oxford: Oxford University Press, 2000）中進行闡述。艾克曼和費希金的*Deliberation Day*（New Haven: Yale University Press, 2004）及費希金的*Democracy: When the People Are Thinking*（Oxford: Oxford University Press, 2018），是這兩位作者所撰寫的眾多關於審議式民主形式的書籍中的其中兩本。

以撒．柏林在他的〈自由的兩種概念〉（'Two Concepts of Liberty'）一文裡，討論了著名的積極自由與消極自由的區分，該文收錄在他的*Liberty*（[1958]，第二版，Oxford: Clarendon Press, 2002），第166-217頁。該文與其他相關的論文一起重新印製，其中包括了傑拉德．麥卡倫（Gerald MacCallum）的論文〈消極自由和積極自由〉（'Negative and Positive Liberty'），該文提出了對自由的「三位關係」分析，一起收錄於大衛．米勒所編輯的《自由》（*Liberty*）（Oxford: Oxford University Press, 1991）一書裡。柏林的論文提出了這裡所指出的幾項對盧梭的批評。麥卡倫的論文首次發表於《哲學評論》（*The Philosophical Review*）第七十六輯（1967）第312-334頁。佩特曼關於參與式民主的著作（前文已引述）也特別相關，而審議式民主在上面列出的關於民主的一般性文獻裡也有討論。彌爾的立場在《論代議政府》（Considerations on Representative Government）（1861）中進行闡述。這本書很容易取得。本文所引用的頁碼出自 *Utilitarianism, On Liberty and Considerations on Representative Government*（London: Dent, 1972）一書中，由H. B. Acton編輯的版本。

克里斯多夫・拉許（Christopher Lasch）在他的《菁英的反叛》（*The Revolt of the Elites*）（New York: W.W. Norton, 1995）一書中，雄辯地提出了「菁英掌控」的觀念。麥迪遜、漢彌爾頓和傑伊的《聯邦黨人文集》（*The Federalist Papers*）（1778）有許多版本可供選擇，例如Isaac Kramnick所編輯的版本（London: Penguin, 1987）。孟德斯鳩的三權分立的觀念，在他的《論法的精神》（*Spirit of the Laws*）[1748]（Cambridge: Cambridge University Press, 1989）中進行解釋。海倫・蘭德摩爾出版了多本關於民主的書籍。在第三章所討論的觀點摘自她的 *Open Democracy: Reinventing Popular Rule for the Twenty-First Century*（Princeton: Princeton University Press, 2020）。弗雷德里克・道格拉斯的〈黑人想要什麼〉（'What The Black Man Wants'）[1865]重新印製於 *Reconstruction: Voices from America's First Great Struggle for Racial Equality*（New York: Library of America, 2018），由Brooks Simpson編輯，第29-37頁。

第四章

關於彌爾的《論自由》與《效益主義》的引文，依然參考Warnock編輯的《效益主義》版本。對彌爾立場的傑出討論收錄在*J. S. Mill On Liberty In Focus*（London: Routledge, 1991）一書的論文裡，由John Gray和G. W. Smith編輯。若要在他更廣泛的思想背景下了解他的政治理念，參見約翰·斯科魯普斯基（John Skorupski）的*John Stuart Mill*（London: Routledge, 1989）；若要一個更簡潔的介紹，則參見斯科魯普斯基的*Why Read Mill Today?*（London: Routledge, 2006）。

比丘·帕雷赫的文章〈有沒有理由禁止仇恨言論?〉（'Is there a case for banning hate speech?'），這篇文章可以在*The Content and Context of Hate Speech*（Cambridge: Cambridge University Press, 2012）一書中找到，由Michael Herz和Peter Monar編輯。麥金儂的文章〈色情作品、公民權利與言論〉（'Pornography, Civil Rights, and Speech'）發表在《哈佛民權–公民自由法律評論》（*Harvard Civil Rights-Civil Liberties Law Review*）Vol 20:1 (1985): 2，讀者應該要注意，這篇文章包含了一些圖像資料來闡明她對色情作品的論點。

關於盧梭的引文仍然來自Gourevitch編輯的劍橋版《社會契約論及晚期政治著作》（*The Social Contract and Later Political Writings*）。沃爾夫在*The Poverty of Liberalism*（Boston, MA: Beacon Press, 1968）一書中，對彌爾在思想自由上的辯護進行了詳細的批判性討論。「富有的姑姑」的案例取自大衛·湯瑪斯的〈權利、結果與彌爾論自由〉（'Rights, Consequences, and Mill on Liberty'）一文，收錄在由A. Phillips Griffiths編輯的*Of Liberty*（Cambridge: Cambridge University Press, 1983）一書中，第167-180頁。邊沁對自然權利的攻擊在他的〈無政府主義謬論〉（'Anarchical Fallacies'）一文裡進行闡述，該文重新在*Nonsense on Stilts*（London: Methuen, 1987）一書中印製，該書由沃德倫編輯，其中也收錄了曾經引用的這篇文章〈無負擔的供給〉（'Supply without Burthen'）。除了對權利的概念有不錯的一般性討論之外，這冊書也收錄了馬克思的〈論猶太人問題〉（'On the Jewish Question'）的一個版本，這篇文章也廣泛地收錄在各種馬克思的著作選集裡。特別推薦由D. McLellan編輯的*Karl Marx: Selected Writings*（第二版，Oxford: Oxford University Press, 2000），本書中所引用的〈論猶太人問題〉即出自該書。若是需要馬克思的導論性書籍，請參考我的*Why Read Marx Today?*（Oxford: Oxford University Press, 2002）。

亨利·西季威克的觀點在他的《倫理學方法》（*The Methods of Ethics*）（London: Macmillan, 1907）中進行闡述，該書有許多重印本可供選擇。「官府效益主義」（government-house utilitarianism）一詞出自*Utilitarianism and Beyond*（Cambridge: Cambridge University Press, 1982）一書的導論，該書由沈恩和威廉斯編輯。詹姆斯·斯蒂芬的*Liberty, Equality, Fraternity*有重印本（[1873]，Chicago: Chicago University Press, 1991），以及其他幾個版本。德富林男爵的〈道德與刑法〉（'Morals and the Criminal Law'）首次出版於一九五八年，後來在他的*The Enforcement of Morals*

（Oxford: Oxford University Press, 1965）一書中重新印製，並且由哈特在*Law, Liberty, and Morality*（London: Oxford University Press, 1963）一書中進行了批判性討論。關於社群主義對自由主義的批判，請參見*Communitarianism and Individualism*（Oxford: Oxford University Press, 1992）一書，由Shlomo Avineri和Avner de-Shalit編輯，特別是當代社群主義的哲學奠基者麥可・桑德爾（Michael Sandel）、查爾斯・泰勒（Charles Taylor）、阿拉斯代爾・麥金泰爾（Alasdair MacIntyre）和麥可・瓦爾澤（Michael Walzer）的作品。桑德爾的*Liberalism and Limits of Justice*（第二版，Cambridge: Cambridge University Press, 1998）是一篇具有影響力的長篇社群主義立場之闡述，集中於對羅爾斯的《正義論》（[1971]，修訂版，Oxford: Oxford University Press, 1999）的批判上。另請參閱史蒂芬・穆霍爾（Stephen Mulhall）和史威夫特所著的*Liberals and Communitarians: An Introduction*（第二版，Oxford: Blackwell Publishers, 1996）。

第五章

休謨在*Second Enquiry*中的這段引文來自Selby-Bigge的版本。彌爾的*Chapters on Socialism*可以在*On Liberty and Other Writings*（Cambridge: Cambridge University Press, 1989）一書中找到，該書由Stefan Collini編輯。我在自己的*Robert Nozick: Property, Justice and the Minimal State*（Cambridge: Polity,

1991）一書中，對諾齊克的《無政府、國家與烏托邦》進行了詳細討論，也請參閱傑拉德・柯恩（G. A. Cohen）的《自我所有權、自由和平等》（*Self-Ownership, Freedom, and Equality*）（Cambridge: Cambridge University Press, 1995），以及*Reading Nozick*（Oxford: Blackwell, 1982）中的論文，由Jeffrey Paul編輯。本書中對羅爾斯《正義論》的引用，提供了一九七一年原版和一九九九年修訂版的頁碼，後者用方括弧來表示。一本關於羅爾斯的《正義論》的優秀論文集是*Reading Rawls*（Oxford: Blackwell, 1975; reissued Stanford, CA: Stanford University Press, 1989），由Norman Daniels編輯。羅爾斯後續出版了其他重要的著作，包括《政治自由主義》（*Political Liberalism*）（New York: Columbia University Press, 1993; expanded edn, 2005）和《作為公平的正義：一個重述》（*Justice as Fairness: A Restatement*）（Cambridge, MA: Harvard University Press, 2001）。一本了解羅爾斯的優秀指南是山繆・弗里曼（Samuel Freeman）的《羅爾斯》（*Rawls*）（London: Routledge, 2007）。

彭的《所得分配》（*Income Distribution*）由企鵝出版社出版（1971）。湯瑪斯・皮凱提（Thomas Piketty）在《二十一世紀資本論》（*Capital in the Twenty-First Century*）（Cambridge, MA: Harvard University Press, 2014）中提供了更近期的收入分配數據。盧梭的引文依舊取自劍橋版的*The Discourses and other Earlier Political Writings*。洛克對財產的討論收錄在他的《政府論次講》的第五章裡（引自Laslett的版本）。關於財產權主題的有用著作，包括勞倫斯・貝克（Lawrence C. Becker）的*Property Rights*（Boston, MA: Routledge & Kegan Paul, 1977）和沃德倫的*The Right to Pri-*

vate Property（Oxford: Oxford University Press, 1990）。

艾倫・布坎南（Allen Buchanan）的 *Ethics, Efficiency and the Market*（Totowa, NJ: Rowman & Allanheld, 1985）是一本關於市場的一般性哲學討論的好書。這本書包括了一個對弗里德里希・哈耶克觀點的實用摘要，哈耶克在多本著作裡大篇幅地闡述了自己的立場，尤其是在《自由的憲章》（*The Constitution of Liberty*）（[1960], rev. edn, London: Routledge, 2006）一書中。米爾頓・傅利曼（Milton Friedman）的著作較為平易近人，尤其可以參閱他的《資本主義與自由》（*Capitalism and Freedom*）（修訂版，Chicago: Chicago University Press, 2002），以及（與羅斯・弗里德曼（Rose Friedman）合著的）《選擇的自由》（*Free to Choose*）（Harmondsworth: Penguin, 1980）。約翰・凱（John Kay）的《市場的真相：富國恆富，窮人如何翻身》（*The Truth About Markets*）（London: Allen Lane, 2003）對於市場的優勢和缺點，做了一個非常有趣且通俗易懂的說明。關於馬克思為何提倡計畫經濟的原因的討論，請參見我的著作 *Why Read Marx Today?*（Oxford: Oxford University Press, 2002）。恩格斯的《在埃爾伯費爾德的演說》（*Speeches in Elberfeld*），重印於馬克思、恩格斯和列寧的《論共產主義社會》（*On Communist Society*）（[1845], Moscow: Progress Press, 1974）。書中引用的馬克思版本取自Lucio Colletti編輯的《早期著作》（*Early Writings*）（Harmondsworth: Penguin, 1975）。

亞當・史密斯的引文來自於一七七六年首次出版的《國富論》（*The Wealth of Nations*）

（Harmondsworth: Penguin, 1970），不過還有許多其他的版本可供選擇。引自亞歷山大・諾夫的語錄來自《可行的社會主義經濟學》（*The Economics of Feasible Socialism*）的第一版（London: George Allen & Unwin, 1983）。該書第二版的標題是 *The Economics of Feasible Socialism Revisited*（London: HarperCollins, 1991）。

馬克思關於異化的主要著作來源是他的《一八四四年經濟學哲學手稿》（*1844 Economic and Philosophical Manuscripts*），尤其是〈異化勞動〉手稿。這篇手稿有多個版本：例如，前面已經提到的兩本文集，D. McLellan編輯的 *Karl Marx: Selected Writings*（2000）和Lucio Colletti編輯的《早期著作》（1975）。關於在資本主義下「去技能化」（de-skilling）現象的討論，請參見亨利・布拉弗曼（Henry Braverman）的 *Labor and Monopoly Capitalism*（New York: Monthly Review Press, 1974）。至於恩格斯的著作《英國工人階級狀況》（*The Condition of the Working Class in England*）中的引文——該書首次出版於一八四五年——取自《馬克思與恩格斯論英國》（*Marx and Engels on Britain*）（Moscow: Marx-Engels-Lenin-Stalin Institute, 1953）。還有其他的版本可供使用，包括電子版 http://www.marxists.org。

許多對羅爾斯的異議都在上面提過的，由Norman Daniels編輯的論文集中提出。請特別參閱德沃金（已在正文中引用）、湯瑪斯・內格爾（Thomas Nagel）與托馬斯・斯坎倫（Thomas Scanlon）的文章。沃德倫在其論文〈約翰・羅爾斯和社會最低保障〉（'John Rawls and the Social

Minimum'）中對「社會最低保障」的概念進行了有益的討論，該文收錄在他的論文集*Liberal Rights*，第250-270頁。至於「左翼自由至上主義」（left-wing libertarianism）的不同版本，請參見希爾・斯坦納（Hillel Steiner）的*An Essay on Rights*（Oxford: Blackwell, 1994），以及麥可・大塚（Michael Otsuka）的*Libertarianism Without Inequality*（Oxford: Oxford University Press, 2003）。

阿馬蒂亞・沈恩在其《正義的理念》（London: Allen Lane, 2009）裡，總結了他對正義問題的方法。楊在她的《正義與差異政治》（Princeton: Princeton University Press, 1990）一書中，探討了「壓迫的五種面貌」。她在逝世後出版的《正義的責任》（*Responsibility for Justice*）（New York: Oxford University Press, 2011）一書中，發展了她對結構不正義的觀念。湯米・謝爾比在他的*Dark Ghettos: Injustice, Dissent, and Reform*（Cambridge MA: Harvard University Press, 2016）一書中，探討了在一個不義的世界裡何謂正當行為的問題，他特別關注了美國的黑人群體。

第六章

珍妮・曼斯布里奇（Jane J. Mansbridge）和蘇珊・歐肯合著的〈女性主義〉一文，是一篇對於女性主義政治思想之多樣性的好導論，該文收錄在*A Companion to Contemporary Political Philosophy*（Oxford: Blackwell, 1993），由Robert E. Goodin和Philip Pettit編輯。這本書也包含豐富

的參考書目。威爾・金里卡的《當代政治哲學導論》包含了從自由主義角度對女性主義思想提出一種（部分）同情的回應。西蒙・波娃的引文出自《第二性》（*The Second Sex*）（London: Vintage Classics, 1997）。佩特曼對信用的觀察是在她與米爾斯的精彩對話中提出的：佩特曼和米爾斯，《契約與支配》（Cambridge: Polity, 2007）。就像我們在第二章中提到的，佩特曼和米爾斯兩人從女性主義和批判種族理論（critical race theory）的觀點來檢視社會契約論，提出了許多重要的論點，說明社會契約論傳統是如何典型地忽視女性和少數種族。他們也就性別與種族問題提供了非常有趣的歷史與社會學的背景資訊。我們也在第二章中看到，辛普利坎展示了如何從身心障礙的角度，將討論延伸到對社會契約論的批判上。薪資差距數據來自英國國家統計局的工時與收入年度調查（https://www.ons.gov.uk/employmentandlabourmarket/peopleinwork/earningsandworkinghours/bulletins/genderpaygapintheuk/2021），並且會定期更新。蘇珊・歐肯的《正義、性別與家庭》（*Justice, Gender and the Family*）（New York: Basic Books, 1989）是一個備受討論的自由主義女性主義立場。

有用的女性主義文獻選集包括了：由Janet A. Kourany，James P. Sterba和Rosemarie Tong編輯的*Feminist Philosophies*（Hemel Hempstead: Harvester Wheatsheaf, 1993），由Nancy Tuana和Rosemarie Tong編輯的*Feminism and Philosophy*（Boulder, CO: Westview Press, 1995），以及由Ann Cudd和Robin Andreasen編輯的*Feminist Theory: A Philosophical Anthology*（Oxford: Wiley-Blackwell, 2004）。歐肯的

《西方政治思想中的女性》（*Women in Western Political Thought*）（Princeton, NJ: Princeton University Press, 1979）非常有趣地描述了女性在柏拉圖、亞里斯多德、盧梭及彌爾思想中的地位。另見歐肯的《正義、性別與家庭》。瑪莎·努斯鮑姆（Martha Nussbaum）的《女性與人類發展》（*Women and Human Development*）（Cambridge: Cambridge University Press, 2001）則在發展中國家的背景下探討了性別平等的議題。

關於平權行動的最佳討論之一是托馬斯·希爾（Thomas E. Hill Jr）的〈平權行動的訊息〉（'The Message of Affirmative Action'），收錄在他的《自主與自尊》（*Autonomy and Self-Respect*）（Cambridge: Cambridge University Press, 1991）。伊麗莎白·安德森的 *The Imperative of Integration*（Princeton, NJ: Princeton University Press, 2010），是她為正文中討論的融合政策進行辯護的資料來源，書中也對平權行動進行了精闢的討論。

克瓦米·阿皮亞的 *Lines of Descent: W. E. B. Du Bois and the Emergence of Identity*，是由哈佛大學出版社出版（2014），杜博依斯的第一句引文即出自該書。這本書以杜博依斯在德國和美國的思想形成為背景，簡要地介紹了他非凡的一生，具有高度的可讀性，書中還對生物學上關於種族的研究進行了有用的總結。由Bernard Boxill編輯的《種族與種族主義》（*Race and Racism*）（Oxford: Oxford University Press, 2001），是一本非常優秀的關於種族問題的哲學論文集。Boxhill的導論也檢視了關於種族概念及其歷史的辯論。

湯姆・莎士比亞（Tom Shakespeare）的 *Disability Rights and Wrongs Revisited*（第二版，London: Routledge, 2013），是一本關於身心障礙的學術研究的傑出導論。我也推薦由 Anita Silvers、David Wasserman 和 Mary Mahowald 所合著的 *Disability, Difference, Discrimination*（Lanham, MD: Rowman & Littlefield, 1998）。我自己的著作《倫理與公共政策》（*Ethics and Public Policy*）（第二版，London: Routledge, 2019）中，有一章專門探討身心障礙。關於澳洲和喀麥隆身心障礙經驗的比較研究來自 P. Allotey、P. D. Reidpath、A. Kouamé 和 R. Cummins 的 'The DALY, Context and the Determinants of the Severity of Disease: An Exploratory Comparison of Paraplegia in Australia and Cameroon'，《社會科學與醫學》（*Social Science and Medicine*）57 (2003): 949-958。

史蒂芬・馬塞多（Stephen Macedo）的 *Just Married: Same-Sex Couples, Monogamy, and the Future of Marriage*（Princeton, NJ: Princeton University Press, 2015），更詳細地涵蓋了本文所觸及的同性婚姻議題。艾德蒙・柏克的《法國大革命的反思》（*Reflections on the Revolution in France*），有一本一九六八年的企鵝出版社版本可供使用。麥可・歐克秀的《政治中的理性主義》（*Rationalism in Politics*）由梅休因出版社（Methuen）出版（1962）。另見羅傑・史庫頓（Roger Scruton）的《保守主義的意涵》（*The Meaning of Conservatism*）（第三版，London: Macmillan, 2001）。

拉爾夫・艾里森的《隱形人》有多個版本可供選擇，包括企鵝出版社（2014）。楊的「壓迫的五種面貌」在其著作《正義與差異政治》（Princeton, NJ: Princeton University Press, 1990）中有所闡述。關於權力、知識與正義之間的關係，請參見米蘭達．弗里克的《知識的不正義：偏見和缺乏理解，如何造成不公平？》（*Epistemic Injustice*）（Oxford: Oxford University Press, 2007），以及派翠卡．柯林斯的《黑人女性主義思想》（*Black Feminist Thought*）（London: Routledge, 1990），和奧德雷．洛德的《局外人姐妹》（*Sister Outsider*）（Berkeley CA: Crossing Press, 1984）。杜博依斯的《黑人的靈魂》（*The Souls of Black Folk*）（Oxford: Oxford University Press, 2007）已經在牛津世界經典叢書（Oxford World Classics series）中出版。金柏莉．坎秀在她的論文（'Demarginalizing the Intersection of Race and Sex: A Black Feminist Critique of Antidiscrimination Doctrine, Feminist Theory and Antiracist Politics'）中引入了「多元交織性」一詞，發表於《芝加哥大學法律論壇》（*University of Chicago Legal Forum*）：Vol. 1989: Iss 1, Art 8。

馬克思和恩格斯的《共產黨宣言》（*Communist Manifesto*）有數十個不同的版本，包括可從網站http://www.marxists.org免費取得的版本。樂施會的報告名為《不平等致命》（*Inequality Kills*），發佈於二〇二〇年，可從樂施會的網站下載：https://oxfamilibrary.openrepository.com/bitstream/handle/10546/621341/bp-inequality-kills-170122-en.pdf;jsessionid=2B9B589512DC5254563FDDCFE587B3D?sequence=9。關於全球正義的經典著作是湯瑪斯．伯格（Thomas Pogge）的《世界貧窮與人權》（*World Poverty and Human Rights*）（Oxford: Polity, 2007）。關於這場辯論的一個絕佳指南，請參見吉蓮．布洛克（Gillian Brock）的《全球正義：一個世界主義的解釋》（*Global Justice: A*

Cosmopolitan Account）（Oxford: Oxford University Press, 2009）。下面的著作捍衛了不同版本的「民族主義」立場：約翰・羅爾斯的《萬民法》（*Law of Peoples*）（Cambridge, MA: Harvard University Press, 2001），大衛・米勒的《國家責任與全球正義》（*National Responsibility and Global Justice*）（Oxford: Oxford University Press, 2007），以及餘莉・塔米爾（Yael Tamir）的《自由主義的民族主義》（*Liberal Nationalism*）（Princeton, NJ: Princeton University Press, 1995）和她的《論民族主義》（*On Nationalism*）（Princeton NJ: Princeton University Press 2020）。而諾齊克的引文依然來自《無政府、國家與烏托邦》。保羅・克里爾（Paul Collier）的《最底層的十億人》（*The Bottom Billion*）（Oxford: Oxford University Press, 2008）探討了不同形式援助的有效性，而尚比亞出生的經濟學家丹碧莎・莫約（Dambisa Moya）的《死亡援助》（*Dead Aid*）（London: Penguin, 2010）則是一部頗具爭議性的書籍，她主張應當終止當前某些形式的援助。

關於移民的問題，請參見約瑟夫・卡倫斯（Joseph Carens）的《移民倫理》（*The Ethics of Immigration*）（Oxford: Oxford University Press, 2013）。關於對未來世代的義務，請參見阿夫納・德沙立（Avner de-Shalit）的《後代為何至關重要》（*Why Posterity Matters*）（London: Routledge, 1993）。約翰・布魯姆（John Broome）的《氣候至關重要》（*Climate Matters*）（New York: W.W. Norton, 2014）是一本關於氣候變遷倫理的最新說法。另見Anthony Costello、Mustafa Abbas和Adriana Allen等人的'Managing The Health Effect of Climate Change'，發表於*The Lancet* 373 (2009):

1693–1733。

正文中討論的主要著作

Bentham, Jeremy, *Anarchical Fallacies, and Supply Without Burthen* in *Nonsense on Stilts*, ed. Jeremy Waldron ([1795], London: Methuen, 1987).

——, *An Introduction to the Principles of Morals and Legislation*, ed. J. H. Burns and H. L. A. Hart ([1781], London: Methuen, 1982).

——, *A Fragment on Government*, ed. Ross Harrison ([1776], Cambridge: Cambridge University Press, 1988).

Berlin, Isaiah, 'Two Concepts of Liberty', in his *Liberty* ([1958], 2nd edn, Oxford: Clarendon Press, 2002), 116–217.

Hart, H. L. A., 'Are There Any Natural Rights?', repr. in *Theories of Rights*, ed. J. Waldron ([1955], Oxford: Oxford University Press, 1984), 77– 90.

Hobbes, Thomas, *Leviathan*, ed. C. B. MacPherson ([1651], Harmondsworth: Penguin, 1968).

Hume, David, *An Enquiry Concerning the Principles of Morals, in Enquiries*, ed. L. A. Selby-Bigge ([1751],

Oxford: Oxford University Press, 3rd edn., 1975), 169–313.

——, *A Treatise of Human Nature*, ed. L. A. Selby-Bigge ([1739– 1740], 2nd edn, Oxford: Oxford University Press, 1978).

——, 'Of the Original Contract', in *Essays Moral, Political and Literary*, ed. E. F. Miller ([1748], Indianapolis, IN: Liberty Press, 1985), 465–487.

Kropotkin, Peter, *Mutual Aid*, ed. Paul Avrich ([1902], London: Allen Lane, 1972).

Landemore, Hélène, *Open Democracy: Reinventing Popular Rule for the Twenty-First Century* (Princeton: Princeton University Press, 2020).

Locke, John, *Two Treatises of Government*, ed. Peter Laslett ([1689], student edn, Cambridge: Cambridge University Press, 1988).

Marx, Karl, *Early Writings*, ed. Lucio Colletti ([1843], Harmondsworth: Penguin, 1975).

——, 'On the Jewish Question', in *Karl Marx: Selected Writings*, ed. D. McLellan (2nd edn, Oxford: Oxford University Press, 2000).

MacKinnon, Catherine, 'Pornography, Civil Rights, and Speech', *Harvard Civil Rights-Civil Liberties Law Review*, Vol 20:1 (1985): 2. Readers should be aware that this essay contains graphic material to illustrate her arguments about pornography.

Mill, John Stuart, 'Considerations on Representative Government', in *Utilitarianism*, ed. H. B. Acton ([1861], London: Dent, 1972).

——, *Chapters on Socialism,* in *On Liberty and Other Writings*, ed. Stefan Collini ([1879], Cambridge: Cambridge University Press, 1989).

——, *'On Liberty'*, in *Utilitarianism and Other Writings*, ed. Mary Warnock ([1859], 2nd edn, Glasgow: Collins, 2003).

——, *'Utilitarianism'*, in *Utilitarianism and Other Writings*, ed. Mary Warnock ([1861], 2nd edn, Glasgow: Collins, 2003).

Mills, Charles, *The Racial Contract* (Ithaca NY: Cornell University Press, 1997).

Nozick, Robert, *Anarchy, State, and Utopia* (Oxford: Blackwell, 1974).

Parekh, Bhikhu, 'Is there a case for banning hate speech?' in *The Content and Context of Hate Speech*, ed. Michael Herz and Peter Monar (Cambridge: Cambridge University Press, 2012).

Pateman, Carole, *The Sexual Contract* (Stanford CA: Stanford University Press, 1988).

Plato, *The Republic*, ed. H. P. D. Lee ([380–360 B.C.], Harmondsworth: Penguin, 1955).

Rawls, John, *Political Liberalism* (New York: Columbia University Press, 1993).

——, *A Theory of Justice* ([1971] rev. edn. Oxford: Oxford University Press, 1999).

Rousseau, Jean-Jacques, *Émile* ([1762], London: Everyman, 1974).

——, *The Discourse and other Early Political Writings*, ed. S. Gourevitch (Cambridge: Cambridge University Press, 1997).

——, *The Social Contract and other Later Political Writings*, ed. S. Gourevitch (Cambridge: Cambridge University Press, 1997).

Simplican, Stacy Clifford, *The Capacity Contract* (Minneapolis: University of Minnesota Press, 2015).

Stephen, James Fitzjames, *Liberty, Equality, Fraternity* ([1873], Chicago: Chicago University Press, 1991).

Von Hayek, F. A., *The Constitution of Liberty* ([1960], rev. edn, London: Routledge, 2006).

Wollstonecraft, Mary, *Vindication of the Rights of Women*, ed. Miriam Brody ([1792], rev. edn, Harmondsworth: Penguin, 2004).

Young, Iris Marion, *Justice and the Politics of Difference* (Princeton: Princeton University Press, 1990).

中英人名與名詞對照表

人名

Adolf Hilter阿道夫・希特勒
Iris Young艾莉斯・瑪莉恩・楊
Jean Jacques Rousseau尚・雅克・盧梭
Thucydides修昔底德
Friedrich Engels弗里德里希・恩格斯
William Golding威廉・高汀
Thomas Hobbes湯瑪斯・霍布斯
Aristotle亞里斯多德
C. B. MacPherson馬克弗森
Galileo伽利略
Jean-Paul Sartre尚・保羅・沙特
Sir Robert Filmer羅伯特・菲爾默爵士
Peter Kropotkin彼得・克魯泡特金
Mary Wollstonecraft瑪麗・沃斯通克拉夫特
William Godwin威廉・高德溫
David Graeber大衛・格雷伯
John Stuart Mill約翰・斯圖爾特・彌爾
Jeremy Bentham傑瑞米・邊沁
David Hume大衛・休謨
Immanuel Kant伊曼努爾・康德
John Rawls約翰・羅爾斯
Lord Denning丹寧男爵
Chris Mullin克里斯・穆林
H. L. A. Hart賀伯特・賴尼爾・阿道弗斯・哈特
Jeremy Waldron傑瑞米・沃德倫
Plato柏拉圖
Socrates蘇格拉底
Glaucon格勞孔
Carole Pateman卡羅爾・佩特曼
Charles Mills查爾斯・米爾斯
Stacy Clifford Simplican史黛西・克利福德・辛普利坎
Voltaire伏爾泰
Alexis de Tocqueville亞歷克斯・德・托克維爾

James Madison 詹姆斯・麥迪遜
John Dewey 約翰・杜威
Marie Jean Antoine Nicolas Caritat 馬里・尚・安托萬・尼古拉・卡里塔
Marquis de Condorcet 孔多塞侯爵
William Edward Burghardt Du Bois 杜博依斯
Isaiah Berlin 以撒・柏林
Jürgen Habermas 尤根・哈伯瑪斯
Karl Marx 卡爾・馬克思
Oscar Wilde 奧斯卡・王爾德
Bruce Ackerman 布魯斯・艾克曼
James Fishkin 詹姆斯・費希金
Alexander Hamilton 亞歷山大・漢彌爾頓
John Jay 約翰・傑伊
Charles-Louis de Secondat, Baron de Montesquieu 孟德斯鳩
Hélène Landemore 海倫・蘭德摩爾
Frederick Douglass 弗雷德里克・道格拉斯
Karl Popper 卡爾・波普
Amr 阿姆爾
Abulfaragius 阿布爾法拉吉烏斯
John the Grammarian 文法學家約翰
Omar 奧馬爾
Gregory 額我略一世
Diderot 狄德羅
David Irving 大衛・艾文
Bhikhu Parekh 比丘・帕雷克
Catharine MacKinnon 凱薩琳・麥金儂
Andrea Dworkin 安德莉亞・德沃金
Henry Sidgwick 亨利・西季威克
R. P. Wolff 羅伯特・保羅・沃爾夫
James Fitzjames Stephen 詹姆斯・菲茨詹姆斯・斯蒂芬
Lord Devlin 德富林男爵
Heinrich 亨利希
Bruno Bauer 布魯諾・鮑威爾
Georg Wilhelm Friedrich Hegel 黑格爾
Robert Nozick 羅伯特・諾齊克
Jan Pen 揚・彭
Tom Jones 湯姆・瓊斯
John Paul Getty 約翰・保羅・蓋提
Pierre-Joseph Proudhon 普魯東
Vladimir Lenin 列寧
F. A. von Hayek 弗里德里希・哈耶克
Adam Smith 亞當・史密斯
Alec Nove 亞歷山大・諾夫
Vasili Grossman 瓦西里・格羅斯曼

Ronald Dworkin羅納德・德沃金
Wilt Chamberlain張伯倫・張伯倫
Amartya Sen阿馬蒂亞・沈恩
Tommie Shelby湯米・謝爾比
Kenneth Bancroft Clark肯尼斯・克拉克
Lillian Lincoln Lambert莉蓮・林肯
Simone de Beauvoir西蒙・波娃
Susan Moller Okin蘇珊・歐肯
Barbara R. Bergmann芭 芭 拉・ 羅斯・伯格曼
Kwame Anthony Appiah克瓦米・安東尼・阿皮亞
Elizabeth Anderson伊麗莎白・安德森
Edmund Burke艾德蒙・柏克
Michael Oakeshott麥可・歐克秀
Ralph Ellison拉爾夫・艾里森
Riana Duncan麗安娜・鄧肯
Miranda Fricker米蘭達・弗里克
Patricia Hill Collins派翠卡・希爾・柯林斯
Audre Lorde奧德雷・洛德
Kimberlé Crenshaw金柏莉・坎秀
Will Kymlicka威爾・金里卡
Adam Swift亞當・史威夫特
David Miller大衛・米勒
Iain Hampsher-Monk伊安・漢普歇爾一蒙克
Alan Ryan艾倫・萊恩
Richard Tuck理查德・塔克
Glen Newey格倫・紐威
Jean Hampton珍・漢普頓
David Lloyd Thomas大 衛・ 勞 埃德・湯瑪斯
Christopher Bertram克里斯多福・貝特朗
Joshua Cohen約書亞・科恩
Harold Barclay哈羅德・巴克萊
David Wengrow大衛・溫格羅
Jon Elster約恩・埃爾斯特
A. John Simmons艾倫・・約翰・西蒙斯
John Horton約翰・霍頓
George Klosko喬治・克洛斯科
J. J. C. Smart斯馬特
Bernard Williams伯納德・威廉斯
Roger Crisp羅傑・克里斯普
Richard Layard理查德・萊亞德
Ross Harrison羅斯・哈里森
Thomas Christiano托馬斯・克里斯蒂亞諾
David Estlund大衛・埃斯特倫德
David Held戴維・赫爾德

Keith Graham基斯・葛理翰
Nickolas Pappas尼可拉斯・帕帕斯
Brian Barry布萊恩・貝瑞
Duncan Black鄧肯・布萊克
Gerald MacCallum傑拉德・麥卡倫
Christopher Lasch克里斯多夫・拉許
John Skorupski約翰・斯科魯普斯基
Michael Sandel麥可・桑德爾
Charles Taylor查爾斯・泰勒
Alasdair MacIntyre阿拉斯代爾・麥金泰爾
Michael Walzer麥可・瓦爾澤
Stephen Mulhall史蒂芬・穆霍爾
G. A. Cohen傑拉德・柯恩
Samuel Freeman山繆・弗里曼
Thomas Piketty湯瑪斯・皮凱提
Lawrence C. Becker勞倫斯・貝克
Allen Buchanan艾倫・布坎南
Milton Friedman米爾頓・傅利曼
Rose Friedman羅斯・弗里德曼
John Kay約翰・凱
Henry Braverman亨利・布拉弗曼
Thomas Nagel湯瑪斯・內格爾
Thomas Scanlon托馬斯・斯坎倫
Hillel Steiner希爾・斯坦納
Michael Otsuka麥可・大塚
Max Weber馬克思・韋伯
Jane J. Mansbridge珍妮・曼斯布里奇
Martha Nussbaum瑪莎・努斯鮑姆
Thomas E. Hill Jr托馬斯・希爾
Tom Shakespeare湯姆・莎士比亞
Stephen Macedo史蒂芬・馬塞多
Roger Scruton羅傑・史庫頓
Thomas Pogge湯瑪斯・伯格
Gillian Brock吉蓮・布洛克
Yael Tamir餘莉・塔米爾
Paul Collier保羅・克里爾
Dambisa Moya丹碧莎・莫約
Joseph Carens約瑟夫・卡倫斯
Avner de-Shalit阿夫納・德沙立
John Broome約翰・布魯姆

名詞

序言

sensitivities reader敏感性讀者

導論

political philosophy政治哲學
rights權利
liberties自由
political power政治權力
property財產

autonomy自主性
authority權威
normative規範性
descriptive描述性
Politics政治
factual事實性
theories of justice正義理論
altruism利他主義
agnosticism不可知論
free will自由意志
state of nature自然狀態
political obligation政治義務
distributive justice分配正義
democracy民主
gender性別
race種族
disability身心障礙
sexual orientation性取向
immigration移民
global justice全球正義
justice to future generations代間正義

第一章

political institution政治制度
thought experiment思想實驗
civil society市民社會
the English Civil War英格蘭內戰
anarchy無政府狀態
state of war戰爭狀態
materialism唯物論
mechanism機械論
felicity福祉
natural equality自然平等
self-defence自我防衛
objection異議
morality道德
moral duty道德義務
right對
wrong錯
justice正義
injustice不正義
Laws of Nature自然法
fundamental law基本法則
golden rule金律
moral law道德法則
reason理性
individual rationality個人理性
collective rationality集體理性
prisoner's dilemma囚犯困境
sovereign主權者
egoism利己主義
well-being福祉
Divine Right of Kings君權神授
interpretation詮釋

natural right 自然權利
natural hierarchy 自然階層
community 社群
theorems of reason 理性定理
natural liberty 自然自由
private property 私有財產
agnostics 不可知論者
atheists 無神論者
scarcity 稀缺性
pity 憐憫
compassion 同情心
bourgeois society 資產階級社會
self-preservation 自我保護
free will 自由意志
self-improvement 自我完善
Anarchism 無政府主義
agent 能動者
exploitation 剝削
structure 結構
voluntary 自願的
voluntarism 自願主義

第二章

justify 證成
legitimacy 正當性
artificial 人為的
consent 同意
responsibility 責任
value 價值
utilitarianism 效益主義
happiness 幸福
social contract theory 社會契約論
radical 激進的
common good 共善
free market 自由市場
nation 民族
nation state 民族國家
political independence 政治獨立
national identity 國家認同
force 武力
violence 暴力
coercion 強制力
ethnic cleansing 種族清洗
ideal 理想的
universal 普遍的
self-assumption principle 自我承擔原則
universalism 普遍主義
citizenship 公民身份
participatory democracy 參與式民主
tacit consent 默示同意
express consent 明示同意
city-states 城邦國家
dissenter 異議者

hypothetical consent 假設同意
idea of reason 理性的觀念
dispositional consent 傾向性同意
prudence 審慎
philosophical anarchist 哲學無政府主義者
Duke of Westminster 西敏公爵
moral self-indulgence 道德上自我放縱
utility 效益
pleasure 快樂
desire 欲望
preference 偏好
maximization of happiness 幸福最大化
indirect utilitarianism 間接效益主義
rule utilitarianism 規則效益主義
lotus-eater 蓮花食者
valid 有效的
the scapegoat objection 代罪羔羊的異議
unfair 不公平的
fairness 公平
unsolicited benefits 不請自來的好處
free-rider 搭便車者
exclusion 排除
private realm 私人領域
race domination 種族支配
capacity 能力
agency 能動性

第三章

tyranny 暴君統治
aristocracy 貴族統治
absolute monarchy 絕對君主制
collective self-rule 集體自我統治
coherence 連貫性
majority rule 多數統治
the tyranny of the majority 多數暴政
direct democracy 直接民主
representative democracy 代議民主
proportional representation 比例代表制
first-past-the-post 簡單多數決
the demos 人民
the people 國民
the mob 暴民
craft analogy 技藝類比
Sophists 詭辯家
guardians 衛士
dictatorship 獨裁政體
instrumental justification 工具性論證
intrinsic good 內在善
the general will 普遍意志

the will of all 眾意志
elected aristocracy 選舉式貴族制
the multitude 芸芸眾生
class difference 階級差異
scepticism 懷疑論
fair share 公平份額
civic virtue 公民德行
censorship 審查制度
civil religion 公民宗教
popular morality 公德
toleration 寬容
egalitarianism 平等主義
universal suffrage 普選權
inclusive democracy 包容性民主
atheism 無神論
customary morality 習俗道德
life experiment 生活試驗
positive freedom 積極自由
pluralism 多元主義
diversity 多樣性
deliberation 審議
civil disobedience 公民不服從
deliberative democracy 審議式民主
agenda 議程
Deliberation Day 審議日
deliberative polling 審議式民調
participatory budgeting 參與式預算
despotism 專制統治
elective dictatorship 民選獨裁
elite capture 菁英掌控
elected tyranny 民選暴政
separation of powers 權力分立
checks and balances 制衡
plural voting 複數投票
democratic backsliding 民主倒退
political disaffection 政治冷感
open democracy 開放民主
the abolitionist movement 廢奴運動

第四章

absolutism 絕對主義
the harm principle 傷害原則
freedom of thought 思想自由
infallibility 絕對無誤
evolutionary theory 演化論
religious fundamentalists 宗教基本教義派
freedom of expression 表達自由
the Holocaust 納粹大屠殺
hate speech 仇恨言論
the marketplace of ideas 觀念市場
pornography 色情作品
sex discrimination 性別歧視
deplatform 平臺驅逐

harm 傷害
self-regarding 涉己
other-regarding 涉他
rights-based interests 基於權利的利益
axiom 公理
human rights 人權
universal human rights 普世人權
self-evident 不證自明
private sphere 私人領域
public sphere 公共領域
paternalistic intervention 家父長式干預
individuality 個體性
instrumentally valuable 工具性價值
political emancipation 政治解放
human emancipation 人的解放
egoism 利己主義
atomism 原子論
individualism 個人主義
social beings 社會存在
freedom from 免於…的自由
freedom to 去做…的自由
self-mastery 自我主宰

第五章

laissez-faire capitalism 自由放任的資本主義
socialism 社會主義
minimal state 最低限度的國家
libertarianism 自由至上主義
welfare liberalism 福利自由主義
value-laden 承載價值
labour 勞動
Lockean provisos 洛克的但書
the non-wastage proviso 不浪費的但書
appropriation 占有
private ownership 私有制
desert 應得
equilibrium 均衡
externality 外部性
market failure 市場失靈
public good 公共財
the free-rider problem 搭便車問題
trade cycle 景氣循環
alienation 異化
surplus labour 剩餘勞動
redistribution 再分配
hypothetical contract 假想契約
impartial spectator 公道的旁觀者
ignorance 無知
original position 原初位置
impartiality 公正
veil of ignorance 無知之幕

natural assets自然資產
conceptions of the good善觀念
thin theory of the good薄的善理論
primary goods基本善
desirable可取的
mutually disinterested互不關心
the circumstances of justice正義的情境
the Difference Principle差異原則
the Fair Opportunity Principle公平機會原則
lexical priority辭典式優先性
equality of opportunity機會平等
rational choice theory理性選擇理論
maximin最大化最小值
maximax最大化最大值
publicity公開性
finality最終性
fraternity博愛
reciprocity互惠
device of representation代表性設置
common assets共同資產
end-state最終狀態
patterned模式化
unpatterned非模式化
non-money communism無貨幣共產主義
Wilt Chamberlain Argument張伯倫論證
ideal theory理想理論
non-ideal非理想
marginalization邊緣化
powerlessness無力
cultural imperialism文化帝國主義
structural injustice結構不正義
sweatshop labour血汗工廠勞動
gentrification仕紳化
racial injustice種族不正義
the dark ghetto黑暗貧民區

第六章

domestic justice國內正義
future generations未來世代
reproductive right生育權利
equal treatment平等待遇
sex生理性別
gender社會性別
double day一日雙班
affirmative action平權行動
merits功績
meritocracy英才制
past injustice過去不正義
symbolic power象徵性權力
racial discrimination種族歧視

white supremacy 白人至上
generalization 概括化
species 物種
colour-blind 不分膚色
racialization 種族化
assimilation 同化
multi-culturalism 多元文化主義
integration 融合
dispossession 剝奪
group rights 群體權利
social model of disability 障礙的社會模式
handicapped 殘障
cap-in-hand 手拿帽子
person with a disability 身心障礙者
differently abled 不同能力者
disabled person 失能者
ADHD 注意力不足過動症
manic depression 雙相情感障礙
patriarchal 父權制的
micro-aggressions 微歧視
epistemic injustice 知識不正義
standpoint theory 立場論
intersectionality 多元交織性
cosmopolitan 世界主義者
cosmopolitanism 世界主義
nationalist 民族主義者
nationalism 民族主義
duties of justice 正義義務
duties of charity 慈善義務
national solidarity 國家團結
corrective justice 矯正正義
national self-determination 民族自決
humanitarian crises 人道主義危機
climate change 氣候變遷
anthropocentric 人類中心主義的
anthropocentrism 人類中心主義
technological fix 技術性解決方案

進一步閱讀指南

ideal speech situation 理想言談情境
ideal communication community 理想溝通社群
de-skilling 去技能化
left-wing libertarianism 左翼自由至上主義
critical race theory 批判種族理論

國家圖書館出版品預行編目資料

人天生就是政治動物：政治哲學緒論 / 喬納森・沃夫（Jonathan Wolff）著；
鄭楷立 譯. -- 初版. -- 臺北市 : 商周出版, 城邦文化事業股份有限公司出版 :
英屬蓋曼群島商家庭傳媒股份有限公司城邦分公司發行, 2025.05
面 ; 14.8×21公分
譯自 : An Introduction to Political Philosophy
ISBN 978-626-390-509-2（平裝）
1. CST: 政治思想
570.1 114004049

線上版讀者回函卡

人天生就是政治動物：政治哲學緒論

原著書名 / An Introduction to Political Philosophy
作者 / 喬納森・沃夫（Jonathan Wolff）
譯者 / 鄭楷立
企劃選書 / 嚴博瀚
責任編輯 / 陳薇

版權 / 吳亭儀、游晨瑋
行銷業務 / 周丹蘋、林詩富
總編輯 / 楊如玉
總經理 / 彭之琬
事業群總經理 / 黃淑貞
發行人 / 何飛鵬
法律顧問 / 元禾法律事務所　王子文律師
出版 / 商周出版
城邦文化事業股份有限公司
台北市南港區昆陽街 16 號 4 樓
電話：(02) 2500-7008 傳眞：(02) 2500-7579
E-mail：bwp.service@cite.com.tw
發行 / 英屬蓋曼群島商家庭傳媒股份有限公司城邦分公司
台北市南港區昆陽街 16 號 8 樓
書虫客服服務專線：(02) 2500-7718・(02) 2500-7719
24 小時傳眞服務：(02) 2500-1990・(02) 2500-1991
服務時間：週一至週五 09:30-12:00・13:30-17:00
劃撥帳號：19863813　戶名：書虫股份有限公司
讀者服務信箱 E-mail：service@readingclub.com.tw
城邦讀書花園 網址：www.cite.com.tw
香港發行所 / 城邦（香港）出版集團有限公司
香港九龍土瓜灣土瓜灣道 86 號順聯工業大廈 6 樓 A 室
電話：(852) 2508-6231　傳眞：(852) 2578-9337
E-mail：hkcite@biznetvigator.com
馬新發行所 / 城邦（馬新）出版集團 Cité (M) Sdn. Bhd.
41, Jalan Radin Anum, Bandar Baru Sri Petaling,
57000 Kuala Lumpur, Malaysia
電話：(603) 9057-8822　傳眞：(603) 9057-6622

封面設計 / 徐佳穎
內文排版 / 新鑫電腦排版工作室
印刷 / 韋懋實業有限公司
經銷商 / 聯合發行股份有限公司
電話：(02) 2917-8022　傳眞：(02) 2911-0053
地址：新北市 231 新店區寶橋路 235 巷 6 弄 6 號 2 樓

■2025年5月初版
定價 600 元

Printed in Taiwan
城邦讀書花園
www.cite.com.tw

ISBN 9786263905092
ISBN 9786263905085（EPUB）